浙江省高校重大人文社科项目攻关计划"大学生命文化育人的理论与实践研究"（项目编号2013Gr1020）成果

生命教育的思与行

何仁富　汪丽华　著

现代教育出版社

图书在版编目（CIP）数据

生命教育的思与行 / 何仁富，汪丽华著 .—北京：

现代教育出版社，2016.5

ISBN 978-7-5106-4152-7

Ⅰ.①生… Ⅱ.①何… ②汪… Ⅲ.①生命哲学—研

究 Ⅳ.① B083

中国版本图书馆 CIP 数据核字（2016）第 084867 号

生命教育的思与行

策　　划	刘　媛	
作　　者	何仁富	汪丽华
责任编辑	刘小华	肖莹莹
封面设计	何漫·贝壳悦读	

出版发行	现代教育出版社
地　　址	北京市朝阳区安华里 504 号 E 座
邮　　编	100011
电　　话	（010）64244927
传　　真	（010）64251256

印　　刷	北京天正元印务有限公司
开　　本	710mm×1000mm　1/16
印　　张	19.75
字　　数	298 千字
版　　次	2016 年 5 月第 1 版
印　　次	2016 年 5 月第 1 次印刷
书　　号	ISBN 978-7-5106-4152-7
定　　价	60.00 元

|目　录|

中篇　儒学生命教育

下篇　生命教育实践

上篇

生命教育哲思

生命教育的学理基础、核心价值及实践模式

"生命教育、生存教育、生活教育"的基础和核心是生命教育。生命教育作为一种教育理念、教育模式、教育类型、教育事业,是关乎人的生命成长的、实践性极强的"树人"的事业,它需要对自己的学理基础、核心价值、实践模式有比较清醒的认识。

一、生命学:生命教育的学理基础

生命教育是教育;生命教育是教育生命,即对生命(根本的是对人的生命)的教育;生命教育是以生命教育生命,即以生命的名义、以生命的价值、以生命的方式所进行的教育。这样一种实践性很强的独特的教育(门类或者活动),必然有自己的学理基础,否则,它就会成为被"意见"所左右的实践活动。

生命教育的学理基础可以叫做"生命学"。但是,这个作为生命教育的学理基础的"生命学"必须从两个层面来理解,即作为生命教育"学"的基础的"生命学"和作为生命教育"理"的基础的"生命学"。前者是作为知识前提的生命教育的理论基础,后者是作为逻辑前提的生命教育的理论基础。

作为生命教育知识前提的生命学,应该是包括所有类型的生命的学问,其中主要是三类学说:生命科学、心理学、生命哲学及宗教生命学。

现代生命科学已经是一个非常复杂而广阔的学科群,对生命以及人的生命有多个维度、多个层面的系统研究。不管是宇宙学视野的生命起源论,还是宏观视野的生命进化论、微观视野的基因遗传论,都给我们了解与理解生命特别是了解与理解我们的自然肉体生命,提供了丰富的知识学基础。

现代心理学是一个比较新的学科,是哲学父亲与生理学母亲结合的产物。

但是在其一百多年的发展中，也已经形成了庞大而复杂的学科群，精神分析学、行为主义、构造主义、人本主义等等心理学理论不仅对我们理解人的生命尤其是理解人的个性心智生命提供了宝贵的知识学基础，而且各种不同的心理治疗、心理咨询理论还为我们从事生命教育提供了重要的方法论参考。

在现代科学和心理学还没有认真关注生命以前，宗教和哲学很早就在关注生命了。不同宗教的生命观、不同哲学的生命观，构成了纷繁复杂的生命哲学体系。作为生命教育的知识学前提生命哲学，不应该只是被称作"生命哲学"哲学学派如狄尔泰、柏格森的"生命哲学"，而应该是更加广义的各型生命理论。这些形形色色的生命理论对于我们思考生命本身提供了若干参照系，尤其是对于了解和理解人的灵性精神生命具有重要的理论价值。

尽管宗教、哲学、心理学、生命科学等为生命教育提供了丰富的知识学前提，但是这些知识的分散、学科的不同以及知识类型上的区别，不足以直接作为生命教育可以直接依赖的理论逻辑。因此，还必须依照生命自身的"历史逻辑"将这些不同的知识整合为可以作为生命教育的"理"的"生命学"。这样的"生命学"按照生命自身的"历史逻辑"大体应该包括：生命起源学、生命诞生学、生命成长学、生命意义学、生命境遇学、生命死亡学。

生命起源学是从宇宙视域探索和思考生命尤其是人类生命的起源问题，可以将宗教对人类起源的神学性思考、现代宇宙学的基本理论、哲学家对宇宙起源及生命起源的思考进行知识学介绍与对比，在这种对比思考中，我们会发现，宗教教、哲学、科学，依据他们各自的思考逻辑，对于个体生命在宇宙中的地位有着不相同的论述和论证。但是，从这些不同的思考中，我们更为重要的是要寻找我们认识个体生命与宇宙的基本立足点，以及由此而必须确立的我们面对个体生命的基本态度。这就是：从生命的起源看，弱小单一的个体生命，具有强大无限的宇宙性。也就是说，个体生命不是孤零零悬空存在的，而是有一个宇宙性的根基！这个宇宙性根基，宗教家把它叫做神或者神性；科学家将它叫做自然或者物性；哲学家则视其为本体或者宇宙精神或者天（理）。正是因为人的个体生命有这样一个宇宙性的根基，个体生命才不只是属于个体的脆弱肉体生命，而是值得敬畏的宇宙神性生命！这样的"生命学"可以在生命教育中培养对生命的敬畏感。

生命诞生学是从人类视域探索和思考生命尤其是个体生命的诞生问题。生命起源学解决的是天人关系，或者说个体生命与宇宙生命的关系。但是，宇宙生命、天、自然抑或神，并不是我们每个个体生命的直接当下的缘起所在，而只是根源性的缘起所在。当最早的个体生命以及人类的祖先被天、自然抑或神创造后，人类个体生命便有了他独特的一代一代的诞生模式，并由此而将所有个体生命关联为一个作为类的存在体。个体生命于是与整个人类生命具有了一种相依相存的关系。从生命教育视野说，生命诞生学的启示在于学会"感恩"，感恩天地（通常我们会说"谢天谢地"）、感恩父母（我们通常谓"孝敬父母"）、感念祖宗（我们通常会说"认祖归宗""光宗耀祖"）、感恩生命。

生命成长学是从个体生命的视域探索和思考生命尤其是个体生命的人格成长问题。尽管我们的生命起源于天地、诞生于父母，但是在生命的成长过程中，我们个体生命自己将承担起主要的生命责任，即我们会逐渐逐渐脱离对天地自然以及父母家庭的绝对依赖，逐步形成我们自己的身体特征、心理个性以及生命人格。这一过程实际上也是讲天地自然、祖宗父母给我们的生命的自然本性和生命潜能逐渐实现出来成就自己人格的过程。从生命成长角度来说，生命教育就是领会到生命的历程就是一个不断实现自己潜能的历程，是一个不断填充自己生命括弧的过程。

生命意义学是从个体生命与世界的关系视域中的生命向度来探索和思考生命，尤其是个体生命在这个关系中的意义建构。"人生在世"，这是我们个体人生的一个基本事实。可是，人生"怎么样在世""如何在世"，却是一个问题。不同的"在世"方式会形成不同的人生样态和人生境界，也建构起不同的人生意义。生命意义学通过彰显个体生命"在世"的现象学呈现，考察获得生命意义建构的多元维度以及意义建构路径。

生命境遇学是从个体生命与世界的关系视域中的世界向度来探索和思考生命，尤其是个体生命在这个关系中的"遭遇"和现实"情境"。尽管生命意义是个体生命自己建构的，但是热身的意义与价值的实现程度却并不完全由个体生命自己决定，"人生"所在之"世"会对生命的实现过程构成各种各样的"境"和"遇"，这些境遇或者能够与人生意义赋予建立起直接的关联，或者会妨碍人生价值的实现。通过对生命实现中各种不同境遇的辨正，明晰这些境遇的不可回避性，学会承担生命，这也是生命教育的重要内容。

生命死亡学是从个体生命的生死视域来探索和思考生命，尤其是个体生命的死亡之于个体生命的现实人生的价值与意义。死亡彰显了个体生命的有限性，也彰显了个体生命的本己性、个体性和超越性。因此，通过以生观死、以死观生，在生死互渗中更加深刻地理解生命的特征与意义，从而实现对当下现实生活的超越。

生命起源学、生命诞生学、生命成长学、生命意义学、生命境遇学、生命死亡学，可以构成一个具有内在逻辑又符合生命自身的历史逻辑的"生命学"理论构架，这一理论构架作为生命教育的学理基础，可以让生命教育不至于成为无本之木、无源之水。

二、多维意义建构：生命教育的核心价值

基于"生命学"的学理基础，生命教育的存在价值就在于帮助我们每个个体生命认识生命、体悟生命、热爱生命、实现生命、升华生命。但是，在生命的现实运动中，生命的身心灵结构中的自然身体生命与个性心智生命，都需要灵性精神生命给予方向和赋予意义。人的生命总是首先要有方向或者意义的，否则，人生运动就很难展开，或者即使展开也是在茫然无措中。因此，生命的存在与实现首先必须是建构自己的意义支撑系统。

在未成年的生命运动中，这些意义支撑系统主要是由家长、学校以及社会建构的。但是，成年的生命现实运动必须自己建构意义。因此，就整个生命教育来说，核心的价值是生命意义的多维建构。

生命存在的意义不是靠生命存在自身说明的，他总是具有一定的意向，这种意向性作为灵性精神生命的现实存在形式，左右着现实个体生命的意义支撑系统。因此，我们可以尝试以"个体生命"的当下存在为一直接存在的"点"，以这个点为中心去"思"和"想"这一个体生命可以怎样来安顿自己，即为自己的存在植入意义。在我们生活的现实世界的三维空间中，任何一个点都可能像三个维度延伸，即前后（长）、左右（宽）、上下（高）。所以，我们个体生命存在的这个点也可以尝试以这种方式将自己向三个维度延展。

首先，从前后向看，生命是无到有、从生到死的进程。因此，个体生命

的这个维度可以名之为"生死维度",即从生到死的维度。这一维度的"观"可名曰"顺观"。这一维度所彰显出来的生命的特征是生命的"长度"。

其次,从左右看,生命是一个人与文交相作用的过程。和其他动物相比,人的生命最终是由文化塑造的,或者说,人的真实生命必须是从内存于人而走向外在于文的。生命存在的这一"存""在"维度,可以名之曰"人文维度",即以文化人、从人到文的维度。这一维度的"观"可名曰"横观"。这一维度所彰显出来的生命的特征是生命的"宽度"。

再次,从上下看,生命是一个从成己到成人到成物的心灵人格建构过程。心,自内说,自天然所成而说;灵,自通外说,自后天通达而说。就形象上来说,这一"心灵"维度实乃"天地维度",在天曰心,是为"天心";在地曰灵,是为"地灵"。天居内,是为存于人自身之"天然""自然";地通达于外,是为构成一定的存在"格局"。从内涵上说,"心灵"维度是人的生命存在特有的精神生命的成长,是个体人格的建构,是个体生命从自我成长"格局"的建构。因此这一生命存在维度,可以名之曰"天地维度"或者"人格维度",即从"天"(心)到"地"(灵)之格局形成的维度。这一维度的"观"可名曰"纵观"。这一维度所彰显出来的生命特征是生命的"高度"。

通过生命存在的顺观、横观、纵观,人的生命存在的生死维度、人文维度、天地维度被建构起来了。个体生命就不再只是一个"点"状的生命存在,而是一个立体的生命存在了。个体生命就可以在不同的维度上寻找到自己生命的价值着眼点,寻找到自己存在的理由,寻找到自己存在的意义。因为,每一个维度都给予个体生命无限的赋予生命意义的可能性。

但是,如果只有这三"观",人的生命存在如果只有这三个维度,尽管可以建构一个丰富的、立体的甚至在一定程度上是伟岸的生命存在,但却有可能是晦暗的。因为一个有长度、宽度和高度的存在体,可以是封闭的也可以是开放的;可以是透明的也可以是黑洞的;可以是发光发热的也可以是晦暗而冷冰冰的。而事实上,人的生命的现实运动并不是这样一个"立体的""物体"的运动,而是可以交相辉映的透亮的生命体。所以,人的生命存在还需要一个维度来界定,一个可以从整体上标示生命存在的特征的维度。这一维度就是从整体生命的内外向上看的性情维度。

最后，从内外看，生命是一个有感受、可感动、能感通的、可发光发热的性情体。人的生命存在最核心的东西，按照中国人的智慧来说是我们的"心"。心之未发状态谓之"性"，心之已发状态谓之"情"。所以，根据生命存在之"心"的未发、已发以及所发之状态，可以标示生命存在的整体特征。由此，生命存在的这一维度可以名之曰"性情维度"，心之在内未发谓之"性"，从未发走向已发之为"情"。未发之性是心之本身，敞现本心本性即为情。本心本性的敞现，既可以让自己的生命增加透明度、增加亮度，也可以照亮和温暖其他生命存在。生命存在的这一维度的"观"可名曰"通观"。这一维度所彰显出来的生命特征是生命的"亮度"。

这样，生命的意义便有了四个可以考量的维度，这也就意味着，我们可以从四个大的维度为自己的生命赋予意义，找寻理由。相应地，不同个体生命存在本身的意义也可以得到彰显了。这便是生命教育中的多维意义建构。

生死维度的生命意义是在延展生命的长度，生存、生活、生产以不同的方式延展着生命的长度。当我们的生命固着于生死维度的不同内容上时，我们的生命意义和由此而决定的生命境界就完全不同。大体可以依据身心灵对应三重境界：（1）醉生梦死：当一个人只见到生存而不见生活与生产时，他就会将自己的全部生命固着在生存问题上，一切为了生存，一切只有生存。换言之，满足生理性需求、生理性欲望成为他的生命的全部内容。这样的人生我们姑且可以名之为"醉生梦死"。这是植物性生命境界。（2）眷生忘死：当一个人不仅见到生存而且见到生活，但却没能见到生产时，他便会用生活的态度对待生命，生活成为生命的全部内容。此时，人的需求会被多方面、多层次调动起来，不仅有生理性需求，还有安全性需求、社会性需求、归属性需求等等，人的生活内容也会变得非常丰富。因为生活的丰富和满足，他们会完全沉溺于生活之中，所以他不会去思考生命终结的问题，死亡似乎离他很遥远。这样的人生我们姑且可以名之为"眷生忘死"。这是动物性生命境界。（3）乐生顺死：当一个人不仅见到生存、生活，而且也见到生产时，他在生存的基础上延展生活，并在生活的基础上升华到生产时，他就不会再只是沉溺于生活本身，而是要探寻生活的目的、生命的意义，进而希求过一种本真而非沉沦的生活。这种本真的生活就是生产。此时，即使是生存也成为一种生产性生存，生活也成为生产性生活。如唐君毅所说的，"饮食"的意义不在于只是满足食欲（生存意义上的），也不在于保存生命（生活意义上的），而是在于"使他生命的意义灌注到食物里"，是为了实现更高的价值（生产意义上的）。"男女之爱"也不只是满足性欲或者延续种族，而是两个生命精神的贯通并共同创造一种内在的和谐，身体的接触与愉悦只是这种内在和谐的象征符号。

人文维度是个体生命通过"人"化和"文"化的方式拓宽自己的生命，将自己的自然生命"人文化"，人的生命的"人文化"程度直接决定了人的生命的宽度。从人文维度看，个体生命实现自己的生命有三个层面，即化身、化心、化灵。化身（格致）、化心（修齐）、化灵（治平）以不同的方式实现着生命的宽度，从个体到人类，从自身到天下，在个体生命存在的宽度拓展上是逐步延展的。因此，当我们的生命固着于人文维度的不同内容上时，我们的生命意义和由此而决定的生命境界就完全不同。（1）以文化人：在此，我们只是把知识学习、文化学习看做生命的内容，只是看重客观知识的把握，认为知识和由知识而派生出的能力就是自己生命的本根。这一生命境界尽管可以在相当程度上实现自己自然生命的"文化"，却很难实现自己自然生命的"人化"。（2）以人化人：在这里，我们已经不只是关注知识与能力的学习，也不把客观文化知识的学习看成衡量人的主要标准，而是更加关注做人本身，更加强调自己的内在德性修养，强调个人行为的合宜性，并以自己的"人化"教化身边人的生命的"人化"。也正因此，古人教诲我们要先学做人再学做事。（3）以人化文：在这里，由于我们的生命在知识与德性、身与心两方面都有了相当的担待精神，我们就不会将自己的个人生命简单地看做只是自己的，而是看做是国家的、民族的甚至人类的。我们必须将自己生命中沉淀和积累的知识和德性以及整个生命力量释放出来，客观化为现实力量，成就现实的事业，即将自己的"人"化为"文"，为国家、社会"添砖加瓦"。

天地维度所显现的是人的人格生命或者说精神生命的存在特征。在中国人眼里，人的生命是与天、地合德而并称的。在日常话语中，我们也常说"人生天地间"，说"顶天立地"。我们可以用"天地维度"来作为呈现个体生命存在的人格精神生命的维度。个体生命在实现自己的人格、活出"精气神"（简称"精神"）来，实现人的生命的高度，有成己、成人、成物三个层面。成己、成人、成物，让个体生命从原始"天生"的"自然肉体生命"逐步成长为一个可以与天地通、与天地齐的"崇高"的"人格精神生命"，彰显了生命的高度。（1）改天换地：在此，我们建构起了自己的内在精神生命的基本内涵，将自己原始的隐匿的"天性"发展成为独立的个性，能够初步担当起自己的生命实现。即改变了自己的原始自然天性而成就了真实的自我人格。但是由于只固着于自己的人格实现而不及他人，必然导致工具主义的人生观，将"自己"以外的一切他人、万物都视作实现自己的工具。（2）经天纬地：在此，我们不仅建构起了自己的独立人格，而且这一人格精神生命与其他人的人格精神生命有一种感通、关切，能够"同理"地思考并处理自己以外的其他人的人格精神生命。但是，固着于这一"成人"之境界，容易陷入"人类中心主义"的泥潭，以"人是万物之灵"为借口而不能合理、真实地对待人以外的万物，还不能达到"物我合一""天人合一"之境界。（3）顶天立地：在此，我们能够感通万物，真正"与天地通""与天地参""与天地齐"，成为可以与天地并列的"三才"之一。即脚踏大地头顶苍天，人真正站立起来，有了绝对的高度，可以与天地合一的大人格、大生命。在此，你不仅关注自己、关注他人，而且关注天下苍生、世间万物，你会用一颗大慈悲心对待天地之间一切存在。因为你在天地间，"万物皆备于我"，"宇宙即吾心""吾心即宇宙"了。

性情维度所显现的，是人的心灵生命或者说性情生命的存在特征，由于是本于人心人道的自我彰显，也可以统说为人道性情生命。性与情皆根于心，心是生命之本。性是心之未发状态，是本性；情是心之已发状态，换言之是"心性"的外显状态。我们每个个体生命总是在不断地与其他生命之内在"心性"所释放出来的"情"发生关联，必有所"感"。这种"有所感"也就是我们生命存在所彰显出来的亮度。大体上，这种性情上的"有所感"有感受、感动、感通三个层面，由此也彰显出不同的生命亮度。（1）无情无义：在此，我们对他人生命所彰显出来的性情有所感有所受，我们的生命不再只是"一团肉体"而是可以搅动和点燃的"器官"。但是，由于还没有能够搅动内心发出"情"，所以此时的生命还处于"无情"状态，更不可能做出正确的、合宜的事情即"义"。此即所谓"无情无义"。此时的生命个体还只生活在"自己"里面，而且生命处于晦暗状态，一点都不透明。（2）有情有义：在此，我们对他人生命所彰显出来的性情不仅有所"感受"，而且因了这种"感受"而"心"有所"动"并"发"而为"情"，我们的生命因这"情"的点燃而有了光亮，这光亮照亮我们自己的心灵生命。由于生命在此时已"心"有所"发"而为"情"，便也会在"情"之牵动下有所"应"，这"应"即为一"义举"。此时的生命不再是完全晦暗无明，而是在"情"的流露中彰显出真实的性情，生命已经透明化。（3）至情至义：在此，我们的生命性情被完全激发和调动，我们对他人的生命不仅有所"感受"，也不仅仅是被"感动"而"发乎情"，而且是直接调动自己的全部生命力通达于所感受者、所感动者。这全部的生命力就包括"身""心""灵"及由此而落实的"行"。这时，我们的生命不再是"一团肉体"也不再是"一堆器官"，而是"一团火焰"。生命的"真性情"在这里被完全点燃，不仅将自己的生命彻底照亮，而且可以温暖别人、照亮别人，甚至温暖世界、照亮世界。此所谓"至情至义"。

三、身心灵全人生命辅导：生命教育的实践模式

人的生命是一个身、心、灵的完整结构，同时又有时间的三个向度即过去、现在、未来渗入生命中。身是到现在为止我们在一个人身上所看到的一切，因此代表"过去"。心则是一个"有知、有情、有意"的主体，可以代表"现在"。灵（或者说精神）则能够指示一个人前进的方向，因此是针对"未来"的。

身是自然成长的形体，以及由本能需求而获取的世间有形成就。换言之，身不只是身体上的吃饱喝足，还包括了一个人在社会上努力得到的成就。由身体努力所获致的一切都是可以量化的，亦即可以用物质的角度来衡量的。心是由知、情、意三种潜能所组成的，是人的生命活动中枢。知侧重于"理解"，时间维度上重在"过去"；情侧重于"协调"，时间维度上重在"现在"；意侧重于"抉择"，时间维度上重在"未来"。灵是比心更高的层面，是我们生命最内在的真正的自我，是生命的核心，灵可以让人的生命有统合的机会，同时给人的身心活动赋予意义与方向。

由于人是一个独特的身、心、灵合一的生命存在。因而，人的生命成长

就会有自然生理生命的成长、个性心智生命的成长以及灵性精神生命的成长。相应地，在人的生命成长中也可能会分别有自然生理生命的困顿、个性心智生命的困顿以及灵性精神生命的困顿。由此，生命教育就应该以全人生命模式对生命的身、心、灵多层面进行。

身的教育：了解自然肉体生命的非肉身意义，学习热爱生命、珍惜生命、善待生命。

在现实的生命观中，有两种极端的身体观。一种极端观点认为，我们的身体自然生命只不过是个"臭皮囊"，只不过是一堆"肉体"，因此，我们可以像对待一个"臭皮囊"一样对待我们的身体，同样我们也可以像对待一个"臭皮囊"一样对待他人的肉体生命。于是，暴力、杀人、自杀等等极端对待生命的方式成为一种"自然"的选择。我痛苦、我烦恼，都是这个肉体"臭皮囊"的错误，没有了这个"臭皮囊"便一切都解决了。另一种极端观点认为，我们的身体自然生命就是我们生命的全部，除了肉体生命便没有其他生命，因此，爱生命就是爱我们的肉体生命，就是满足我们肉体生命所有的欲望，于是，"武装肉体"成为最根本、最主要的生活信念和生命意识，这就是所谓的享乐主义的真正根源。很显然，两种极端的生命观都是没有看到生命的身、心、灵的多维和谐存在，把身看做是一个与心、灵无关的纯粹的"物质存在"。生命教育的"身"的教育，就是要破解这一"庸俗科学主义"的身体魔咒，把身体观引入到心和灵的层面，看清楚自然身体生命所具有的非肉身价值与意义，从而既热爱和珍惜自己的自然肉体生命，又不沉溺于现实的纯粹肉体物欲。

心的教育：了解个性心智生命可以有不同的发展方向，学习完善生命、实现生命。

心是我们生命身心灵的中枢，它具有能动性、意向性。心有知、情、意三种能力，同时有身、心、灵三种指向。不同的心智能力指向不同的心理对象，就会形成不同的生命意识、不同的生活态度、不同的生命境界。如果我们的心的发展方向指向身，则我们就会形成"肉体欲望最重要"的生命意识，进而就会执著于"有形可见之物"，建构起物质主义的、享乐主义的人生观、价值观和相应的生命境界。如果我们的心的发展方向指向心，则我们就会形成"个性自我最重要"的生命意识,进而就会执著于"自身"而无暇"他顾",建构起自我中心主义的、个人主义的人生观、价值观和相应的生命境界。如果我们的心的发展方向指向灵,则我们就会形成"生命意义最重要"的生命意识,进而我们就会有对当下身心活动的超越和统合,执著于"超越"的生命意义追寻与实现,建构起理性主义的、理想主义的人生观、价值观和相应的生命境界。生命教育的"心"的教育,就是要扭转我们心的指向,将其引导到灵的层面,从而实现生命的自我超越。

灵的教育:了解灵性精神生命对于身、心的意义和统领作用,学习提升生命、超越生命。

灵是我们生命的内在核心,它不仅给予身、心活动以意义和方向,而且是我们活动心结化解的内在灵性,也是我们将个人命运升华为人生使命的精灵。灵本身尽管不可直接界定,但是在我们的现实身、心活动中我们总可以感受和领会。当我们的心指向灵,我们就可以用"心"感受到"灵"的指引和召唤。由"知"接触灵,主要是通过阅读人文经典,感受大生命的直接点化与浸润,而获得生命之灵;由"情"接触灵,主要是通过将个人情感升华和普遍化,体验和感通他人及万有的情感,而获得生命之灵;由"意"接触灵,主要是通过对意所蕴含的各种"要"(欲望、追求)进行一种"一念翻转"式的"不要"的提要与学习,领会宽容、放下所蕴含的生命意义,而获得生命之灵。同时,我们还可以将"心"作为一个知情意的整体去体验死亡而获得生命之灵,不管是对亲人死亡的体验与内疚、对陌生人死亡的感知与恻隐,还是对自己必然到来而又未知的死亡的意识化,都可以让我们的生命之灵运转起来,即让我们的"良心"发现。灵的获得与发现可以让生命获得真正的方向,获得意义支撑,身心灵都可以由此获得安顿。

身心灵全人生命辅导,只是生命教育实践模式的基本理念。在现实的生命教育操作中,既可以是融入式的,也可以是专题式的;既可以是理论反思式的,也可以是活动体验式的;既可以是个别单独辅导式的,也可以是团队共同体验式的。总之,形式可以不拘一格,但理念却应该是身心灵全人生命成长。

生命教育的现实依据、价值取向及其落实

　　从生命的角度透视，教育应该首先关怀人的生命，关注生命的价值和人性的完善。教育的目的应该是帮助生命的正常发展并实现生命的意义。因此，在本质上讲，教育本应该就是生命教育。但遗憾的是，受应试教育思想的影响，我们今天的教育已经在丧失他的本质，教育以知识技能传授为主要取向，过多培养的是学生的竞争意识和竞争能力，而学生的人格、人性、道德、意志、审美能力、心理承受能力等生命特征都没能被放置于一个合理的地位。结果，学生生命情感发育不足，在精神上无所寄托，对生命的意义和价值产生怀疑，陷入了深刻的精神迷惘和意义危机，无法领悟生命的价值和生活的意义，处于深刻的和自然疏离、和社会疏离、和人自身疏离的困境焦虑中，造成了严重的意义荒芜。基于此，我们认为，应该倡导的生命教育，根本上是建构生命意义的教育。

一、生命困顿中的"生命消费主义"和"意义虚无主义"，及生命教育全民化的现实依据

　　任何一场大的社会转型都会带来对人们生存和生活信念、价值观、基本信仰体系等的巨大冲击，这种冲击既是价值观和信仰体系的瓦解过程，也是新的价值观和信仰体系的建构过程。但是，价值观和信仰体系这些给予人生意义支撑的东西，并不是可以像建造一幢大楼那样可以直接靠现实材料构建起来的，它需要新的探索、新的积累、新的思考、新的创造，这是一个缓慢而痛苦的过程。因此，在旧的价值观和信仰体系坍塌和新的价值观及信仰体系建构之间，必然会存在一个比较漫长的"精神空虚"或者"意义荒芜"的时期和状态。这就是哲学家和文学家们说的"虚无主义时期"或者"虚无主

义状态"。

中国自二十世纪七十年代末进入改革开放以来，伴随着对市场经济体制的摸索和改革开放的迅速发展，以及中国当代特殊的人口政策，中国人，尤其是新生代的中国人，已经进入了一种比较容易也比较实在的物质欲望满足的时代。与此同时，精神信仰上的多元化与无着落感，却在这种物欲不断得到增长性满足的同时得以彰显。于是乎，可消费的物质和对物质消费的需求，在一种相互促进和相互刺激的状况下共同疯狂成长，中国似乎进入了一个无边际的消费主义时代。消费，只有消费，似乎才能将新生代的中国人的生命落到实处。或者说，他们的生命似乎天生就是为着物质消费准备着的。

由于他们从小就在一个倒金字塔结构的家庭中被几代人毫无顾忌地拼命地填饱他们不断增大的胃，他们的经验和意识中，关于生命，就只是物质消费的各种样式了。当这些新生代的中国人进入需要他们自己为自己生命做主的时候，他们突然发现，他们除了会消费似乎什么也不会了。这就使得他们对待生命的一个本能的、本然的态度，就是"消费"，除此之外，无他！当需要他们不能以消费的方式来面对生命问题时，比如面对挫折、面对未来生活的构划等等，他们便不知所措了。于是乎，颓废、无聊，甚至自杀等"消费生命"的现象成为他们普遍的生命困顿。我们姑且可以将这一困顿名之曰"生命消费主义"。

与"生命消费主义"困顿相伴随的，便是"意义虚无主义"，即他们不知道人生的意义在哪里，他们丧失了赋予人生以自己意义的能力。

人和周围世界的关系本质上是一种价值关系。人为了在生成流变的世界中生存下去，就必须要有一种生存的信念，而这就要对人与世界有所判断，要对那些与自己生存有重要相关性的价值持肯定态度，这是人的生命得以存在和成长的前提。人是价值与意义的创造者，不仅是自己价值和意义的创造者，而且也是万事万物价值与意义的创造者。人首先把价值植入事物之中以维护自己的生存，人为事物创造出意义，创造出一种人的意义；同时，通过创造事物的意义而实现了人之为人的意义。正是在给事物创造出意义的同时，人给自己的生命以自己特殊的意义。

当一个人只是以"生命消费主义"的态度去对待生命时，一切便都只是消费对象，生命行为便只是消费本身，因此，他便根本上无法在人与世界之间建立起除了"消费"与"被消费"的关系外其他的意义关系。当一个生命体只能在自己与外在世界之间建立起消费关系这一纯粹功利主义关系的时候，他们是不会有真正的人生意义植入的，因为对他们来说，甚至生命本身也只不过是一个"消费品"。这样一种人生样态，我们姑且可以名之曰"无意义人生"或者"意义虚无主义"。

当然，我们不能把这种"消费生命"和"意义荒芜"的生命样态完全归罪于这些成长中的新生代中国人，我们也不能将这种状态完全归咎于这个时代。事实上，"生命消费主义"和"意义虚无主义"是一体的两面，作为一种历史潮流，几乎是与工业革命和现代化同步产生和发展的。

还在十九世纪末，尼采（1844—1900），这位疯狂实现自己的哲学智慧的思想家，在以先知般的口吻宣布"上帝死了"后说到："我要叙述的是往后两个世纪的历史，我要描述的是行将到来的唯一者，即虚无主义的兴起。现在，已经就在叙述这段历史了，因为在这里起作用的乃是必然性本身。无数征兆已预示了这种未来，无处不在预言这种命运。人人洗耳恭听这未来的音乐吧。"[1] 这位先知般的预言者，实实在在地将他及他以后的时代用"虚无主义"来界定、来说明、来昭示。"什么是虚无主义？就是最高价值丧失价值。缺乏目的，没有对目的的回答。"[2] 很显然，虚无主义就是人生意义丧失根据，就是无目的、无意义人生的普遍呈现。

在十九世纪，自觉否定一切传统价值的虚无主义者毕竟只是少数，普遍表现出来的还只是一种缺乏信仰状态。所以尼采说，虚无主义是"正在来临"，是"站在门前"，而他自己要叙述的也是"往后两个世纪的历史"。换言之，尼采还没有把虚无主义当作一个既成事实，因为它还没有为大多数人接受。就像尼采在宣布"上帝死了"时，还只是把自己当作一个"来得太早"的传信者一样，他也是把自己当作虚无主义的自觉预言者的。一百多年过去以后的今天，人们越来越明晰地发现，"上帝死了"这一划时代事件的影响是严

---

① （德）尼采：《权力意志》序言二，北京：商务印书馆，1996年版，第373页。

② （德）尼采：《权力意志》序言二，北京：商务印书馆，1996年版，第280页。

重的。而尼采预言的"虚无主义"也正成为我们这个时代每个人都不得不面对的现实。

上帝之死给人类带来了价值空无的恐惧，没有了上帝的人类，就像失去了太阳引力的地球，在茫茫宇宙中失去了运动的方向。这就是全面的信仰危机和价值危机，就是虚无主义。如果引申而论，尼采"上帝死了"的判词，不仅仅是指宗教的上帝的死亡，也是指走马灯般试图取代上帝的一切——如理想、意识、理性、进步的确定性、民众的幸福、文化等等的死亡。一切都不是"无价值"，而是"无绝对价值"。所以，到二十世纪末，哲学家们甚至说"人也死了"。被后现代主义者们奉为"后现代主义之父"的尼采的预言，正成为我们这个时代不得不患上的时代病。

人无所凭依，人没有了绝对的安身立命之所。现代人既失去了旧的信仰，又无能力创造新的信仰，从而使精神的空虚和本能的衰竭并交作用。这就是现代文明的症结所在，也是现代文明带给人的生命的最大伤害。

无谓的紧张和忙碌之中的轻浮，是这种时代病的一种典型症状。现代人总是狂躁不安，惶惶不可终日，就像急于奔向尽头的洪流。人们不再沉思，甚至害怕沉思。由此而致，猥琐、敏感、不安、匆忙、聚众起哄的景况，如海德格尔说的"沉沦"，愈演愈烈。所谓"文明"，愈来愈轻浮。个人面对被媒介操纵着的整个社会这一巨大机构而变得灰心丧气，只好屈服。

在这样一种文明的轻浮笼罩下，失去了信仰的现代人总是想急切地投身于纷繁的世俗生活中，在各种各样翻新的"消费"中来麻痹自己内心的不安，松弛内在精神的紧张。诚如尼采说的："现代的人多以休息为耻，即使是长时间的静坐思考也几乎会引起良心的呵责。思考乃是以码表来记时的，用餐时两眼盯着的只是报纸上财政金融方面的新闻。人的生活好像永远怕耽误了什么似的，将一切高尚的趣味都缢死了。'做任何事都可以，总比不做事的好'，这是人们的行事原则。"[①] 这种现代式的匆忙既是人们失去信仰后精神空虚的表现，又反过来加剧了人们的无信仰状态。尼采甚至称这些没有了生活信仰的人，"只是带着一种迟钝的惊愕神情把他们的存在在世上注了册"，而他们

---

① （德）尼采：《快乐的科学》，第220页。

也正是在被种种职业、义务、娱乐的占有中感到生活的"充实"的。

现代人由于丧失个性而灵魂变得平庸，便以花枝招展来遮掩自己的平庸，使现代人和都市生活变成了"颜料罐子的家乡"。机器和商业文明剥夺了人的个性，它把许多人变成一部机器，又把每个人变成达到某个目的的工具；它制造着平庸和单调；它是无个性的，使一件工作丧失了自己的骄傲，自己特有的优缺点，因而也丧失了自己的一点人性，结果，"我们现在似乎只是生活在无名无性的、无个性的奴隶制度下"①。而与此同时，商业成了文化的灵魂，报刊支配着社会，记者取代了天才，艺术沦为闲谈。人的机器化和文化的商业化使时代以平庸为特征。而人们为了掩饰自己的平庸，便急于用讨人喜欢的外表来"宣传"自己，"推销"自己。五光十色的装饰品，把自己装扮得如同"颜料罐子"，而人生的价值就被依附在那光怪陆离的外在物品上，这就使现代人生活在一种奇特的境况中：外表富丽堂皇而精神疏荒，衣着光怪陆离而生命缺乏内容。这必然将人逼入"生命消费主义"的处境。

日常生活中的舒适懒散与自我的麻醉刺激，是这种虚无主义时代病的又一典型症状。由于终极信仰的破灭，文化丧失了它存在的神话家园，世俗化使文化本身成了缺乏根基的虚假繁荣。现代人由于本身丧失了创造的原动力，便总是带着挤入别人宴席的贪馋去模仿一切伟大创造的时代和天才，收集昔日的文化碎片以装饰自己。与此同时，现代人由于缺乏生命本能的原生创造力，加之匆忙劳作带来的神经疲惫，他们便到所谓的流行"艺术"中去寻求官能上和精神上的刺激和麻醉，如此"消费"生命。

总之，随着旧信仰及其道德所造成的生命本能的衰竭和信仰沦丧所造成的精神空虚，现代人一方面普遍缺乏信仰，另一方面消极颓废，这是一种典型的消极虚无主义的时代病。

年轻人作为我们这个时代最敏感、最精神化的一代人，既在这种时代病中成长，也是患这一时代病最深的人群。他们的"生命消费主义"和"意义虚无主义"只不过是我们这个时代的普遍性的时代病的集中和突出的体现而已。从这个意义上说，生命教育不应该只是对学生的，生命教育更应该成为

---

① （德）尼采：《尼采全集》卷3，第350页。

全民教育！

二、生命意识中的"真诚意识"和道德自觉的"一念反省"，及生命教育的现实理据

"生命消费主义"和"意义虚无主义"是一体的两面，有其一必有其二；克服其一也必将克服其二。面对"生命消费主义"和"意义虚无主义"这样的生命困顿，我们有没有解决之道呢？从哲学立场上说，问题的解决之道就在问题本身。换言之，克服虚无主义人生的根本路径，就是将虚无主义本身极端化、积极化，以积极虚无主义的态度和立场挑起生命意义虚无的重担。

作为虚无主义时代的预言者，尼采明确提出，要用真诚意识将消极虚无主义逼入绝境，并将消极虚无主义提升为积极虚无主义以克服时代病。他说："在我看来，善意、精纯、天才算什么呢，倘若具有这些品质的人容忍自己在信念和判断方面无所作为，倘若他不觉得对于可靠性的要求是最内在的渴望和最深邃的冲动……置身于生存整个奇特的不可靠性和多义性之中而不发问……我觉得这是令人鄙视的。"[1] 这样一种追究根据的可靠性，在信仰问题上不苟且、不作假的认真诚实的态度，就是真诚意识，它是走向彻底的积极虚无主义的"心理学"前提。

我们知道，在信仰空白的消极虚无主义状态，如果没有强大的生命力，要么便是惶惶不安地寻找随便什么"理想"来安慰自己空虚的灵魂，以"生命消费主义"方式对待生命和世界；要么就是在承认生命无意义的同时也彻底否定生命本身，极端者甚至从肉体上消灭生命，此即是以"意义虚无主义"的方式消费生命。这也恰恰是我们这个时代的年轻人所面临的最主要的生命困顿。为什么会如此呢？因为他们丧失了"发问"的能力，用尼采的话说，是"置身于生存整个奇特的不可靠性和多义性之中而不发问"。这种"不发问"就意味着被现实的洪流左右、牵引直至淹没。

真正健康的生命态度，或者说，一个真正生命力强大者的生命态度，应

---

[1] （德）尼采：《尼采全集》卷5，第38页，转《周国平文集》卷3，第293页。

该是：一方面正视没有信仰的现实，不以任何虚假的"理想"和东西冒充生命"意义"来影响生命，换言之，不是以"消费"填充生命，而是坦然面对和正视生命的无信仰现实；另一方面，又要敢于在这种状况下不靠任何信仰生活下去，即自己给自己找出生活下去的理由，自己安顿自己的生命，换言之，自己创造自己的人生。这种态度就是积极的虚无主义，也就是彻底的虚无主义。积极虚无主义是对"颓废"的克服，这种克服就在于，它一方面对传统价值进行彻底的批判，另一方面又把无信仰状态公开化、自觉化。也就是说，它是把不完全的虚无主义变成彻底的虚无主义；把隐蔽的虚无主义变成公开的虚无主义；把不自觉的虚无主义变成自觉的虚无主义；然后用积极的虚无主义克服消极的虚无主义，并为创造新价值扫除接近黄昏的偶像。

如何做到这样一种在公开、自觉的无意义状况下继续生活下去？这就要靠我们每个人培育起那种能够"发问"的"真诚意识"。真诚是指追究根据的可靠性，在信仰问题上不苟且、不作假的认真诚实的态度。真诚要求：凡是以最高根据自命的一切，不管是"理性""善""上帝"或其他形而上学所设想的终极实在，都必须在真诚意识面前提出自身的根据；但是，如果能以其他根据来支撑的根据，又不可能是最高根据。于是，对根据这种"真诚的追问"，必然导致这样的结论，即不存在任何最高根据，所有的"最高根据"都是无根据的，是虚无的。这样一种彻底的真诚，甚至会给人带来一种近乎逼疯的幻灭感。

这样一种近乎逼疯的幻灭感，是对人的道德勇气的巨大考验！因为真诚的结果是"一切皆虚妄"。它把一切都置于虚妄的境地，也就意味着信仰本身成了无根据的，或者准确地说，是缺乏"外在"的根据的。但另一方面，它也是对人的一种解放。信仰只能从信仰者自身的生命力寻找根据。这就使人本身丢掉了外在的包袱，把人本身归还给了人自己，这无疑是人的一种解放。人的生命便从消费客体直接显现为了意义主体，人生的意义就掌握在自己手里了。

何以这种近乎逼疯的幻灭感反而能够让人自己掌握到人生的意义呢？或者说，这里所说的人生意义的显现到底在哪里？其实，它不在别处，它就在我们"反求诸己"时而透显出来的自我超越，它就是我们在此近乎逼疯的绝望之境中回头反省到的"此痛苦之根据",即我们自己所原有的"创造性的理想与意志"。

关于这一理论,现代新儒家唐君毅先生在讨论到中华民族文化之"花果飘零"与"灵根自植"时,曾经深刻地提出的文化生命从绝望到希望的信心确立之道,完全可以启示我们生命意义的追问与获取之道。

唐君毅于1961年有感于当时不少侨民纷纷加入外国籍、中国文化不被人重视之悲恸,发表了"说中国文化之花果飘零——兼论保守的意义与价值"一文,在文中,唐君毅痛心疾首地指出:"此种自动自觉的外国归化的风势,如一直下去,到四五十年之后,至少将使我们之所谓华侨社会,全部解体,中国侨民之一名,也将不复存在。此风势之存在于当今,则整个表示中国社会政治、中国文化、与中国人之人心也失去一凝结自固之力量,如一围中大树之崩倒,而花果飘零。此不能不说是华夏子孙之大悲剧。"此论引起海外华人社会极大的震动。两年多后,唐君毅再著文"花果飘零与灵根自植",一方面回应社会反响,更主要的是要"说明此自信心如何可加以树立"。在该文中,唐君毅进一步将他前文所列举的一些现象推之"极端化",以说明"一般人所赖以寄托希望与信心之处,皆不堪寄托希望与信心",如此将我们逼于"绝望之境"。进一步,唐君毅,如果人们为此一切问题,皆无所回答,而"真感受一沦于绝望之境的苦痛",则他可以指出一条路子:世间只有一种希望、一种信心,可以使人从绝望之境拔出。此即人从绝望之境的苦痛之感受中,直接涌出的希望与信心,人可再由信心,生出愿力。而一切希望与信心,凡不从此中直接涌出者,皆无一是有必然性与定然性,亦无一堪称真正的希望信心,更无从产生愿力者。

何以由绝望之境的感受中,能逼出或直接涌出希望与信心呢?唐君毅认为,根本的道理就在于:一切正面的东西,皆对照反面的东西而昭显。绝对的正面,则对绝对的反面而昭显。如绝对的光明,对绝对的黑暗而昭显;绝对有的上帝,面对绝对的空无而创造万物。人能真面对反面,同时即呈现出正面;人能面对绝对的反面之绝望,亦即呈现出绝对的正面之希望与信心。人在病至欲死中,显出真正求生之愿望;人在罪恶深重之感中,显出企慕至善之愿望;人在深崖万丈之旁,显出其自处之高;而人在将绝望时时放在面前时，亦才看见希望在何方，信心在何处。①

何以人在绝望之境中的痛苦感受中才能回头反省到为此痛苦之根据的创造性的理想与意志呢？因为人必到绝望之境，一般的虚浮的希望、幻妄的联想、外驰的欲念与世俗的习气，到此便无别的去处，都成了无用之物，于是，人的精神主体便立即清明起来，而人的真正创造性的理想与意志，便依其真纯之本来面目而呈现出来。此即"置之死地而后生"，也即是海德格尔所说的"向死而生"。

事实上，在我们的各种痛苦中，我们都可以回头自觉到这一痛苦根本上产生于我们自己所拥有的某种内在理想，从而我们便可从这一痛苦中超拔出来，而将真正的希望与理想显现。所以，人的这一回头的反省自觉，是万分要紧的，也是人的精神生活之生死的关键。自己对自己如果没有真正的反省自觉，便也不会有真正的对自己生命存在的认识与承认。人如果能如此自觉其理想而自信自守，人也就能真正认识其自己存在的意义，肯定自己生命的价值与意义，也就能自尊自重、自作主宰。

这一自觉，即中国儒家所说的"反求诸己""一念反省"的意义建构模式。唐君毅在说到道德自我之建立时，明确地指出了其自我超越的意义：

"当下的你负担着你之道德生活及整个人生之全部责任。当下的你之自觉之深度、自由之感之深度，决定你的道德生活，及你整个人格的伟大与崇高。"

"认清当下的你之责任，认清当下一念之重要，你会知道从当下一念可开辟出一道德生活之世界，当下一念之翻转，便再造一崭新之人生。"

"当下一念之自觉，含摄一切道德价值之全体，含摄无尽之道德意义，当下一念之自觉，含摄一切道德之智慧。"

"如果由你当下一念之自觉，一朝真了悟到你之超越的自我或你的心之本体，即一切道德价值之全体的本原所在，你对你之道德生活之发展，必可日进无疆，即有一绝对的自信。"②

---

① 以上唐君毅有关花果飘零与灵根自植的讨论，见唐君毅：《中华人文与当今世界》（上），广西：广西师范大学出版社，2005年版，第22页。

② 唐君毅：《道德自我之建立》，桂林：广西师范大学出版社，2005年版，第69页。

此反求诸己的"一念反省"表明，通过"真诚意识"逼到绝境的我们，是有可能通过回归到自己的本心本性而实现自我超升、自我拯救的。这意味着，作为我们这个时代普遍的生命困顿的"意义虚无主义""生命消费主义"，是可以通过唤醒生命意识而得到救治的。这就是以意义追问和意义建构为根本内容的生命教育可以落实的现实理据。

三、作为领受和作为创造的生命,及全人教育的生命教育在建构生命意义中的作用

生命教育的根本目标，就是在积极虚无主义的"真诚意识"基础上，通过反求诸己的"一念反省"，让每个生命体建构起自己的人生意义，安顿好自己的现实人生，并在安顿现实人生中学习死亡、在体验死亡中提升现实人生。

为此，我们认为，生命教育的价值取向应该是全人教育，是人之为人的教育，更确切的说，是让人精神成人、实现自己生命意义的教育。此全人教育是包括人生、人性、人伦、人格、人文、人道六位一体的教育。而生命教育的核心则是人生意义追寻，是要在对人生、人性、人伦、人格、人文、人道的认知、体验中安顿人生、赋予人生以人之为人的意义。这样一种生命教育价值取向的确定，一方面是基于我们对大学生以及我们这个时代的生命困顿的认识和反省，另一方面，也是基于我们对生命本身的哲学思考。

从生命学的视野来说，人的生命既是一种领受，也是一种创造。人的生命有别于一般生命者，就在于他自觉地实现着这种领受与创造的有机统一。

作为领受，人的生命是自然的、宇宙的、人伦的三重给予，是天、地、人的共同创造。一方面，人的生命和所有生命一样，是大自然的（或者说大地的）产物，我们从自然（大地）领受生命之为生命的自然性，大自然赋予我们作为生命的基本属性；另一方面，人的生命也是天的（或者说神灵的）产物，我们从上天（神灵）领受生命的神圣性，领受对万有的超越性，上天（神灵）赋予我们作为生命的精神性；同时，人的生命更直接是人的产物，我们从父母所出，我们领受父母的生命，而且通过父母，我们还领受父母的父母，以及父母的父母的父母的生命，如此，血亲（或者说人的）给予我们作为生命

的人伦性。所以，作为领受，人的生命是天、地、人三者共同创造的产物，是自然生命、精神生命、人伦生命的统一体。自然生命给我们以肉体存在的支撑，精神生命给我们以精神体验的超越，人伦生命则给我们以人伦情感的感通。

作为创造，人的生命又实现着人格、人文、人道的三重提升，是自我、社会、宇宙的三重创造。一方面，人的生命首先是以个体存在的方式呈现的，个体存在的生命必须实现"他之为他"的生命独特性，这种个体生命独特性的创造，就是个人人格的塑造和创造；另一方面，人的生命又始终是社会的，他秉承社会历史给予他的生命力量，又同时将自己的生命力量对象化为新的社会历史，创造新的社会关系和文化内容，这一社会生命的创造就是人文的形成与创造；同时，人的生命也是宇宙的，他来源于宇宙又必然回归宇宙，他分化于宇宙又必须实现与宇宙万物的同一，这一宇宙生命的创造就是人道的贯通与创造。因此，作为创造，人的生命是自我、社会、宇宙三个层次的统一，是人格生命、人文生命、人道生命的三位一体。人格生命实现人的生命的个体意义，人文生命实现人的生命的社会意义，人道生命则实现人的生命的宇宙意义。

基于生命学视野的对人的生命的如上理解，我们认为，生命教育的价值取向应该是包括人生教育、人伦教育、人性教育、人格教育、人文教育、人道教育在内的全人教育。

人生教育，在这里是实现人的自然生命的教育。作为自然生命，人应该知道自己所从出的自然过程，也应该知道自己所由长的基本历程，还应该知道自己所必去的自然归宿。因此，人生教育作为人的自然生命的教育，必然应该包括出生教育、养生教育和生死教育。

人伦教育，在这里是实现人的人伦生命的教育。作为人伦生命，人应该知道自己的生命与父母生命关系的意义，与兄弟姐妹生命关系的意义，与其他人生命关系的意义，领悟和学习处理人伦关系的能力。因此，人伦教育作为人的人伦生命的教育，必然应该包括亲情教育、友情教育、爱情教育、人际教育。

人性教育，在这里是实现人的精神生命的教育。作为精神生命，人应该知道自己超越于万物的精神性的本质，领悟自己生命的神圣性，同时还应该对人之为人的"天性"具有辨证的领悟和分析。因此,人性教育作为人的精神生命的教育,必然应该包括信仰教育、善恶教育、真伪教育、美丑教育、利害教育。

人格教育,在这里是实现人的个体生命的教育。作为个体生命,人应该知道自己作为个体的独特性特征和使命,并着力实现"我之为我"的自己唯一无二的生命。因此,人格教育作为人的个体生命的教育,必然应该包括心理教育、个性教育、品格教育。

人文教育,在这里是实现人的社会生命的教育。作为社会生命,人应该知道自己生命的真正实现,必然是历史文化和现实社会共同塑造的,自己生命的价值和意义也正在于接受人文的洗礼并创造新的人文价值。因此,人文教育作为人的社会生命的教育,必然应该包括历史传统教育、哲学反思教育、社会关怀教育。

人道教育,在这里是实现人的宇宙生命的教育。作为宇宙生命,人应该知道和领悟自己生命的宇宙意义,这种领悟包括人的生命与宇宙万物的关系的意义,人的生命与其他生命的关系的意义,人如何实现"天人合一""民胞物与"的生命体验。因此,人道教育作为人的宇宙生命的教育,必然应该包括尊重生命的教育、爱护环境的教育、敬畏宇宙的教育。

当我们能够从人生、人伦、人性、人格、人文、人道这样一种全人视野进行生命教育时,人的生命就会在自然生命、人伦生命、精神生命、人格生命、人文生命、人道生命中得到多重安顿,人的生命的意义自然而然地就会在天、地、人的统一,自我、社会、宇宙的和谐这样一幅生命立体呈现的感悟中得以实现,"消费生命主义"和"意义虚无主义"的生命困顿就会得以解除。

四、以生命教育安顿思想道德教育、以生命教育提升心理健康教育,及生命教育在学校教育中的落实

大学阶段是人生的一个特殊阶段。从人格心理学角度说,此一阶段的生命个体最重要的人生课题是完成"自我统合",即建立起自己"一以贯之"的人生之"道",换言之,在人生、人格、人伦、人文、人道、人性多层次上,确立起自己的基本立场,为自己的人生建立起意义根基。或者说,就是确立自己创造事物的意义和构建人生意义的能力，是确立自己人之为人的能力的时期。因此，重视和倡导对大学生的生命教育，不仅意味着对大学生个体自然生命的关切，更根本的是对大学生生命价值与人生态度的引导与提升，是人生意义的建构。

大学阶段是形成个人人格统合的关键阶段，也是个人自觉建立人生观、价值观、道德观即"精神成人"或者说意义建构的关键阶段。目前，中国大多地区的大学教学中，一方面，非常重视学生的人生信仰、人生观问题，开设了多门"思想政治教育类"必修课程，如《马克思主义基本原理概论》《思想道德修养与法律基础》等；另一方面，也非常重视学生的心理健康和人格统合的培养，各高校都有专门的心理咨询与心理健康教育机构，由专职的心理健康教育与心理咨询教师负责相关工作。但是，大量的人力、物力、财力的投入，却并没有带来相应的实际效果。其根本原因在于，不管是思想政治教育还是心理健康教育，都没有触及到个人生命本身！思想政治教育的相关内容，过于高妙，悬在空中，与学生的生命建立不起直接联系，其实效性固然会大打折扣。而心理健康教育则过于强调价值中立原则，把非心理问题也"心理化"，当然只能治标不能治本。

因此，我们认为，在现实中，当代中国大陆地区学校的思想政治教育必须以生命教育来安顿自己，而心理健康教育则必须以生命教育来提升自己。如此，可以建构起以生命教育为核心理念的思想道德教育、心理健康教育的新模式，也可以拓展出生命教育的新空间。

一方面，只是坚持以价值中立原则为基础的心理咨询，是不能完全帮助学生解决这样一些心理困惑和生命困顿的。为了进一步推进和提升心理健康教育，将意义和价值问题纳入心理咨询和心理治疗的考虑范畴，以生命教育的理念来落实心理健康教育，同时将心理健康教育的一些技术和方法以及案例运用到生命教育上，可以说是顺理成章的事。从目前大学心理健康教育的机制来说，因为心理咨询和心理健康教育已经在各高校占有了一席之地，而且被重视的程度相当高，而生命教育则还在呼吁和尝试之中，因此，将生命教育内容融入心理健康教育中，以生命教育理念来提升和转型现有的心理健康教育，是一条比较适合和实用的路径。

　　基于此，浙江传媒学院的心理健康教育便决定走与生命教育相结合的道路，并于 2007 年率先在全国高校中成立了第一家"心理健康与生命教育中心"。由于这种融入，不管是在心理咨询中还是在心理健康教育选修课程教学中，都能够关注学生的认知、情感、意志、人格、生命观等有关学生生命成长的各个方面，构成一种旨在改善学生生命质量的综合性视角，使相关的内容融入已有的心理健康教育内容中，并占有足够的地位，从而促使学生在认知、情感、意志、人格以及生命观、价值观等方面的共同发展。同时，可以将心理咨询中的团体辅导拓展为生命辅导，并仿照心理咨询中的个案咨询开设以生命教育为主要理念的心灵治疗或者生命辅导。通过这些活动，丰富大学生的生存感受和培养学生的生命情感，让大学生在活动中体验成功、体验苦难、体验生命本身。

　　另一方面，高校思想政治理论课特别是"思想道德修养与法律基础"课，是一门大学生必修的，帮助大学生树立正确的人生观、价值观、道德观和法制观的理论课程，其基本内容可以概括为"一条主线、两方面素质、三部分内容、五项教育"。"一条主线"就是社会主义核心价值体系；"两方面素质"是指思想道德素质和法律素质，其中思想道德素质包括思想政治素质和道德素质；"三部分内容"是指思想教育内容、道德教育的内容、法治教育内容；"五项教育"是指世界观、人生观、价值观、道德观、法治观教育。从学科内容和教学目标来看，不管是对社会主义核心价值这"一条主线"的贯彻，还是对思想道德素质和法律素质"两方面素质"的要求；不管是对思想教育内容、道德教育内容、法治教育内容"三方面内容"的安排，还是对世界观、人生观、价值观、道德观、法治观"五项教育"的落实，在根本上都是围绕大学生的生命成长的，是关乎大学生作为一个未来的合格公民和健全的人的自我塑造的。因此，本门课程本身就属于促进大学生生命健康成长的生命教育课程。在这样一门课程中，融入生命教育的具体理念、相关内容以及教学模式，都是最为适当和合理的，而且可以将这门课程的思想实实在在地安顿在生命之中。

　　基于此，我们的思想政治理论课首先是在《思想道德修养与法律基础》课程的教学中，融入生命教育的理念和内容。为此，浙江传媒学院于 2007

年成立了大陆地区高校第一家专门的"生命教育研究所"。基于生命教育的基本理念，我们认为，对该门课程的内容进行符合当代大学生生命成长状况的专题调整，设计相应教学专题，将教学内容具化为与大学生生命成长密切相关的专题，并以更加平实的语言来表述相关内容，可以更好的满足大学生生命成长和精神消费需求。这种专题设计，贯穿的主题是促进大学生生命的全方位成长，包括人格成长、情感成长、心理与精神健康、思维能力和思想能力、道德情操与道德判断、公民意识等等，引导学生培育敬畏生命、热爱生命、实现生命、超越生命的生命观，并以此生命观为基础建构科学的人生观、道德观、价值观、法治观。教学专题设计，既遵循了教学大纲的要求，也落实了教材的绝大部分内容，同时又避免了前面所说的教材内容安排上的缺陷，还融入了生命教育的基本理念和内容，具有科学性和可操作性。

从大陆地区高校的教学大环境和客观的现实效果来说，加强和改进大学生思想政治教育，势必从分别强调心理健康教育、道德教育、思想政治教育，向整全的生命教育超越。将大学生的思想教育、道德教育、心理健康教育以及其他相关的人生教育整合到"生命教育"中，以生命教育的理念来开展大学生思想政治教育及心理健康教育，将是未来大学生思想政治教育和心理健康教育发展的主导和必然趋势。

与此同时，生命教育的落实还有待一系列专门课程的开发与开设，有待于面对特殊个体和普遍群体的专门而系统的教育。为此，浙江传媒学院近年开设了一系列相关课程，如《人格心理学》《生命学与生命教育》《大学生心理健康教育》《心理电影赏析》《中医养生与传统文化》等。另外，浙江传媒学院在"心理健康与生命教育中心"还拟设置专门的"生命辅导室"和建立"生命辅导师"制度。这些理论教学和实践措施的结合，将大大有利于生命教育在学校教育中的落实。

身心灵生命结构与全人生命教育的目标

生命教育作为人的整全生命的自我生成的教育，是个体生命全方位全层次的自我呈现和自我实现的教育。尽管在西方和中国台湾、中国香港地区，生命教育有多种学理资源和不同的实现目标；不同的取向可以分别从宗教、心理、伦理甚至体育活动等切入生命教育。但是，我们不能将生命教育简单地归结为其中任何一个取向和模式。比如，台湾地区的生命教育就有以下五种取向：（1）宗教教育取向：强调生命意义、死后归宿、终极信仰的安身立命；（2）健康教育取向：强调生理卫生、心理卫生、生态保育的健康快乐；（3）生涯规划取向：强调认识自我、发展潜能的自我实现；（4）伦理教育取向：强调思考能力、自由意志、良心道德的培养和伦理行为；（5）死亡教育取向：强调珍惜人生、超越悲伤、临终关怀、安宁照顾的生死尊严[1]。而在高中阶段率先推出的生命教育选修课程系列，也包括八门相关课程：《生命教育概论》《哲学与人生》《宗教与人生》《生死关怀》《道德思考与抉择》《性爱与婚姻伦理》《生命与科技伦理》《人格统整与灵性发展》等[2]。由此可见，任何一个取向都不具有绝对完美的考量，都不可能取代其他方面的目标实现。生命教育必定是一种全人范畴的，是一种全人教育。

人的生命作为一种实际存在，既不只是功利主义眼里的身体欲望，也不只是心理主义眼里的心理原子，同时也不只是哲学和宗教眼里的精神孤岛。现实的人的生命存在实际上是身、心、灵的统一体。身、心、灵是我们生命存在的三个同时呈现的层次或者状态。"身"，即躯体或生理，对应于英

---

① 吴庶深、黄丽花：《生命教育概论》，台北：学富出版社，2001年版。

② "普通高级中学选修科目《生命教育概论》课程纲要。http://140.116.223.225/98course/02/life/%A5%CD%A6%BA%C3%F6%C3h%BD%D2%BA%F5%AF%F3%AE%D7.pdf。

文中的 body，是我们可以肉眼直观到的我们的生命存在，可名之为"自然生理生命"；"心"，即内心或心理，对应于英文中的 mind，是我们可以意识体验到的我们的生命存在，可名之为"个性心理生命"；"灵"，即灵性或精神，对应于英文中的 spirit，是我们可以直觉领悟到的我们的生命存在，可以名之为"灵性精神生命"。因为生命存在是这样一个全人的多层面存在，相应地，生命教育也便有身、心、灵不同层次的目标，以实现全人生命的和谐成长。

一、作为自然生理生命的"身"

身体是每一个人最直接的生命存在。人之为人的一个重要特征就是，他是作为身体而存在的。人的生命存在最基本的目标是能活着，也就是生命的存活，或者说生存。而生物的本能，或者说活着的生命都必然有一定的生物性宿命，这就是：出生、成长、发展、成熟、衰老、死亡。这个生命历程，人类也不能例外。生是一种"生生不息"的本能，可以用来对抗死的本能。因此，生物便通过生殖，使得自体在衰败、死亡、腐朽之后，自己的生命可以借由另一个个体继续生存下去。

当我们用"身体"来说我们的生命存在时，并不只是指称生理层面的血肉形躯（肉体），更是表明，它是一个由历史、社会、文化所建构而成的存在。身体既是我们了解和理解自我的起点，又是我们作为个体生命与社会、自然沟通交往的存在支点甚至价值支点。因此，无论是勘察人的生命本质，还是究诘人的现实处境，都不能不将身体作为一个重要的起点和条件。作为生命存在的我们的"身体"，也可以叫做"生理生命""自然生命"或者"自然生理生命"等等，它包括不同方面的"身体性"存在，凡是我们的生命存在中可以用物质形态来标示的东西，都可以涵盖于"身"之中。

首先，身体。"身"指我们个体生命存在的最直接的生理年龄、身体健康、直观的外表（如身高、长相、外形、体貌）等等。人的身体是我们与他人、社会甚至自然发生关联的最直接的呈现者和承担者，会给人以具体的形象感。在现实的生命存在中，一个人所呈现出来的形象（包括服装、仪容、基本礼仪、态度等）往往就代表了这个人。

其次，身份。"身"指我们个体生命所分有的多重社会角色以及由此延伸出来的人际关系与社会形象。在我们的现实生命存在中，每一个人都处于不同维度的多方面的社会关系之中，在这些复杂多样的社会关系中，我们每一个个体生命便有了多样的社会角色。我们可能为人父母、为人子女、为人妻、为人夫。我们的角色扮演，往往会随着所处的现实情境的不同而有所调整，而我们以角色的方式所形成的人际互动的社会关系即我们的人际关系。而人际关系则往往代表了一个人与人相处是否融洽以及社会形象的好坏。

再次，身色。"身"指我们的本能、冲动、欲望等，大致相当于弗洛伊德的"本我"或者"无意识"。"食色性也"，吃、喝、拉、撒、睡，这样一些原始的本能欲望，也是我们生命之为生命的一部分。在生物学层面，我们的生命正是这样一些本能欲望的不断新陈代谢。当然，本能欲望冲动尽管是我们作为"自然生理生命"的"身"的重要部分，但由于其本身同时所具有的"动物性"，只有纳入"人"的掌控，它才是真正意义上的人的"身"，而不是直接显现的动物"身"。孔子将我们这部分的生命叫做"血气"，并警告说："君子有三戒：少之时，血气未定，戒之在色；及其壮也，血气方刚，戒之在斗；及其老也，血气既衰，戒之在得。"[①] 也就是说，我们人的本能欲望在不同的自然年龄阶段会以不同的方式影响我们的生命存在样态，我们必须戒惧：年少的时候，血气还不成熟，要戒除对女色的迷恋；等到身体成熟了，血气方刚，要戒除与人争斗；等到老年，血气已经衰弱了，要戒除贪得无厌。

最后，身家。"身"指到现在为止我们在一个人身上所看到的一切，即通常所说的"身家"。在现实生活世界中，我们总会将我们所获得的现实成果与我们的"身"联系在一起，或者说我们会更加关注与"身"有直接关联的那些东西。譬如，我们所从事的具体职业、我们在世界中所呈现出来的特定姿态、我们到目前为止所成就的客观事业、我们所积累起来的物质财富、我们所获得的社会声誉，如此等等，都是可以转化为现实物质标准衡量的我们的"身家"或者"身价"。这些都是我们的个体生命在"身"这方面的具体显现。

---

① 《论语·季氏》。

二、作为个性心理生命的"心"

心理活动是人类生活与活动中最普遍最广泛的活动，"心"是我们生命存在的活动中枢。如果说"身"往往给人外在感，似乎有与自己"对立"的样式的话，那么"心"则总是我自己的心，是与我自己的生命存在完全一体的。我们用心去觉知，用心去体验，用心去意愿，我们也用心自我觉知、自我体验、自我意愿。正因为这样，近代西方哲学将身与心完全对立起来，形成了"身心二元论"，并将身视为惰性而心为自觉的，也由此而催生了现代心理学。

心，作为我们的"个性心理生命"，既不是完全生理性的也不是完全非生理性的，它与我们的"自然生理生命"即身既相关联又有超越。心理学家马斯洛将我们的"心理"描述为与我们的自然生理生命关联程度不同的四种"需要"。马斯洛认为人类有五大基本需要，即生理需要、安全需要、爱与归属的需要、自尊的需要、自我实现的需要。其中，安全需要又可以区分为物理性安全或者物质性安全和心理性安全，比如人际关系的安全感就是一种心理性的安全。按照马斯洛的理论，个体生命除了生理需要以外，心理安全、爱与归属、自尊、自我实现都属于我们生命的心理活动。

心理层面的生命活动的目标在于寻求满足于满意的经验，包括心理安全的满意、人际关系与情感的满意、自尊的满意以及自我实现的满意。所以，心理层面的基本目标是心理安全感，而最高目标则是获得自我实现的满意。马斯洛认为，人类的基本需求是具有优先秩序存在的，心理安全的需求优先于爱与归属的需求；爱与归属的需求优先于自尊的需求；自尊的需求又优先于自我实现的需求。同时，往往只有低层次的需求满足之后，才会激发上一层次的需求出现，心理安全的需求得到满足后，才会激发起爱与归属的需求；爱与归属的需求得到满足后，才会激发起自尊的需求出现；自尊的需求得到满足后，才会激发起自我实现的需求。在马斯洛的理论体系中，个人的安全需要、人际和人群情感的需要即爱与归属的需要、个人价值感即自尊的需要，甚至个人生命的圆满感即自我实现的需要，都属于个人心理活动，也是我们多数人生命活动的主要内容。

在通常的意义上，作为我们"个性心理生命"的"心"有三种功能，分别指向不同的时间流程，这就是我们的知、情、意。"知"是对世界、自我以及世界与自我关系的认知和理解，其侧重点在于对已经存在的、过去的资源的知性整理，尽管也有"预知"，但是这种"预知"是根据已有的知逻辑地推演出来的，而不是直接针对未来的知。"情"是对自己内在身心存在的各个方面以及自己生命与外在他人和世界关系的当下协调，侧重于对当下感受的调整。"意"是对自己生命所面对的未来处境以及自己所将要采取的生命活动的抉择和决心，其侧重在将要发生但还没有发生的事情的一种把握和选择。我们的"心"在现实的生命活动中，往往分别用知、情、意不同的活动方式指向不同的生命存在方面，同时也自我协调。

首先，"知道"。我们的"自然生理生命"给我们提供了充分的感知觉器官，我们的"心"首先用这些感知觉器官对世界、对自己以及自己和世界的关系作出感知反应，然后经过理解提升，逻辑推理，最后明白和领悟到世界之为世界、我之为我、我与世界之间的根本性关系等一些列根本的"道""理"，这就是我们的"心""知"的功能的实现。我们"知"不仅仅只是了解世界呈现给我们的"现象"，我们"知"根本的是要理解这些"现象"背后的"本质"，这些"本质"就是中国传统中所说的"道"。"道"是隐而不显的，古人言"道心惟微"。因此，"知""道"是需要我们根本性的生命投入的。同时，"道"是统领我们世界、人生的根本原则，一旦我们"知""道"，我们便可以在"道"的引领下而把握住世界和人生的方向。正是因为如此，孔子说："朝闻道，夕死可矣"①。"知"作为对"道"的理解和领悟，依据所知的对象，可以分为对外物的理解、对自我与外物关系的理解、对自我整体与根本理解三个层面。其中，对外物的理解是最容易的也是最低层次的，对自我与外物关系的理解是更进一层的知，而最高层次的知则是对自我整体与根本的理解和领悟。

其次，"情调"。我们的"心"并不只是以"自然生理生命"的感知器观"感知"外在世界和自我以及我与世界的关系并去"理解"它们，同时，我们的"心"还会"感受"外在世界、自我以及我与世界的关系并去"体验"它们。这种"感

---

① 《论语·里仁》。

受"和"体验"就是我们的"情"，即情绪、情感。"情"让我们直接对所"感受"到的对象采取不同的"态度"或者"立场"，并影响我们自己内心存在状态进而影响整个生命的存在状态。"情"的根本功能不在于了解或者理解"是什么"之类的问题，而在于呈现"怎么样"，因此本质上是一种"协调"功能，即协调自我身心、心理内部各方面、自我与他人、自我与世界等各个层次的相互关系。一般来说，我们的情可以分为自我内部的情、与特定对象的情、与非特定他人即宇宙万物的情。自我内部的"情"的协调主要是《中庸》所说的"喜怒哀乐"之"未发"与"发"，"喜怒哀乐之未发，谓之中"，"发而皆中节，谓之和"，"致中和，天地位焉，万物育焉"①。因此，一个人必须善于协调自己内部情感的"发"与"不发"以及"发"的合适的度。与特定对象的"情"包括亲情、友情、爱情以及人情，它们都是我与特定的一个或是几个对象之间的感情。这类人的情感是一个我与特定对象之间的循环互动过程，必须是双向互动的付出和回馈；如果只有单方面的付出而没有回馈，这类情感就会逐渐枯竭。马克思说的精彩："我们现在假定人就是人，而人同世界的关系是一种人的关系，那么你就只能用爱来交换爱，只能用信任来交换信任，等等。如果你想得到艺术的享受，那你就必须是一个有艺术修养的人。如果你想感化别人，那你就必须是一个实际上能鼓舞和推动别人前进的人。你同人和自然界的一切关系，都必须是你的现实的个人生活的、与你的意志的对象相符合的特定表现。如果你在恋爱，但没有引起对方的反应，也就是说，如果你的爱作为爱没有引起对方的爱，如果你作为恋爱者通过你的生命表现没有使你成为被爱的人，那么你的爱就是无力的，就是不幸。"② 人除了个体内部的"情"的调整、与特定他人的"情"的调整，还有更高层次的与非特定他人甚至宇宙万物的"情"的调整。这种"情"是一种将自己的"情"通达于非特定他人甚至宇宙万物，表现出一种"大慈大悲"的仁心仁爱，这种"情"即为博爱"情操"。不管是哪一个层次的"情"，都是一种协调，协调和谐的"情"，我们的生命就会有特别的"情调"，否则，我们的生命就会

---

① 《中庸》第一章。

② 《马恩全集》第42卷，第99页。

没有"情调"。没有"情调"的生命总是会将自己的"情"固着在某一点上，容易陷于执著，并可能因这种执著而导致生命的毁灭。

再次，"意愿"。"意"是我们的"心"以整体姿态对于世界和人生给我们的生命现状呈现出来的各种可能性状态的一种"感念"（即"意念"）和依据这种"感念"所进行的"抉择"，其侧重在还未发生但将要发生的各种未来的可能性，而不是已经发生或者当下的现实。我们的"意"发生作用会有对事、对人和对己的不同分别。对于"事"的"意"通常是发生在一些特定的生命"转弯处"，此时我们需要对生命事件的不同方向有所取舍、有所创新。此时，我们可能遭遇一些我们意想不到的生命处境，我们甚至有可能失望甚至绝望，这时"意"就显得特别重要，因为转变的力量就来自我们的"意念"即"内心根本的信念"，一旦这种力量出现，我们就能够超越当下处境而趋向自己选择的未来。对于"人"的"意"是指，我们生命成长中总是在不断地从崇拜他人转变为尊敬自己、从崇拜英雄和偶像而逐渐转变为将自己变成英雄。这样的转变起主导作用的也是我们的"意念"和由此而生的"意愿"。存在主义者萨特告诫人们，英雄是自己将自己变为英雄的，懦夫也是自己将自己变为懦夫的。对于"己"的"意"根本的是指，我们是否愿意将自己的生命状态固化在过去的式样，我们是否愿意不断地实现生命本来含义所具有的"生生不已"的自我超越。当我们指向这种面向未来的超越时，我们的生命状态就可以以一种"无怨无悔""自强不息"的状态呈现出"苟日新，日日新，又日新"[①]。很显然，不管是哪个层次的"意"的作用，根本的在于我们自己的心力当下的"一念翻转"所表达出来的"意愿"，我们"意愿"，我们就可以选择，我们就可以行动。此诚如孔子所谓的"仁远乎哉？我欲仁，斯仁至矣"[②]。

三、作为灵性精神生命的"灵"

"灵"是我们生命存在最高最重要的部分，但也是最说不清楚的部分。中国人所说的"精气神"的"神"、"人总得有点精神"的"精神"、"人总要

---

① 《礼记·大学》。

② 《论语·述而》。

有良心"的"良心"等等，都是在描述我们生命存在中的"灵"。"灵"作为人的"灵性精神生命"是绝对超越性的，即与"自然生理生命"不具有直接关联。灵是为我们的生命活动界定意义、指引方向的能力。没有"灵"的指引，我们当然也能够有"身"和"心"的活动，我们的身体每天照常可以吃饭、睡觉、上班等，我们的心理同样会有感知、有感情、有意愿等，但是，这样的身体活动就与动物的本能性身体活动没有什么区别了，这样的心理活动就会带来知情意本身的混乱和不协调，生命的意义和方向就没有彰显，生命就处于"黑暗"之中。一个人的"灵性精神生命"展现出来时，他就能够指引和界定我们的"身"所进行的有形的生活，也能够指引和界定我们的"心"所进行的各种无形的生活，使其具有各自的意义。灵性是我们生命最内在的真正的自我，是生命的核心。灵的运作就是我们通常所说的"良心"。换言之，"灵"是我们生命活动的一种"自我觉悟"，当我们做任何一件事的时候都能够很清楚地知道自己"为什么这样做"，这就是"灵"的力量。基于"灵"的现实作用的显性和隐性状态，可以将我们的"灵性精神生命"的存在具体界定为三个层次，即最内在的信念信仰系统，中间层次的价值观念系统以及最外层和最直接显现的意义赋予能力。

首先，"灵"的最核心内容是我们的信念信仰系统。灵性是个体生命就其对自己、对他人、对事物、对宇宙等相互关系的经验中产生意义的一套深层信念，是个体生命用以对自己的"身体"经验和"心理"经验产生意义的信念持守，是个体生命所拥有的一套具有信仰特征的对待生命与生活的基本思想，是个体生命指导其对待自己、对待他人、对待事物、对待其他生命以及自然即宇宙的观念和态度的最高原则。信念信仰是"灵"的最内在存在，犹如"硬核"，是灵性引领生命活动的最后和最终根据。它一旦形成，就具有很难改变的一致性，并且通过价值观念系统和意义赋予系统对身、心行为具有强制性的决定力。

其次，价值观念系统是"灵"的内保护带，它是依据个体生命的信念信仰系统而派生出的自我保护的价值系统。价值观念系统的功能就在于，依据个体生命所持守的核心信念信仰，对所遭遇到的事件、人物、宇宙、人生等做出价值性评判，并依据这种价值评判而将不同对象做出价值等级的排序，由此为人的"意愿"取舍提供基本的价值支撑。

再次，"灵"的最外在和最直接的表现是意义赋予能力，即根据由"信念信仰系统"所决定的"价值观念系统"所排出的价值序列，对生命活动中的各种"现象""事件"等赋予不同的意义，从而为生命活动确立方向和找寻理由。"赋予"意义是从"灵性"的自主活动而言的，实际上，对于个体生命而言，"赋予"意义和"发现"意义以及生命意义的自我"敞现"，是同一件事情的不同角度的陈述。正因为"灵性"的赋予意义的活动是最外在、最直接的，所以通常我们也可以说，灵性活动最重要的目标便是意义赋予，或者说寻求存在的意义。这种意义赋予就个体生命而言，包括对个体生命自己的存在赋予意义，对他人生命的存在赋予意义，对其他生命的存在赋予意义，对自然万物及宇宙存在赋予意义，以及对上帝或者神灵存在赋予意义。由于意义的"发现"和"赋予"只能在关系中实现和完成，因此，个体生命的意义赋予活动往往是由近及远、由己及人进而及于宇宙万物的。人往往是由发现自我生命活动存在的意义的经验去发现他人生命活动存在的意义，并进而去"推及"宇宙万物的意义。因此，生命意义的发现和赋予，首先必须是从发现和赋予自己生命存在的意义开始的。只有能够发现和赋予自己生命存在意义的人，才能够真正领悟他人生命存在的意义，并进而领会宇宙其他生命甚至非生命存在的意义。

四、身心灵全人生命教育目标

身、心、灵是我们个体生命存在的三个层面，但却不是相互分离的层面，而是相互贯通合为一体的生命存在整体。我们不可能有脱离"自然生理生命"的所谓"个性心理生命"或者"灵性精神生命"，同样，我们也不可能有所谓的脱离开"个性心理生命"和"灵性精神生命"的"自然生理生命"，"灵性精神生命"的存在也一样，不可能有悬浮于"自然生理生命"和"个性心理生命"以外或者以上的所谓单独存在的"灵性精神生命"。

作为一个整体的生命存在，身、心、灵各自承担不同功能。如果我们可以将个体生命存在形象地比喻为一辆"汽车"的话，那么，身就是生命的基础，犹如汽车的四轮；心是生命的中枢，犹如汽车的发动机；灵是生命的方向，犹如汽车的方向盘。三者必须合作统一，才会有真正意义的生命活动，生命才会既有能量又有方向。不过，在这种统一中，身心灵各自执行着完全不同的功能，其中"心"作为生命存在的"中枢"，是生命存在的动能系统，它是否接受"灵"的指引，对于生命活动的意义呈现具有决定性作用。

生命存在的根本目标是寻求生命存在的意义，为生命活动找寻理由。对生命意义的寻求是由"心"这个中枢具体实施的，但又只有"灵"才具有发现和赋予意义的能力。"心"在现实的活动中，可以分别指向身、心、灵三个方向发展，由此就会形成不同的生存状态、生活态度及生命境界。如果"心"的发展方向为"身"，生命就会执著于以"身"为代表的"有形之物"，就会形成以物质性欲望的追求和满足为主要内容的生存状态、以追求"身外之物"为主要目的的生活态度以及绝对功利主义的生命境界。如果"心"的发展方向为"心"，生命就会执著于以"心"为代表的"自我自身"，就会形成以自我感受快乐为主要内容的生存状态、以追求自我快乐体验为主要目的的生活态度以及自我中心主义的生命境界。如果"心"的发展方向指向的是"灵"，则会超越当下的一切执著，生命便有成长及超越的可能性，就会形成以意义获得为主要内容的生存状态、以坚定的信仰守持为主要目的的生活态度以及现实理想主义或理想现实主义的生命境界。

生命教育的根本目标就是要促进生命的美好，身心灵全人生命教育当然是要促进个体生命在身、心、灵各个层面都趋于美好并进而实现全人生命的美好。这种"美好"，是尽可能让我们的"心"指向"灵"，然后再以"灵"来引领我们的"身""心"。由此，我们可以将身心灵全人生命教育的目标具体分解为身、心、灵三个层面的具体目标。

1. "自然生理生命"即"身"的层面的生命教育目标

首先，健康地活着。人的自然生理生命的活动，除了生命的自然历程与身体死亡的生命最后宿命无可选择之外，并不是完全依照生物本能所决定的。即使在自然生理生命的层面，人类也是可以有所选择的。比如，人类可以在活着的时候，选择如何过活，选择如何对待自己的肉体生命以及整个一生。由此，寻求生理与身体的成长、发展与健康，便成为人在自然生理生命层面的基本生命目标。因为一旦身体长期严重病痛，便会影响到生命活着的意义。

由此，协助个体生命认知和领会"身"在生命中的基础性地位和功能，促进个人生理与身体的成长与发展并增进身体的健康，便成为最基础性的目标。

其次，快乐地活着。一个人若是可以活着，便会进一步寻求生理性或者物质性的美好，或者感官经验的美好。例如，食物不只是用来维持生存，也会寻求色香味俱全；房舍不只是用以遮风避雨，也会寻求精美华丽；甚至，身体也不只是寻求成长与健康，也会寻求外观的美好。但是，人的感官经验是可以被不断纵容的，物质的需求与满足可以无休无止、无穷无尽。而无休止的被激起的物质需要，往往会成为人不断丧失满足感与幸福感的罪魁祸首。因而，客观上，过度的物质性诱惑，可能会使得一个人需求无度，终其一生，永远也无法获得物质的真正满足感，以致只能抱憾而死。因此，指导个体生命了解和认识物质欲望对于生命存在的现实价值，指导个人学习对物质欲望的适度期待，并减少对物质欲望的沉迷，便成为更进一步的生命教育目标。

再次，希望地活着。生命活动在自然生理生命层面所显现的生活，是物质性的人生境界。这种生活当然是人的生命与生活不可缺少的一部分。但是，如果过度以这个层面作为生命活动与现实生活的重心，便是沉溺，沉溺于物质的人生境界。这种沉溺，会让我们的生命陷入一种永不能满足的绝望之中。因此，指导个体生命了解和充分理解"自然生理生命"的真正意义在于：在灵性的引领下消费自己成就"心""灵"，进而引导个人关注心理与灵性的成长与发展，这成为"身"层面的生命教育的最高目标。诚如现代新儒家唐君毅所说："人饮食为的什么？我们说：人饮食，是为的使他生命的意义，贯注到食物里面。……我们在饮食，我们是在新开始实现一种新的价值。饮食之实现价值，与人生一切活动之实现价值，在本质是同类的。一切价值，联系成一个由低至高的层迭，最低的价值上通最高的价值。……饮食本身不是罪恶，罪恶只产生于为低级价值之实现，而淹没我们高级价值之实现的努力的时候。纵饮食之欲，才是罪恶。然而我们真知道我们之饮食，是为实现一种价值，我们是为实现此种价值而饮食，我们将永不至纵饮食之欲。因为价值观念在透露至欲望之前，它将牵引高级价值观念，来权衡此欲望之自身。我们将为实现更高级之价值，而节制我们的饮食。如果更高级价值之实现与饮食冲突，我们将全会牺牲我们饮食之欲，来实现更高之价值。"[1]

2."个性心理生命"即"心"的层面的生命教育目标

首先，实现自我同一。就个性心理生命而言，其实现"美好"的目标必须是个性自我的自我觉知或者说自主性的建立，而自主性的建立也就是自我同一性的实现。"为了取得个体同一性，个体必须建立起可靠的自我先见之明——一种掌握自己命运，努力实现对个人有意义的目标的感觉。"[2] 因此，实现自我认同，建立起基本的自我同一性，并发展积极正向的自我，便是在"心"层面生命教育的最基本目标。这种自我同一，包括身心的同一，性别的同一，角色的同一，心理各部分的同一，等等。

其次，实现自我价值。在心理层面，生命的意义主要由生活经验即自我潜能的实现来决定的。自我潜能的充分实现和自我价值的充分肯定，便会使自己体验到情感的满足与自尊的获得，这就可以使一个人感到生活有意义，也因此感到生命存在的意义。尤其是可以感觉到活得自在，活得像自己。这是一种自我充实感、自我完美感。所以，心理层面生命教育的更高目标便是协助个体生命寻求自在圆满的生活，也就是自我实现的生活。

再次，实现人我和谐。在现代社会，伴随着物质条件的改善、医疗条件的进步，一方面个人可以更加容易地获得维持身体健康的基本外在条件，但另一方面，却因为人际关系的疏离和追求价值感的压力，个体生命的意义感和健康美好状态遭受到了新的威胁。总的说来，在现代高度工业化和商业化的社会里，美好健康的生活关注的焦点，已经由身体的健康转为心理的健康了。这也正是世界卫生组织关于"健康"定义的核心："健康不仅是身体没有病，还要有完整的生理、心理状态和社会的适应能力"[3]。由此，现代人保持健康的主要条件便由食物转为了情感。可是，偏偏在工商业社会里，最大的问题恰恰是人际人群的情感疏离与人际关系的不稳定。这就是心理问题普遍化的根本原因。由此，"心理"层面生命教育的进一步目标便是协助个人学习有

---

① 唐君毅：《人生之体验》"说饮食"，《人生三书》，北京：中国社会科学出版社，2005年版，第45页。

② （美）Newman：《发展心理学》（下册），白学军等译，陕西：陕西师范大学出版社，2005年版。

③ http://wenda.tianya.cn/wenda/thread?tid=563cc1c31a12554a。

效的人际与人群关系的技巧，以便发展个人觉得有意义的人际关系，并在这种人际和人群关系中获得心理安顿。

3."灵性精神生命"即"灵"的层面的生命教育目标

与身体和心理两方面的生命教育目标不同，灵性层面的生命教育不是针对现有的生命状态进行调整，以实现更加美好的身心生活及生命状态。由于灵性是隐藏的，是非生理性的，但又决定着生命的方向和意义赋予，因此，灵性层面的生命教育目标主要在于帮助个体生命如何去获得灵性的觉醒，以便由自己的灵性来统领自己的身心，为自己的身心活动乃至整个生命活动赋予自己的意义。这个灵性觉醒的过程，实际上也就是个人发现生命存在的意义，建构和提升自己人生观和价值观的过程。这个过程，以协助个人发现其自我生命存在的意义为起点，进而发现他人的生命意义，发现宇宙万物各自的存在意义，而以顿悟人与自然之间的天人合一关系的意义为极点。

灵性的获得可以有很多不同的途径。比如，有通过宗教信仰而获得灵性的，有通过天启而获得灵性的，有通过失败与挫折而获得灵性的，有通过自己的人生阅历而获得灵性的，有通过他人的教诲而获得灵性的，如此等等，不一而足。不过，依据我们自身"心"的活动方式，我们可以分别由知、情、意的追问以及生命死亡的拷问获得灵性的觉醒。

首先，知识灵性。通过知来接触灵，主要是学习人文学科的知识，譬如艺术、文学、宗教、哲学等。尤其是接触那些伟大的人文经典。通过这些学科，可以了解艺术家、文学家、宗教家、哲学家的思想和体验，并且以此对照自己的经验。在这种思考及想象的过程中，自然就会与灵发生接触，并且能够保持互动的关系。

其次，体验灵性。通过情接触灵，主要是将我们的情通达于他人及万物。情是我们心的已发状态。人皆有心，因而人也皆有情。当我们把情投入他人时，就会有感通。在我们对陌生人的苦难甚至动物受伤产生同情时，在同情的那一刹那，我们的生命和其他人的生命，甚至与动物的生命就相通了。这种"通"就是灵的显现。一个人如果慈悲为怀，就连看到草木被风吹倒，心里都会觉得有点难过、有点遗憾，他所感触的其实不只是这些草木本身，而是对宇宙万物普遍的情感。这种普遍情感的基础，也就是灵。

再次，意愿灵性。通过意接触灵性，主要是学会一念翻转的意愿取舍。意是一种追求、一种"要"，然而，真正的"要"其实是能够做到"不要"。如果能够把"要"翻转为"不要"，将会感觉生命没有了遮蔽。因为"要"是占有，"不要"则是不占有。能够不占有，就会发现自己其实什么都不缺。就如我们在爱中，通常是有爱便有恨，爱有多深恨就有多深。但是灵的翻转在于，你可以做到敢爱敢不恨！

最后，领悟灵性。通过对他人生命的现实死亡和我们在意识中体验自己的死亡，我们可以领悟到死亡逼迫下的灵性觉醒。死亡是个体生命的终点站，也是人的生命中最本己的、必然要来又不知道何时来的可能性。从终点，我们才能看到整个路径；从死亡，才更能看到生命的全景。正因为如此，死亡可以昭示生命的灵性。我们在体验亲人的死亡时，我们的灵魂会受到震动，所谓"子欲养而亲不待"之痛，这种痛会促进我们的自我反省和良心的自我觉悟。我们在体验他人的死亡中，我们的生命会受到撞击而升腾出原始的恻隐之心，我们自身原来具有的仁心会受到触动而觉醒。我们在意识中"先行到死中去"，体验自己的死亡，生命的有限性和不可重复性的逼迫，会促使我们有一种对生命的终极反思，这种终极反思就可以启示我们的灵，而给我们生命以方向。

生命自我敞现的维度与生命教育的使命

生命教育本质上是人的生命的自我敞现和自我教育。因此，对人的生命的自我敞现的了解和理解，实际上是生命教育的逻辑前提。这就如海德格尔对"存在"意义的分析必须建立于对"此在"的自我领悟一样，只有理解了人这种能够自我领悟的独特生命的自我敞现，我们才能理解一般所谓的生命以及生命教育。

对于作为个体生命的人来说，生命是一种当下既有的"存在"，是我们个体领受天、地、人的恩赐而自我呈现的"存在"，是一个从无到有又似乎要从有到无的自我创造的"存在"。对生命的关注，是因为我们意识到了自己就是一个生命，意识到了我们是以生命的形式存在着，意识到我们曾经是无现在是有，而将来某个时候又必然是无。于是，我们必须关注我们这个从无中来又将到无中去的个体生命到底是怎么回事，到底该怎样来打发我们在"无"之间的"有"。因此，从生命教育的立场对生命的讨论，主要是以个体人的生命或者说人的个体生命为内涵，进而推及一切生命的。

一、个体生命自我敞现的四个维度

每个个体生命一开始都只是一个"点"，是一个被"命令"的可以"生生不已"的"点"。

用海德格尔的话说，我们每一个人一开始都只是一团被抛到这个世界上来的肉体，但又不只是一团"肉体"，而是一个"此在"，即一个可以自我追问、自我领悟、自我敞现的"在"。

作为一个原始的"点"的个体生命，是一个具有可以向世界发问的"此在"，这种"可以发问"，是人这种个体生命的独特的先验性，抑或可以说是一种"人性"，是源于"天命"的独特"人性"。这正如《中庸》所说的"天命之谓性"。在我们日常话语中，我们也说"天性""本性""生性""人性"等等，都是在意会地描述作为原始的"点"的个体生命所具有的独特自我领会、自我敞现的能力。在这个意义上，有时又可以将人的"生命"还原于"心灵""存在"之类的说法，现代新儒家唐君毅先生在其巨著《生命存在与心灵境界》中就是如此理解生命的。他说："生命即存在，存在即生命。若必分其义而说，则如以生命为主，则言生命存在，即谓此生命为存在的，存在的为生命之相。如以存在为主，则言生命存在，即谓此存在为有生命的，而生命为其相。至于言心灵者，则如以生命或存在为主，则心灵为其用。此心灵之用，即能知能行之用也。然心灵亦可说为生命存在之主，则有生命能存在，皆此心灵之相或用。此中体、相、用三者，可相涵而说。一'存在而有心灵的生命'，或一'有心灵生命的存在'，或一'有生命能存在之心灵'，其义无别。然言存在，可指吾人不知其有生命心灵与否之存在，故其义最广。言生命存在，可指吾人不知其是否有心灵之生命存在，则又较有心灵之生命存在义为狭。则生命，存在、心灵，亦可分用，而各为一词。"[1] 如此理解，只是在于强调，人这种独特的生命，是唯一可以去追问和领会生命意义和生命本质的生命。如果人失去了或者不去追问和领会生命的意义，当然首先是自己生命的意义，那么在生命存在这个意义上，他就丧失了其作为独特的人的生命的"先验性"。

生命不仅只是一个作为"存在者"的名词，他首先是一个作为"存在"或者"在"本身的"动词"，作为一个不断"在"着的生命，是一个不断地在"命"中"生"的存在，即在"天命"指引下"生生不息"；与此同时，他又是不断在"生"中"命"，即在"生生不已"的历程中领会自己的"天命"。只有将"生"与"命"统一于一体，亦即孔子所言"知天命"，个体生命才算真正的实现了作为"存在者"的自我敞现，也就是生命的自我实现。

在现实世界中，我们"生命"的自我敞现是有方向、有维度的，这方向和维度是由现实世界的维度以及人对现实世界的领悟所决定的。在我们生活的现实世界的三维空间中，任何一个点都可能向三个维度延伸，即前后（长）、

---

① 唐君毅：《生命存在与心灵境界》之"导论"，北京：中国社会科学出版社，2006年版，第1—2页。

左右（宽）、上下（高）。所以，我们个体生命存在的这个"点"，在自我敞现过程中，也是按照这种方式将自己向三个不同的维度延展和敞现的。由此，个体生命的自我敞现有了三个基本向度。

但是，人的生命毕竟不是一般的"存在者"，他是一个可以自我领悟的"此在"，是一个可以自己创造意义、自己赋予意义的存在者。这种自我赋予和自我创造意义的本性表明，人这种生命还具有一种独特的向度，即他从他自己内部不断向外在世界释放光明和热量，他自己是一个自发光明和热量的光明体，并以自己的光和热照亮他人和世界。因此，人的生命还有一个自我敞现的维度，这个维度是内外向的，呈现的是生命自体的亮度。

如此，个体生命自我敞现或者说自我呈现、自我实现，便有了四个维度，它们分别彰显着生命的长度、宽度、高度和亮度。

1.人生维度：生命的长度

当我们从前后向去看生命原"点"，生命便是一个从无到有、从生到死的进程。生，从无到有；命，有生而更生，最后以一种独特形式归于无，这就是死亡。这是生命的自然历程。个体生命的这个维度可以名之为"生死维度"或者"自然维度""人生维度"，即从生到死的维度。个体生命的这一维度所彰显出来的生命特征，是生命的"长度"。个体生命以生存、生活、生产不同的形式、不同的境界延展自己生命的长度，敞现出自己在人生维度上的生命意境。

2.人文维度：生命的宽度

当我们从左右向去看生命原"点"，生命便是一个不断被从"自然状态""人文化"的过程。生，是一个"被抛"的尽管具有自我领会潜能的"肉体性存在"，命，则是在人的培育中、在文的教化下不断以文化人而逐步"文质彬彬"。或者说，人的"生命"是先在生而为"自然"的"人"，但人的生命最终成为"人"的生命，却在于"文"化而成为"社会"的"人"。生命存在的这一维度，可以名之曰"社会维度"或"人文维度"，即从自然人到文化人、社会人的维度。这一维度所彰显出来的生命的特征是生命的"宽度"。

3.人格维度：生命的高度

当我们从上下向去看生命原"点"，生命便是一个从禀赋了上天"自然"

之"精"的"人"，逐步成长为一个具有大地现实"格局"的"神""人"。这一维度是人的精神生命的成长，是个体人格的建构，是一个个体生命逐步从自我范围、自我局限的精神个体成长为"己欲立而立人、己欲达而达人"进而"民胞物与"的伟岸人格的历程。这一生命存在维度，可以名之曰"天地维度""精神维度"或者"人格维度"，即建构人之为人的格局的维度。这一维度彰显出来的生命特征是生命的"高度"。

4.人性维度：生命的亮度

当我们从内外向去看生命原"点"，生命是一个有感受、可感动、能感通的、可发光发热性情体，生命是一个从"未发"的心性而开发出性情以不断照亮他人和世界的生命过程。人的生命存在最核心的东西，按照中国人的智慧来说是我们的"心"。心之未发状态谓之"性"，心之已发状态谓之"情"。原"点"的生命只是未发的本心，未发之性即是心本身。但是这个本心具有敞现为现实之情的本性，敞现本心本性即为情。由"情"而可生"义"，是为"情义"，生命因此"情义"而透明、发光、发热。本心本性的敞现，可以让自己的生命增加透明度、增加亮度。所以，根据生命存在之"心"的未发、已发以及所发之状态，可以标示生命存在的整体特征。生命存在的这一维度可以名之曰"性情维度"或"人性维度"。这一维度所彰显出来的生命特征是生命的"亮度"。

现代大儒唐君毅先生在其巨著《生命存在与心灵境界》中曾经深入讨论过生命存在的前后、左右、上下三个维度，并以此三向和客观、主观、超主客观而构成生命心灵存在的"九境"。他分别用"顺观""横观""纵观"来表示生命自我呈现的这三个向度。但是，唐先生的这三向恰恰忽视了认得生命作为一个整体从内向外的这一个向度。尽管在其巨著的最后，唐先生还特别提到了"性情形而上学"的概念，对人的生命中的"性情"给予了相当的重视，但是，因为少了这一向度，性情便只好纳入"后记"中去讨论，而不能进入其体系本身之中[①]。这便是唐先生心灵九境自身的内在逻辑缺陷。如果套用唐先生的"顺观""横观""纵观"术语的话，我们在这里可以将关于个体生命内外向的自我领悟和自我敞现名之为"通观"。

---

① 唐君毅：《生命存在与心灵境界》之"后序"第七"理想主义完成之道路与信心之根源的性情"、第九"性情之形而上学意义"，北京：中国社会科学出版社，2006年版，第681-691页。

既然生命可以"顺观""横观""纵观""通观",生命有前后、左右、上下、内外四个维度可以延展和敞现自己,生命就可以不再只是那个原"点",而是一个有着长度、宽度、高度并可以通体放光发热的立体的生命存在。个体生命可以在不同的维度上寻找到自己生命的价值着眼点,寻找到自己存在的理由,寻找到自己存在的意义。每一个维度都给予个体生命无限的赋予生命意义的可能性。

由于生命自我敞现、自我呈现有人生、人文、人格、人性或者说长度、宽度、高度、亮度四个维度,生命教育作为生命自我敞现、自我领会、自我觉悟的活动,也便有相应的四重使命,即在人生维度或者说生死维度上学会生死,领悟生命的长度;在人文维度或者说社会维度上拓展人文,开拓生命的宽度;在人格维度或者说精神维度上提升人格,实现生命的高度;在人性维度或者说性情维度上开发性情,增加生命的亮度。

二、学会生死,延展生命的长度

生死是个体生命在人生维度上最为重大的两件事,也是个体生命存在中辩证互动的一体两面。不了解生死,便在相当程度上不理解生死;不理解生死,便在相当程度上无法理解人生。因此,了解生死,理解生死,并学会生死,乃是在人生维度上生命教育的根本使命。

学会生死,并不只是简单理解生和死作为事实或者事件,而是明白其独特的内涵和意义,并以合理的态度面对生死。大体上说来,学会生死可以有如下几个视域的理解:

首先,在宇宙视域中领会生死。人的生死不只是个体生命自己的事情,而是具有宇宙意义的一件事情。广袤的宇宙,因为我们的生,而呈现出对我们来说独特的样式和独特的意义;因为我们的死而呈现出另外独特的样式和独特的意义。我们每一个个体的生和死,决定了我们是这个宇宙中唯一无二的存在。

现代大儒唐君毅先生对个体生命的这种唯一无二性具有深切的体认。他说:"在无穷的空间,无穷的时间中,你感到你的渺小吗?你便当想到你能认识广宇悠宙之无穷尽性,你的心也与广宇悠宙一样的无穷尽。其次,你要知道，你的身体，亦非如你所见之七尺形骸。你呼吸，你身体便成天地之气往来之枢。在你身体内，每一刹那有无穷远的星云之吸引力，在流通。在你身体内，有与宇宙同时开始的生命之流，在贯注。你身体是宇宙生命之流的河道。宇宙生命自流自无始之始，渗透过你身体，而流到无终之终。你生命之本质来自无始之始，终于无终之终。同时你如是之生命，是一亘古所未有，万世之后，所不能再遇。你犹如海上的逝波，你一度存在，将沉没入永远之过去。你感到人生之飘忽吗？然而如是之你是亘古所未有，万世之后所不能再遇，这即证明如是之你，是唯一无二的。你之唯一无二，使你之存在有至高无上之价值。因宇宙不能莫有你，他莫有你，他将永无处弥补他的缺憾。宇宙莫有你，他将不是如是的宇宙，如是的宇宙，将不复存在。你要珍贵你唯一无二之人格，如是的宇宙，依赖你而存在。"①当我们有了这种"唯一无二"的存在的体验时，我们就真正明白，我们的生死，我们的生命是一个宇宙性事件，我们的存在不只是具有个体性意义，而是具有宇宙性意义的。如此，我们对于生命，包括我们自己的生命，就会犹然而生一种神圣的敬畏感，对生命的深情厚谊就源于这种敬畏感。

其次，在亲缘视域中领会生死。我们个体生命的生和死都同时是在一个独特的亲缘系统中的事情。即使从最自然科学意义上说，我们的肉体生命也是父母给予或者说制造出来的。所以《孝经》说，"身体发肤，受之父母，不敢毁伤，孝至始也。"而"立身行道，扬名於后世，以显父母，孝之终也。"孔子的学生曾子在病重将去世之时，还让弟子为他检查身体发肤是否有所损伤而不孝于父母。"曾子有疾，召门弟子曰：'启予足！启予手！诗云：战战兢兢，如临深渊，如履薄冰。而今而后，吾知免夫，小子！'"②当我们将自己的生死都看做是在亲缘视域中的事情时，我们便会多思考我们的生、我们的死以及我们生死之间的人生所承担的亲缘视域的责任和所彰显的亲缘视域的意义，我们会更加慎重对待我们的生、死以及生死之间的人生。

我们在领悟他人的生死尤其是自己亲人的生死时，也会激发我们反思自

---

① 唐君毅：《人生之体验》之"第一部 生活之肯定"之"说唯一之自己"，《人生三书》，北京：中国社会科学出版社，2006年版，第27页。

② 《论语·泰伯第八》。

己的生命而提升自己的生命。现代大儒唐君毅先生对此也有一段体验非常深切的话语，他说："亲爱的人死亡，是你永不能补偿的悲痛。这没有哲学能安慰你，也不必要哲学来安慰你。因为这是你应有的悲痛。但是你当知道，这悲痛之最深处，不只是你在茫茫宇宙间无处觅他的音容。同时是你觉得你对他处处都是罪过，你对他有无穷的咎心。你觉得他一切都是对的，都是好的，错失都在你自己。这时是你道德的自我开始真正呈露的时候。你将从此更对于尚生存的亲爱的人，表现你更深厚的爱，你将从此更认识你对于人生应尽之责任。你觉唯有如此，才能挽救你的罪过于万一。如是你的悲痛，同时帮助你有更大的人格之实现了。"① 人的生命德性的提升就在这种体味悲痛中而被激发和提升，因为我们真正的自我被唤醒。

再次，在生死视域中领会生死。人的生、死看似两个不相关甚至相互对立的"端点"，实际上，他们是人的生命的一体两面，必须将二者统一起来才能真正理解其内涵和意义。生和死实际上是互相说明、互相界定和互相规定的。生的状态和意义在相当程度上决定着死的状态和意义；而对死亡的期待和认知与理解，又直接影响着我们对生的态度、立场以及状态。中国传统儒学特别强调从"生"来观"死"，追求"死"作为人生"盖棺之论"的那个终点的价值评判，强调"死"的任何意义，都是由其生前所作所为而定的；同时，儒家先哲们认为，生与死不仅仅是相互关联的，而且，只有生和死的结合才构成一个完整的生命，出生和死亡这两个事实只是生命的两个点，而生与死的共在，则是生命的一体两面。在儒家看来，人不仅要有美好的、有价值的人生，还要有完美的人生结局，这样的人生才算是完美的人生。所谓"善始善终"，就是这个意思。荀子说："生，人之始也；死，人之终也。终始俱善，人道毕矣。故君子敬始而慎终，终始如一，是君子之道，礼义之文也。"②

现代哲学家海德格尔也认为，人一生下来就开始走向死亡，但是人只有在面对死亡的时候才能真正领悟生存的意义。他将这种面对死亡的自我领会

---

① 唐君毅：《人生之体验》之"第一部 生活之肯定"之"说死亡"，《人生三书》，北京：中国社会科学出版社，2006年版，第40页。

② 《荀子·礼论篇》。

叫做"向死而生"或者"先行到死中去"。海德格尔认为，人的生存和死亡都有本真和非本真之别。非本真的存在就是日常生活中的存在，其基本样式是"沉沦"，这是一种异化状态，个人消散于琐碎事务和芸芸众生之中，任何优越状态都被不声不响地压住，彼此保持一种普通的平均状态。本真的存在则是个人真正地作为他自身而存在，即此在。与此相对应，对待死亡的态度也有相反的两种，"非本真的为死而在"表现为对死的担忧，总是思量着死的可能性究竟要什么时候以及如何变为现实，忧心忡忡地退避此不可超越的境界。这样就是停留在死的可能性中的末端，把死的积极意义完全给抹杀了。这就是对死的"惧怕"。愈是怕死的人，就愈是执著于日常生活中的在，愈是沉沦于世俗的人事之中，愈是失去自我。这完全是一种消极的态度。在海德格尔看来，死还是一种有独特启示意义的积极力量。死是此在的最本己的不可超越的唯一的可能性。正是因为死使个人的存在变得根本不可能，才促使个人要认真考虑一下他的存在究竟包含一些怎样的可能性。一个人平时尽管可能庸庸碌碌，浑浑噩噩，甚至被日常生活消磨得毫无个性，但是，当他在片刻之间忽然领会到自己的死以及死后的虚无，他就会强烈地意识到自身所具有的独一无二和不可重复的价值，从而渴望在有生之年实现自身所特有的那些可能性。死永远都只能是自己的死。你死了，世界照旧存在，人们照旧活动，你却永远地完结了，死使你失去的东西恰恰是你的独一无二的真正的存在。当我们在死亡意识的照面下念及这一点，我们就会发现，我们沉沦在世界和人们之间中有多么无稽，我们本来应当成为惟我所能是的那样一个人的。所以，海德格尔强调，真正的"为死而在"，就是要"先行到死中去"，通过在意识中的"先行"所领会到的自己的死与世界、与他人无关涉的状态，把自己真正的存在个别化到自己身上来。所以，对自身的死的真实领会，以揭露出实际上已经丧失在普通人日常生活中的生存状态，把个人从沉沦的异化状态拯救出来，从而积极地自我设计，开展出"最本己"的"能是"，进而使自己成为惟"这个人"所能是的真实的生命个体。

三、拓展人文，扩展生命的宽度

人的生命在人文维度是一个逐步被文化、被社会化的过程。作为原"点"

生命状态的"自然的人"只是人的"自然"还不是"人"本身，只有经过文化的培育、社会的教化，人的"自然"被文所化、被社会所化，真正意义上的人的生命才得以实现和呈现。因此，人文维度生命教育的使命，就是不断拓展人文，用人类已经创造出的"文化"和已经构建好的"社会"去化人的生命之"自然"。

在人文拓展中，主要有两个具体的视域，一是以人文经典的学习为主要内容的感悟传统、以文化人；一是以孝敬父母为起点的社会关系建构、以人化人。

首先，人文学习，以文化人。从纯粹自然角度说，人是所有生命中最为软弱的一种，他是大自然的"弃儿"，自然只完成了人的一半。但也正因为如此，人靠着理性和智慧创造了独属于人类的"文化"，并以文化武装自己，从而远远超越了所有其他种类的生命。因此，在某种意义上说，人之为人，其本质即在于"文化"，在于文化的创造和传承。也正因为如此，人的生命成长需要很漫长的文化学习，从出生一直到成年，我们都在以文化人，让文化逐步成为自己生命力的一部分，及至现代社会，更提出了"终身学习"的理念。

但是，就生命成长来说，最为重要的学习不是专业的学习，而是人文经典的学习。20世纪最伟大的自然科学家爱因斯坦1936年10月15日在美国纽约州立大学举行的"美国高等教育三百周年纪念会"上作了重要讲话，在这篇讲话中，爱因斯坦特别强调："用专业知识教育人是不够的。通过专业教育，他可以成为一种有用的机器，但是不能成为一个和谐发展的人。要使学生对价值有所理解并产生热烈的感情，那是最基本的。他必须获得对美和道德上的善有鲜明的辨别力。否则他——连同他的专业知识——就更像一只受过很好训练的狗，而不像一个和谐发展的人。为了获得对别人和对集体的适当关系，他必须学习去了解人们的动机、他们的幻想和他们的疾苦。"[1]新儒家唐君毅将人文经典比喻为一面心灵大镜子，我们在其中与大生命星光辉映而自得成长。他说："从此大镜子中，可以了解整个人类之文化之大体，

---

[1] （瑞士、美）爱因斯坦：《论教育》，转引自《三东教育》，2008年，第15期。

亦即可以了解古往今来无数有聪明智慧思想能力的人，其心灵之镜中，所照见的世界中之事物与真理。读书，即是把我们的小镜子，面对书籍之大镜子，而重去反映古往今来无数聪明智慧的心灵，所以照见之世界中之事物与真理，于我们之小镜子中。"① 由此可见，生命教育的过程实则是生命的自我成长过程，这一过程本质上是不断将人文经典所包含的"大镜子"不断照耀我们自己的心灵，让我们接受大生命熏陶的过程。

其次，社会学习，以人化人。人的生命成长的另一个方面是社会性学习，即从其他人首先是从父母那儿学习，然后自己也会影响社会关系中的其他人的生命成长。换言之，从某种意义上可以说，个体生命成长和实现的过程，实质上就是一个不断被社会化，不断建构合理、和谐的社会关系的过程。

每一个个体的出生本就是一个具有社会性意义的事件。因为你的出生，一个男人成了父亲；因为你的出生，一个女人成了母亲；因为你的出生，一个护士实现了她的价值；因为你的出生，一个家庭多了一份亲情、一份爱、一份快乐和幸福；因为你的出生，一所幼儿园、学校将增加一个成员；因为你的出生，派出所的户口簿将发生改变；因为你的出生，中国的人口数量、人口结构将发生改变；因为你的出生，世界的人口数量、人口结构以及人种结构都将发生改变；因为你的出生，地球环境、人类文明都可能发生改变……这样一种社会关系网络中的生命成长，既是我们的生命成长的平台，也是我们生命成长中必须面对的责任。在中国传统文化中，这种社会关系的建构是从事亲开始的。一方面因为父母是我们最为直接的社会关系成员，也是我们的生命所从出者；另一方面，孝敬父母是一种逆向的爱的情感，这种情感不是自然天成的，而是需要我们有意识自觉培养的。正因为如此，孟子在说到人皆有"恻隐之心""羞恶之心""辞让之心""是非之心"时，同时指出，"苟能充之，足以保四海；苟不充之，不足以事父母"②。孔子在《论语》第一篇就特别强调："君子务本，本立而道生。孝弟也者，其为人之本与！"③ 从孝敬父母，逐步推及仁爱他人进而仁爱天下万物，亲亲而爱人，爱人而爱物，

---

① 唐君毅：《青年与学问》，桂林：广西师范大学出版社，2005年版，第13页。

② 《孟子·公孙丑上》。

③ 《论语·学而》。

这样我们的生命就从社会大海洋中获得了充分的生命成长。

当然，"以文化人""以人化人"二者是不可能截然分离的，甚至是同一个过程的两个方面。因为，"你尊敬人的人格，赞叹伟大人物之格，你当尊敬赞叹由人的人格、伟大人物的人格所创造之文化。你尊敬人的人格，赞叹伟大人物之人格，是尊敬赞叹其能努力实现极高的价值，你是尊敬赞叹其所创造之文化，你也当自他们在文化中所表现之创造精神者看。如是，你将自文化中看出生命；如是，你将以文化之生命充实你自己之生命。如是，你将觉文化之生命，与你之生命，合为一体。如是，你的生命将与文化之生命，同样广大；你生命之开拓，将随人类文化之开拓，而日进无疆"①。我们一方面在从文化人中感受到伟岸人格和大生命的熏陶，另一方面也在从人化人的社会关系中领受文化生命的实际影响。如此，我们的生命在不断地被"文"和"人"的"化"中而拓展着宽度。

四、提升人格，增加生命的高度

个体生命在人格维度上的生命教育使命，是促进人格的成长，提升生命的高度。人格维度上的个体生命，实际上是个体生命的精神生命从"天然"的原"点"状态逐步成长而在现实生活中建立起自己精神生命的基本格局。人的精神生命大体可以包括心、灵两个层次，对应的人格生命可以分别名之为心理人格生命和道德人格生命。因此，人格生命的提升也包括这样两个视域。

首先，心理人格的健全和谐。中文的"人格"这一术语是现代从日文中引入的，而日文的"人格"一词则是对英文"personality"一词的意译。"人格"一词的英文表达是"Personality"，它来源于拉丁文"Persona"，其原意是指"假面具"（Mask），相传此意始于古罗马一个演员为了掩饰他不幸伤残的左眼而在戏剧演出中开始使用面具，尔后，罗马的其他演员也广泛使用面具表演。从此，面具成为舞台上扮演角色所戴的特殊道具，也相应地代表着戏中角色的特定身份。这种面具类似于中国的京剧脸谱，每一个都对应于一

---

① 唐君毅：《人生之体验》之"第一部 生活之肯定"之"说文化"，《人生三书》，北京：中国社会科学出版社，2006年版，第42-43页。

个特殊的性格角色。当时的一些注重人的心理研究的学者，对人的个体身心及相关行为表现的观察怀有浓厚的兴趣，他们发现，每个人稳定的行为表现及一定特质的模式显露具有相关的倾向性和特定性，它往往反映某一类人由表及里、身与心一致性的真实品格——正像戏台上不同类型角色所佩戴的面具一样，向观众显露着这个角色一部分的自我本质。于是，"面具"一词被喻义，并被借用而成为"人格"。把面具定义为人格，实际上包含着两层意思：一是指个人在生活舞台上表演出的各种行为，表现于外给人印象的特点或公开的自我；二是指个人蕴藏于内、外部未露的特点，即被遮蔽起来的真实的自我。因此，从词源学说，人格就是我国古代学者所说的"蕴蓄于中，形诸于外"。

这样一种"人格"本质上是我们的心智个性生命的反应和表征，即我们的知、情、意、行整合的人的气质、性格、个性等的总和。这样的"人格"恰是西方"人格心理学"研究的人格内涵。人格并不是一成不变的，它具有较强的可塑性。儿童的人格还不稳定，受环境影响较大；成年人的人格则比较稳定，但自我调节对人格改变上起着重要的作用。在一定意义上可以说，每个人都在书写着自己的历史，每个人都在自己塑造着自己的人格。因此，人格在一定程度上决定于个人的主观努力。人格是在主客观条件的相互作用下发展起来的，同时又在主客观条件的相互作用下发生变化。

从心理人格角度说，生命教育的主要使命是要促成心理人格的各个部分及知情意行的和谐统一与健康发展。因为人的生命运动的核心中枢是我们的"心"，即由知、情、意组成的"心"，心的不同功能之间是否协调和谐，在相当程度上影响着一个人的人格健康程度，而这种内在人格的健康程度又会直接通过"行"展现出来，进而导致个体生命整体与外在世界的不和谐。这就是所谓的心理障碍，包括神经症以及精神病。正因为此，在人格生命成长中，保持心理健康与和谐，是完成和完善人格成长的基本前提。

其次，道德人格的塑造提升。道德人格是人的精神在灵性层面表现出来的精神特质。人的灵性或者通常所说的严格意义上的"精神"，是我们生命的意义源泉，是我们赋予自己生命及生活以意义的能力。在相当程度上，它可以相当于我们通常所说的价值观或者人生哲学，但在实际的活动中，他可以就是我们中国人通常所说的"良心"或者"良知",抑或弗洛伊德所说的"超我"。这样一个以价值指向为核心内容的"灵性",实际上左右着我们人生的基本取向。

从这个意义上说,人格的本质便是个体生命实现自我生存意义的模式,既具有道德的含义,而且代表着个体的生存价值,它是涉及个体的一切自我价值的一种现实整体性的存在,并体现着个体的价值境界以及不断追求完美的历史实践活动。因此,这样一种人格对于人生及社会有着重要意义。概括地说,这种道德人格是做人的根本。它影响着社会生活中人生的价值取向,也影响到社会个体的价值认同。尽管影响社会对个体的价值认定有多方面的因素,比如个人的胆识和技巧、才学和贡献等,但人格始终是其中最根本的因素。同时,这种道德人格是人际交往的基础。人们社会交往的产生、维系和发展是由多种因素造成的,其中起着基础性作用的却是人格因素。那些真诚善良、尊重关心他人、关心集体、人格高尚的人能够对他人和社会产生其内在吸引力,而那些自私、孤僻、冷漠且自负的人则会让人敬而远之。最后,这种道德人格是社会风尚的表征。全社会的人格水平不仅表现在关系到国家、民族的根本利益方面,即国格,而且更经常地表现在日常生活的社会责任与社会义务之中。例如,见义勇为、助人为乐是人格高尚,而见利忘义、损人利己则是人格卑下,等等。社会个体通过履行社会责任与社会义务所表现出的人格力量是推动社会进步的重要力量,并且成为维系民族、社会的巨大凝聚力的重要因素。

从道德人格角度说,生命教育的主要使命,就不只是促进人格各方面的和谐健康,更主要的是要按照生命本身的逻辑塑造高尚的人格,提升个体生命的人格品质。这种人格品质按照儒家理念来说,就是"己所不欲,勿施于人","己欲立而立人,己欲达而达人",就是"民胞物与"。换言之,就是引导个体生命在精神层面上逐步超越个体自我即"小我",而融入到社会自我、甚至宇宙自我的"大我"之中,完成从"成己"到"成人"甚至"成物"的人格提升。这样的人格提升,就可以实现个体生命与社会生命、宇宙生命的大融合,个体生命也因此成为既"自强不息"又"厚德载物"的乾坤和合的大人格、大生命。

五、开发性情,增强生命的亮度

个体生命在人性维度或者说性情维度上的生命教育使命,主要是要让个体生命的天性得到真正开发,即大学所说的"明明德",让自己内心天然具有的那份光明的德性激发和释放出来,而这种释放又不是随意的释放,而是符合节度的释放,以达到既能够让自己的生命点亮发光发热以照亮他人和世界,又不至于自己的光亮和热度遮盖或者灼伤了其他生命,从而达到个体生命与他人生命、社会生命乃至宇宙生命的辉煌和谐。

性情开发的教育在中国传统文化尤其是儒家文化中,有非常丰富而深厚的资源。按照儒家对心性及性情的理解,开发性情的生命教育使命,可以从如下视域进行。

首先,洞察人性,守住仁心。性情开发的出发点是我们人之为人的"性",或者我们通常所说的"人性"。对这个人性的洞察,直接决定我们开发性情的方向和力度。人性是什么呢?《中庸》这部主要讲人的生命性情开发的经典开篇就指出:"天命之谓性",进而又说,"喜怒哀乐之未发谓之中",然后强调,"中也者,天下之大本也"[①]。这表明,人之"性"即天之"性",人性即天性。这个天性是还没有敞现为现实的情感表现的,还只是"中"道,是不善也不恶的人之本性,也就是"中庸"。从人性来讲,这个"喜怒哀乐之未发"的"中"就是人性的本原,人的根本智慧本性。实质上用现代文字表述就是"临界点"。人性的不善也不恶的本性,从临界点向上就是道,向下就是非道;向上就是善,向下就是恶。这也就是"十六字心诀"中的"人心惟危"[②]的根本义。

这样一个"惟危"的"人心",需要我们深刻洞察,直接领悟。而这种领悟本身只能从原始的"仁"去把握。人最初对人之"仁",只表现为浑然与人无间隔的温纯朴厚,或恻隐不忍之"心情"。我们对他人自我的承认,最初只是我们能够"忘我"的与之相遇,这是一种浑然与人无间隔的朴厚温

---

① 《中庸》第一章。

② "人心惟危,道心惟微,惟精惟一,允执厥中。"这十六个字便是儒学乃至中国文化传统中著名的"十六字心传"。语出《尚书·大禹谟》。

纯心情。在这里，我的自我与他人自我浑然无间是昭然明白的，也可以说是为我们所"自觉"的。这种自觉感受，即涵盖他人与自我的道德自我的直接呈现。与此同时，这种原始的"仁"同时是对人的"恻隐不忍"之心。因为在浑然与人无间隔的温纯朴厚心情中，便有对他人活动的"忘我承认"或"默契"；顺此承认或默契，我们便会对他人生命活动受阻抑而不能畅遂的情况有一"不安"或"不忍"之情。此即孟子所谓"乍见孺子将入于井，皆有怵惕恻隐之心"①。这种对他人"不忍之心"之"仁"的表现，并不是因为我们先"自觉"的推知，孺子入井将受苦，因此我应当救他，于是我们发不忍之情的命令。此种"仁"的表现，乃是依于我们忘我而浑然与人无间的心情中，原本就有对他人活动的承认。当我们将此"承认"贯彻于他人生命活动时，便成为"希望他人生命活动畅遂"的"自觉而超自觉"的愿望，当他人生命活动畅遂时，我们会心生"快慰"之感；当他人生命活动受到阻抑而未得畅遂时，我们便会生"不忍"之感。由此可见，这种"不忍之心"的"仁"，乃是直接从"浑然与人无间隔的心情"发出的，亦即浑然与人活动无间隔之心情的另一面②。换言之，"恻隐之心"的仁德，是起于"浑然与人无间隔"的温纯朴厚心情本身。它即是我们人之"天性""人性"。守住"仁心"这一"天性"，也就是守住了"人性"，我们的性情开发就有了得以成为"燎原之势"的"星星之火"。

其次，明察人道，守住中庸。守住"仁"这一作为"天性"的"人性"，只是性情开发的第一步，要真正让人的生命发光发亮，必须将这先验的"性"开发而为"情"，而且，此"情"必须"发而皆中节"，达到"和"。即要让"天性"成为真正的"人性"，让"天道"与"人道"合一。这就是《中庸》所说的"率性之谓道"，"道也者，不可须臾离也"，"发而皆中节，谓之和"，"和也者，天下之达道也"。③也就是说，我们在现实生活中，按照"天性"而为，就是符合"天道"，符合天道之道也就是"人道"。所以，人道之根本义，首先就是要让人的"天性"得到充养、成长，即所谓"率性"，也就是要让"喜

---

① 《孟子·公孙丑上》。

② 唐君毅：《文化意识与道德理性》，桂林：广西师范大学出版社，2005年版，第460—461页。

③ 《中庸》第一章。

怒哀乐"这些以"中"的方式"未发"的"人性""天性""发"出来。但是，与此同时，这种"发"又不是无所节制、无所规矩的"发"，而是"发而皆中节"，也就是说，必须符合"中道"，不偏不倚，符合具体环境、场景、人物、事件等的分寸。这就叫做"和"。达到了这种"和"，万事万物就可以各得其位，各的其育，所谓"致中和，天地位焉，万物育焉"①。这一"中庸"之道，实际上是"天人合一"之道。天人合一的真实含义是合一于"至诚""至善"。"唯天下至诚，为能尽其性。能尽其性则能尽人之性；能尽人之性，则能尽物之性；能尽物之性，则可以赞天地之化育；可以赞天地之化育，则可以与天地参矣。""与天地参"就是天人合一。天人合一的"天"是善良美好的天，天人合一的"人"是像善良美好的天那样善良美好的人，天人合一就是人们自觉修养所达到像美好善良的天一样造福于人类和自然理想境界。它是天道与人道的合一，天性与人性的合一，也是情感与理性的合一。

孟子将这样一个寻求天人合一的性情开发过程称为"扩充"原始的人性。他说："恻隐之心，仁之端也；羞恶之心，义之端也；辞让之心，礼之端也；是非之心，智之端也。人之有是四端也，犹其有四体也。有是四端而自谓不能者，自贼者也；谓其君不能者，贼其君者也。凡有四端于我者，知皆扩而充之矣，若火之始然，泉之始达。苟能充之，足以保四海；苟不充之，不足以事父母。"②人的原始的"不忍人之心"的"仁"心，实际上会生发"羞恶之心""恭敬之心""是非之心"，这些作为"人之为人"的人性的"四心"，犹如我们身体的"四体"，是我们生来具有的。但是，生来具有的这些"人性""人心"，只是"若火之始然，泉之始达"，即只是江河源头的"涓涓细流"，只是可能延展为燎原之势的"星星之火"。它们只是昭示了人道的"可能性"，还不能直接说就是人之为人自我敞现的现实性。只有个人不断地顺着"天性"扩而充之，这"涓涓细流"才可能成为江河大海，"星星之火"也才可以成燎原之势。如此，我们的生命就可以因为性情的充分开发而照亮和温暖他人、照亮和温暖世界，这就是孟子说的"足以保四海"。否则，如果我们不通过

---

① 《中庸》第一章。

② 《孟子·公孙丑上》。

自己的修养不断地充养我们自己的"仁心",我们原始"人性"的那点"仁心"就会泯灭,"星星之火"就会熄灭,"涓涓细流"就会干涸,这便是孟子所说的"不足以事父母"。由此可见,就性情维度而言,生命教育的最高使命,是我们人性的充养。

再次,体察人伦,守住孝悌。尽管顺着人的"天性""仁心"不断充而养之,个体生命本可以不断"明明德",不断达于"人道",符合"人性",进而"保四海"。但是,毕竟"人生在世",现实世界会对个体生命产生不同的冲击,让"惟危"的"人心"不一定能够接触到"惟微"的"道心",而是偏离"道心",进而违背"人性"。所以孟子才担心,即使"皆可以为尧舜"的人,也可能"不足以事父母"。那么有没有一种渠道,让我们不轻易偏离"人性""道心"呢?或者说,有没有一种途径,让我们偏离了"道心"的"人心"又重新回归到"道心"而不违背"人性"呢?儒家认为,这个渠道就是尽人伦中的孝悌之道。

在所有现实的人的生命关系中,父母对于子女的爱,是最具有本源性和根本性,也是最具有自然天性和人性的。因此,通过领会父母对子女之爱,我们可以回复到或者说更直接地领会到"人性"和"道心"。领会父母之爱亦即尽可能以同样的爱去爱父母。正因为这样,现代新儒家唐君毅先生特别说:"人间的结合,最高的,是爱的结合。爱是相爱的人的生命间之渗融者,贯通者。爱破除人与人间之距离,破除人与人间各自之自我障壁,使彼此生命之流交互渗贯,而各自扩大其生命。所以爱里面必包含着牺牲。牺牲是爱存在之唯一证明。人类个人与个人间之爱,最真挚有力的,是父母对子女之爱,因为这是生命原始爱流之顺流而下。最肫恳可贵的,是子女对父母之爱,因为这是生命原始爱流之逆流而上。"[1]在先儒的理论视野里,这种对父母之爱就是"孝悌",它是我们领悟"仁心"大德的根本。孔子说:"君子务本,本立而道生。孝悌也者,其为仁之本与"[2]。也就是说,我们要想守住"道心",必须从根本处着手,必须"务本"而不只是抓住枝叶。那么对于"仁心""人性"而言,"本"是什么呢?就是"孝悌"。只有做到了"孝悌",才守住了

---

[1] 唐君毅:《人生之体验》之"第一部 生活之肯定"之"说爱",《人生三书》,北京:中国社会科学出版社,2006年版,第39页。

[2]《论语·学而》。

我们做人的根本，也才能领悟"道心"和"人性"。正因为这样，孟子将不扩充人性的最严重后果界定为"不足以事父母"。

因此，从性情开发的人性教育而言，甚至就整个个体生命的生命教育而言，一个最直接也是最根本的渠道和使命，便是培养我们的"孝悌"之心、"孝悌"之行。通过"孝悌"，我们在孝敬父母、尊敬尊长的过程中，逐步体会到人性原本的美好，体验到天道与人道的合一，我们自己慢慢将内心的那份光明的天性觉醒，并"发而皆中节"。这样，我们就可以让自己的生命点亮，成为一个真性情的大生命。

现代人的死亡难题、死亡权利与生死教育

死亡是与人类社会历史相伴随的，在某一侧面反映着人类历史的变迁。如果可以说，一部人类历史就是人类生命的演绎史，同样也可以说，一部人类史就是一部死亡史。现代社会是一个急剧变动的时代，体现在人类生命的方方面面。在这个剧烈变动的时代，要"把持住"生命，便不能不充分了解死亡。可是，我们身处的这个时代，又是一个"没有死亡的世代"，也就是说，一个人打从出生、婴幼期到青少年，到长大成人、就业结婚生子，从未经验到至亲好友的死亡。死亡似乎是一个奇怪、异常的事件，在我们的生活中不占有任何恰当的位置。虽然死亡已经不再是一种禁忌，但它仍然是一个隐蔽的话题。但是，诚如库布勒·罗丝在她的《论死亡与濒死》一书中指出：在现代社会，"死亡仍旧是恐惧、吓人的事情，而且死亡的恐惧是全球性的恐惧，尽管我们认为我们已经在许多层次上控制了它。改变了的是：我们应付及处理死亡和濒死，以及我们的濒死病人的方法"①。因此，我们必须从变化了的、现代科技左右了的时代状况出发，来了解现代人的死亡问题及其彰显的生命伦理问题。

一、现代人的死亡难题及死亡权问题的"冒出"

由于科学技术的发展和价值观的功利主义化，现代人深陷存在性危机而不能自拔。在"生"的层面，是生活与生命之间的紧张，表现为生存条件的改善与存在意义的缺失并存；在"死"的层面，是技术与死亡之间的紧张，表现为人们对于技术之于死亡的阶段性胜利的陶醉和对于死亡之不可战胜的

① （美）E.Rose：《论死亡与濒死》，谢文斌译，台北：牧童出版社，1979年版，第28页。

惊惧。

1.现代人的死亡境遇：时间、地点、方式上的非自然化

在传统社会，死亡时间完全是生命自然流程的内在表现，不存在将生与死绝对分开对待的时间界限。由此，死亡来临也不会给人们带来多大的震撼。但是，随着现代医学技术和诊断标准的发展，死亡时间成为了一个可以预期的时间。比如，一般说来，癌症患者能存活一个月到半年，甚至可能更长的时间，但是，可以肯定的是，大多数患者都不可避免地要步入死亡这条不归之路。死亡时间来临的可预期性，明明白白地告诉我们：即使你现在还活着，但是，不能抱任何希望了，你必须由希望转入绝望。这就意味着：一方面，患者本人只能"数着日子"过日子，随时感受到死亡阴影不断加深所带来的极度恐怖；另一方面，亲属和朋友们也只能眼巴巴地看着患者一天不如一天而无能为力，内心如刀绞，哀痛与日俱增，没有止息。

传统社会尤其是中国农村社会，家庭是寿终正寝的理想之地。除了人们观念上暴力死亡或被视为凶死的死亡之外，正常死亡、好死、善终都是发生在家里的。"善终"是中国传统讲的"五福"之一，其中又分为："小善终"是无疾而终；"中善终"不仅无疾而终，而且是无憾而终；"大善终"则是不仅无疾、无憾而终，而且自觉自己所终。即使是最基本的"小善终"，所呈现的"终"的状态也是：濒死之时，躺在老屋里的老床上，子孙环绕，亲朋好友探视，不慌不忙地沐浴、更衣、交待后事，最后在浓厚的亲情、乡谊的安抚中"安然"瞑目。这叫做"寿终正寝"。很显然，中国人所企盼的死亡状态，是生命"自然而然"的终止，而不是可预期的"技术上"的结束；是一种个人自然生命尽管结束，但其血脉亲情的人文生命仍然在家庭、家族甚至家乡永存的状态。在这种情况下，个人之死，绝不是完全的毁灭；相反，个人之死这个事件，因为家人的"在场"，成为家庭、家族"大生命"延续的一个独特环节。这样一种对待死亡的观念和方式，在相当程度上减轻了死亡带给死者的孤独、无助感，也在一定程度上可以减轻对死亡的恐惧。但是在现代社会，由于生活方式、生活场景的变化，以及人们对死亡的观念的变化和医疗技术的发展，死在家里的人越来越少了，而越来越多的人"选择"死在医院。通常情况下，人们的死亡都经历千篇一律的过程以同样的方式呈

现：在医院抢救室里，经过痛苦万分的各种抢救之后，不治身亡，然后医院签署死亡证明书，死者被送入太平间，最后送上解剖台和焚尸炉。由于在死者生命的最后阶段，都在忙于"抢救"，使得逝者常常来不及或根本没有机会交待后事；而生者也没有机会表达对逝者的情感。因此，人的死亡状态，不再具有温情脉脉、亲情盎然的伦理性，而只是纯粹个人肉体的心跳停止、脑功能和其他生理功能衰竭等的技术性事件。如此，传统中国人所期待和向往的"善终"，已经不再可能了；因为死只是个技术判定的"终"，而不具有"善"性了。

在传统社会，一个人的自然生命衰老到了一定程度，按其正常的速度终止了它的存在，通常也称之为"天年已尽"，因而"无疾而终"或"寿终"。死亡在根本上是"自然死亡"。现代人已远离了自然死亡，死亡变成了技术死亡。人们在强制性的医疗照管之下，不能不把死亡看作一种疾病。就像医学鉴定书上说的"经抢救无效死亡"，死亡不再是自然的生命流程而是技术干预失败的结果。在现代社会，老年人无疾而终的事是不被承认的。在中国人口的死因统计中，寿终或老死同样是不作为死因的。① 在现代社会，"自然死亡"的观念已经在一定程度上被驱逐出人们的头脑了。即使是那些年龄非常大，很明显是因为衰老而死的老人，人们也不认为其死是"自然死亡"；因为，"衰老"在现代社会医疗体系中，已经不被当做"自然现象"，而是被看成由某种或某些病症造成的现象。

2. 现代人的死亡恐惧：拥有、技术和无信仰的恐惧强化

客观上说，人的死亡，便是与世间一切割断联系。中国民间谚语曰："生不带来，死不带去。"正因为有这样一种"割断"，人的"死"就意味着失去在这个世界上所拥有的现实的一切；人死时的痛苦，大部分就是源于这种"丧失一切"所呈现的可怕与可悲。相对于"过去"而言，现代人拥有的东西要更多而且更好，不管是所拥有的物的数量还是质量，现代人都要远远多于和高于古代人。在生之时，拥有越多，似乎也带来更多因为"拥有"而获得的快乐和幸福感受；相应地，到死之时，拥有越多也就意味着失去越大，由"丧

---

① 游允中、郑晓瑛主编：《中国人口的死亡和健康》，北京：北京大学出版社，2005年版，第110页。

失一切"所带来的痛苦也就越甚。总体上说，相比于古代人，现代人所拥有的物质财富和人际关系，都要丰富得多、复杂得多；由此，不可避免的是，因为死亡而引起的"丧失一切"的痛苦，也就更大、更剧。因为拥有越多，人对"生"的依恋也就越甚，也就对所拥有的一切越难割舍；由此，当死神不可避免地降临，人不得不"丧失一切"时，人也就不可避免地遭受更大的痛苦。正是由于这样一种因为"拥有"和"丧失"所呈现的生与死的辩证关系，引起了现代人面对死亡的更大恐惧。

除了"拥有"与"丧失"强化了现代人的死亡恐惧外，现代技术也强化了人们的死亡恐惧。相比于传统社会，现代医学科学技术的发达程度，已经可以在很多情况下挽救许多人的生命，从而使人在技术支持下免于死亡，但即使如此，医疗仍然对一些疾病，比如癌症、艾滋病等等，无法治愈。可是，尽管无法治愈这些疾病，医疗技术却可以延长患者的生命时限，如此，便增加了患者"自觉"地"步向死亡"的时光。换言之，医学通过药物和技术手段，可以人为地延长患者"数着日子过活"的时长。在这段知道自己要死亡到最终死亡的时间里，一方面，患者因为无法治愈，感受到死亡阴影的迫近，无时无刻不浸透于浓厚的死亡气息之中；另一方面，由于特别清晰的自我意识，又大大增加了对死亡的恐惧和由此而感受到的痛苦的强度，也增加了患者亲属对死亡的害怕与哀悯。有研究者通过观察临终前病人的生命状态发现："老年人涉历艰辛，十分向往安度晚年。中年人多有妻子儿子、白发父母，虑及自己死后上不能尽孝送终老人，中不能与妻子白头偕老完成自己的事业，下不能为儿女成家立业。青年人则为其美好的恋爱、婚姻和事业之终止而遗憾终生，因而病人极度痛苦、恐惧，从而加速病情恶化和死亡。"[1] 由此可见，不同年龄阶段的绝症患者各有其"丧失"带来的痛苦与恐惧。由于现代医学技术客观上大大延长了患者临终到死亡的时间，给患者提供了"充分的时间"来"思前念后"，对比"拥有"与"丧失"，这种"思前念后"的"对比"，实际上是任由"死神"在"人生"中肆虐，使得人不得不深深地品尝死前的痛苦与恐惧，从而强化了人的死亡恐惧。

---

① 陈蓉、李伟长主编：《临终关怀与安乐死曙光》，北京：中国工人出版社，2004年版，第187—188页。

与此同时，现代人的无信仰状态，也在一定程度上强化了人的死亡恐惧。在传统社会，由于没有丰富的科学知识，人们少了对现实世界的理性认知，因而更关心精神及灵魂上的事情，而且，也更加相信古老的传说、神秘的传统风俗或者各种宗教的教义。因此，他们基本上能够用一些神秘的观念或者超验的看法，来帮助自己了解死亡、解释死亡，甚至认识死后世界。但是，对于现代人来说，科学理性的主导，使得人们很难有对死后世界的信仰，因而也就无法了解"死后"自己终将如何，这种对死后世界的"无知"，也在一定程度上使人们产生死亡恐惧。经验上说，人人都必然死亡，因此，关于死亡的知识，客观上有着最大的社会需求。但是另一方面，依据科学理性，死亡在本质上又是不可知的，因为人的任何知识都被界定为源于经验，而人活着的时候是不可能有关于死的经验的，人死后又不能言说其"死之经验"，所以，"死"及"死后之事"，都不在人们基于经验建构起来的知识体系之中，而只能存在于知识体系之外。由此，对于以"知识"为最高标准的现代理性人来说，缺少关于死亡的知识与对死亡知识的需求，就必然造成人们思想上的极度困惑和心理上的高度紧张。这种紧张与困惑，不仅使生者常常处于对于死亡及死后世界的认知苦恼中，也使临终者面对死亡时无所适从，从而强化了死亡恐惧。

3.现代人的死亡品质：孤独、无尊严和神圣性的丧失

现代人的死更加孤独。"现代医疗环境让一个濒临死亡的人在全无菌的环境中死去，与家人、朋友、子孙、宠物、与自己熟悉的环境隔离。我们自以为运用最新医学科技和消毒设备，便已做到极力抢救生命；殊不知我们只是用一种野蛮的方式，逃避自己对死亡的恐惧和罪恶感。"① 其结果无疑是增添了死者的孤独与痛苦。现代大约有七成五的人在医院或疗养院咽下最后一口气。可是，"大多数的人皆在视死为寇雠的环境中辞世。我见过许多人在身心孤绝的情况下步向死亡，鲜少受到鼓励去放开心怀，卸下想象的恐惧。他们在心灵上往往与原本可以共享这宝贵时刻的亲爱之人发生阻隔。由于无法依赖自己的内在本质，他们怀着极度的惶惑不安进入另一个生存世

---

① （美）斯蒂芬·雷文：《生死之歌》，汪芸、于而彦译，北京：东方出版社，1998版。

界"①。"现代人很难想象过去那样平静地面对死亡,死亡的过程变得孤独而没有人情味。"②

现代人的死更加没有尊严。死亡的尊严是死亡品质的本质。人的尊严就在于,人是独立的主体,决不可把他贬抑为客体。只要他还是他自身的载体,人就是独立的主体。这就是说,人自我意识地、自我支配地拥有自身,人是自身特性的独立拥有者,是为自己行为负责的代表。现代社会技术统治一切,死亡也在技术支配之下。现代社会对死亡的处理方式使得"现在死在家里的人越来越少,越来越多的人死在医院里。不再死在家里而更多地死在医院里,这趋势大大改变了我们对死亡的观念。因为人们不可能不把死亡看作一种疾病"③。人就是医院的一个病号——几号床或简单就是号数,你首先就是病号,而不是一个独立的主体人。死是由医生、专业人员所决定的死,不是由死者本人决定的死。"这种无面无形的死亡丧失了自身的尊严。"④ 以医疗体系为代表的社会,有权决定病人在什么时间,遭受何种屈辱和手术致残以后才可以死。社会的医疗化,结束了自然死亡时代。这种情形不单是在西方而且在东方也存在,个体丧失了断气以前的自主权。健康即控制生命的动力,遭到了剥夺,直到生命的最后一息。所以,"人不再死了,而是让人死亡"⑤。死亡就是被宣告"医治无效"。

现代人的死已经失去了其神圣性。从根本意义上讲,死亡是生命的反面。人的生命是身心灵三位一体的。正是这种人类生命的系统复杂性决定了人的死亡的丰富内涵。人的本质就是它的精神性与社会性存在,因此,死亡还有其体现人的更本质方面的内涵,这才是死亡神圣性的体现。而现代人的死亡,由于它违背了人的生命本质,从而也就失去了它的神圣性。现实生活中引起人们焦虑万分的死亡,仅仅是肉体的毁灭,它成了人们逃避与关注的焦点。技术死亡也正是由此成了当代支配着一切的死亡概念。在消费主义文化盛行

---

① (美)斯蒂芬·雷文:《生死之歌》,汪芸、于而彦译,北京:东方出版社,1998年版,第4页。
② (美)E.Rose:《论死亡与濒死》,谢文斌译,台北:牧童出版社,1979年版,第6页。
③ (法)贝尔特朗·韦热里:《禁止死亡》,李健英译,深圳:海天出版社,2004年版,第22页。
④ (德)贝克勒等:《向死而生》,张念东等译,北京:三联书店,1993年版,第39页。
⑤ (法)贝尔特朗·韦热里:《禁止死亡》,李健英译,深圳:海天出版社,2004年版,第23页。

的今天，生命成为消费机器，"我消费，故我在"。我拼命工作，挣越来越多的钱，目的就是消费。活下去的动力就是消费，作为生命本质的需要已降为次要地位。不仅生命被物化，死亡也被物化。

4.现代人的死亡态度：遗忘、边缘化和非我性的游戏化

英国哲学家罗素曾指出，现代人往往既相信来世，又恐惧死亡。他认为，这是自相矛盾的，如果相信来世，就不必恐惧死亡；如果恐惧死亡，就是不相信来世。现代人一方面拒绝死亡，另一方面又对死亡游戏化。"一是人们在现在的言行、态度和实践上已明显地把死者排除在外了，而且往往很粗暴；一是在背景中，在'集体想象'中，则模糊不清，不是一律不谈死，而是有一片呼声和窃窃私语。"①

现代生活水准显著提高，使死亡远离人们日常生活的表层。人类平均寿命有了惊人的增长，医学技术也有了飞速发展，人们临终时肉体的痛苦被相当程度地减轻了。由于科学进步，可以达到的不是长生不老，而是将死置之度外，漫长的生命无痛苦，似乎是自愿地结束。非但如此，由于社会设施的完善，尸体的处理被美化，死亡也不再丑陋。现代生活改变了人类原先所认知的死亡意义，对于古代曾经如何一天到晚地担心死亡而活着，现代人已经无法想象了。现代人是如此执著于生命的自信，遗忘死亡而活着。"生命变得更长久了，死亡被推迟得更远了，垂死者和死者将不再是司空见惯的家常事，人们正常的生命过程中更容易忘却死亡。"②

现代化减少了死亡，在一些文化中，死亡已经不是生命的中心问题，而是越来越被边缘化了。如在美国，"现代美国人把死亡看作是与无性色情一样的令人倒胃的东西，我们拒绝死亡，对濒临死亡的人掩盖他们的处境，并把死亡的所有蛛丝马迹都从我们的日常生活中赶走；我们把濒死的人送到医院，不仅仅是减轻垂死者的痛苦，也是将其从我们的视线中移开。我们压抑自己的哀思并把死亡带来的影响尽可能快地从我们的生活中去除"③。

---

① （法）米歇乐·沃维乐：《死亡文化史》，高凌翰、蔡锦涛译，北京：中国人民大学出版社，2004年版，第632页、第667页。

② （德）贝克勒等：《向死而生》，张念东等译，北京：三联书店，1993年版，第403页。

③ （美）戴维·波普诺：《社会学》（第10版），李强等译，北京：中国人民大学出版社，1999年版，第165页。

尽管通过死亡遗忘、死亡边缘化，将死亡从人们的生活中心排除了，可是在事实上，现代社会的死亡现实比以往任何时代都更为逼近人们，交通事故、自然灾害、自杀以及媒体传播的影响，现代人随时随地都成为死亡的旁观者和可能者。面对这一死亡现实处境，现代人奉行鸵鸟哲学，对死亡视而不见、听而不闻，将死之必然还原为死之偶然。"我们习惯于强调死亡的偶发原因——意外事故、疾病、感染以及年纪老迈，这样，我们暴露了那种把死亡从一种必然性还原为一种偶然事件的努力。"① 在死亡现实中，我们看到事故、意外、车祸灾难等无不是非正常死亡，其基本特征就是作为一种事件的偶发性与不确定性，自然死亡已完全为技术死亡所取代，技术死亡本质上就是认可非正常死亡，而作为必然的自然死亡在现代社会是不予以承认的。现代人的这种逃避死亡的努力已成为一种社会机制，一种话语权。

我们几乎每天都能接触到死亡事件，死亡总出现在我们生活中，但是，我们现代人决不会让死亡进入人的思想。我可以听，可以看，但不可以想，不可以思考，所谓"视而不见，听而不闻"。更不会去思考"我的死"的问题。与此同时，埋首于日常生活并进而将自己物化。压抑并不能抵抗死亡的无孔不入，于是与对死亡压抑相伴随的必然就是死亡游戏。

我们分享"幸存者的新闻"，强化"众人皆死，唯我独活"的想法；阅读旁人死亡的消息，使我们放心，相信自己是活着的，是不死的。旁人不幸的消息在头版上占据相当大的篇幅，制造了我们是幸运者的假象。我们绝少借旁人的死讯来承认众生皆短暂、万物均无常的法则。人们在报纸上天天读到死亡的消息，一边吃饭，一边欣赏电视里的死亡，没有什么可怕的。在网络游戏里，死亡更是以逼真的画面让游戏者参与死亡中去，这从某一角度缓解了现代人的死亡焦虑，但另一方面却造成了现代人的面对死亡无动于衷的冷酷情感。现代人甚至还发明了比如死亡之旅、挑战死亡等游戏，以另一种形式与死亡接触。

总之，现代人已经从自然死亡被驱赶到技术死亡处境，在死亡的非生命化、非我化的话语中，人们不再体验死亡、思考死亡，可又不得不遭遇死亡、

① 南川、黄炎平：《与名家一起体验死》，北京：光明日报出版社，2001年版，第265页。

经历死亡，并且还不得不忍受医疗技术延长和加剧了的死亡恐惧，并在孤独、无尊严、非神圣的死亡中，牺牲了死亡品质，亦即牺牲了生命品质。这在本质上是一种"存在性危机"。这种"存在性危机"逼问着我们："死亡"还是我的生命的一个部分吗？我可以掌控"我"的"死亡"吗？由此，"死亡权"便成为一个似乎从生命里层冒出来的、人们不得不关注的理论和现实问题。

二、"死亡"作为一种权利及其落实

责任伦理学创始人约纳斯指出："历来所有关于一般权利的言谈都要追溯到所有权利中最基本的权利——生存权，如今我们却要谈死亡权，这是件很特别的事。"[1]但是，"死亡权"的提出，并非没有依据，这是指哲学上理性的、先验的依据，尽管"死亡"之成为权利，确实只是现代医学技术发展"逼迫"出来的。

1."死亡权"的哲学基础和存在论意义

"死亡权"是作为生命的人之最基本权利"生存权"的延伸。生存权是人之为人的最基本权利，所有其他每每被考虑、要求、保障或者放弃的权利，都可以被看做是对这种首要权利的一种延伸。因为事实上，每一项特殊的权利都和某种生存能力的实现、某种生存需要的达成、某种生存愿望的满足有关。换言之，尽管生命本身并不是根据某种"权利"而存在的，可是生命中其他任何权利却都是围绕生命的存在即生存而存在的。这当然包括作为生命存在的必然的一部分——死亡，因为死亡是内涵在生命之中的，甚至说，"死亡"是让生命之为生命的最直接最有力的"证据"。生命存在，必然死亡存在，因为生命要靠死亡来证明。由此，"生存"既然成为一种权利，作为其证明依据的"死亡"当然也应该是一种权利。"有死性是生命一个不可分割的性质，而且不是对生命的一种陌生——偶然的侮辱。"[2]生命是有死的，虽然这是其基本矛盾，但却不可分割地属于其本质，而且甚至无法从生命中消除。死亡

---

① （德）汉斯·约纳斯著：《技术、医学与伦理学》，张荣译，上海：上海译文出版社，2008年8月版，第198页。

② （德）汉斯·约纳斯著：《技术、医学与伦理学》，张荣译，上海：上海译文出版社，2008年8月版，第208页。

与生命一起到来，而且有死性是一种代价，是新的可能的存在本身必须付出的代价。

"死亡权"是作为类存在之一员的个体生命之于类存在的一种道德权利。人是一种类存在物。作为一个生命种类，种得以存在和延续，除了新生命个体的不断诞生和成长外，还需要原来存在的生命个体让出在此世界存在的"空间"，否则，后来的生命个体便无法生存、无法存在，种族的延续也就不可能。而"死亡"，作为新陈代谢的最根本形式，恰恰是已经存在的生命个体向未来存在的生命个体提供"生存空间"的直接活动。而且，已经存在的生命个体通过"死亡"这种方式，向未来存在的生命展现了其道德的勇气和品质——为了你的生存和存在，我愿意放弃我自己的生存和存在。"我们伴随着死亡对世界不提任何要求了……我们放弃了任何可能的要求。"① 所以，"死亡权"实际上是作为类存在所具有的一种天然的道德权利。现代新儒家唐君毅将"死亡"本身的道德意义以儒家道德的"仁义礼智"四德来概括："自然生命之自向于命终而有死，正见自然生命之不自觉地具一'由其死以使继起之生命存在，得有其世间之位'之一自然之仁德与礼让之德之表现；亦'使其自己之生命存在与其他生命存在，分别得其在时间中之位'之义德之表现；而其中亦可说有一不自觉地求自超越其生命之执著之一不自觉地智德之表现，而使其后世之生命存在之超升成为可能者也。"②

"死亡权"是一种让自己生命的尊严获得最终实现的一种权利。人的生命不只是一堆肉体，而是一个身心灵的整体。由此，人的生命有了自己的存在价值体验，这种体验最基本的表现就是尊严感。人的生命的尊严体现在肉体、情感、灵性等多个层面与维度。不管不同的人类群体将这种尊严具体理解为什么，但对尊严本身的渴望则是内在的。这种尊严不仅体现在"活"的状态与场景，也体现在死的方式与环节。所以，死亡不单只是一个"生命结束"的事实，同时也是人实现或者保有自己人格尊严的一个环节。个体生命有权利要求通过"好死"（不管这种好死的具体内容如何）来保证甚至升华自己

---

① （德）汉斯·约纳斯：《技术、医学与伦理学》，张荣译，上海：上海译文出版社，2008年8月版，第199页。

② 唐君毅：《生命存在与心灵境界》，北京：中国社会科学出版社，2005年版，第496-497页。

生命的尊严。这便是各种宗教为什么大多在人弥留之际给予"临终关怀"的原因,"将死者"通过自己与"未来世界"的灵性沟通,以尊严的方式放弃"此岸世界"而进入新的存在状态。

2. "死亡权"的伦理属性及其现实意义

"死亡权"表现为个体生命面对可能死亡的情形时的知情权。海德格尔曾经反复强调,"死亡"是个体生命最本己的可能性。死总是"自己的"死。由此,每个人有了解和知道自己死亡的权利。死亡权(只要这种权利被授予主体本身执行,而不是被他的一个代言人执行)和对真相的知情权是不可分离的。这一点是建立在人的自主性基础上的。每一个个体生命都具有为自己的生命负责的权利、义务和责任,这是生命的基本自主权的体现。因为,尽管生命的存在是"历史性"的,而不是"选择性"的;但是,生命作为个体形式一旦存在,其所从事的一切活动,包括对自己切身相关的一切活动,便必然是"选择性"的,而不只是"历史性"的。因为,人是有自主性的,是有自由意志的,是可以说"不"的,是可以有不同选择和决定权的。因此,"死亡权"首先应该表现为在个体生命面对死亡时一种真实信息的知情,只有在这种真实信息的知情基础上,个体生命才可能作出自己准确的思考、判断以及抉择。

"死亡权"表现为个体生命面临死亡必然性时的"拒绝治疗权"。如果没有直接牵涉到公共利益,我的疾病或者健康就完全是我的私人事务,而我就在自由契约中租用医疗服务。这一信念在不同国家是普遍存在的。因此,从法律上看,每个人(除了未成年人和精神病人)为了各式各样的疾病寻求或不寻求医生的劝告和治疗是完全自由的,而且同样自由的是,放弃治疗(在临界阶段的治疗除外)。但是,在道德上,这种权利的界定就要复杂得多。比如,我作为一个"家庭成员",作为"孩子的父母",作为"公共任务的权威的承担者",这些"责任"尽管没有在法律上限制我"拒绝医生帮助"的自由,但是却在道德上限制了我"拒绝医生帮助"的自由。因为我对"他们"承担着道德上的责任和义务,我的生命甚至我的死亡都不只是我"一个人"的,而是关乎"他们"的。这样的"道德逻辑"往往就会导致这样的后果:强迫一个绝望的病人和身患此病的人继续接受一种维持性治疗,这种治疗为他换来了生命，而他并不认为这种生命是值得的。因此，对"死亡权"的承认，在这里就必然或者说必须表现为"拒绝治疗权"。"不论世界对人有什么要求，这种权利（除了宗教以外）在道德上和法律上都和生存的权利一样不可转让。"① 也就是说，除了"宗教"这种建基于"非理性"基础上的要求外，在人类生存的理性世界里，"生存权"和"死亡权"是同等重要的对称权利。人们不应该在一个人"生不如死"的必然死亡中将"死亡权"强行转变为"生存权"，让他"不得不生"；也不应该在一个人正常生存状态下强行将"生存权"转变为"死亡权"，让他"不得不死"。权利作为权利，权利拥有者应该自己做主，只要他在意识上还可以做主，不能随便"剥夺"或者"强迫让渡"。

"死亡权"表现为在自己走向死亡的"过程"中为了避免痛苦带来的人格尊严受损的"结束生命权"。在前面两种权利都得到满足的情况下，即假定病人知道事实真相，并且已经决定反对采取治疗手段拖延其濒临死亡的状况。通过直言不讳的"实情告知"，人们使得病人能够作出决定并且同意他的这种决定，由此，他的死亡权受到了尊重。但是此时却可能出现新的问题，因为，病人反对拖延的选择在其他情况下也是一种反对痛苦的选择，因而包含一个愿望：应该减轻他的痛苦，或者通过加速死亡进程或者在弥留之际减少疼痛，与此同时，后者有时候导致前者，因为它所需要的麻醉剂量太大。对这一愿望的满足似乎就包含在下面的事实中了：已经承认病人有"死亡权"本身，并且认可他的决定。这一"死亡权"的表现，便是"结束生命权"的行使。

3. "死亡权"的使用限度及其实践意义

"死亡权"尽管在形而上学意义上是与"生存权"对等的"人权"。可是，在理论上承认这一权利的存在，并不意味着在实践中就可以运用好这一权利。比如，既然死亡是个人权利，那么我是否有权在任何意义上在任何时间自杀"死亡"？"死亡权"表现为面对极端的临终痛苦的"结束生命权"，那么"安乐死"到底应该在那种界限内实施？"死亡权"表现为对自己生命死亡状况

---

① （德）汉斯·约纳斯：《技术、医学与伦理学》，张荣译，上海：上海译文出版社，2008年8月版，第203页。

的真实信息的"知情权",那么如何把握这一"知情"对当事者带来的好或者坏的影响?对那些意识长期昏迷者而言,"死亡权"如何实施?

"自杀"是否属于"死亡权"的一部分?回答当然是否定的。在约纳斯看来,"死亡权"成为一个"权利问题"是有先决条件的,即由于一些特殊情况,我的死亡或者不死亡进入了选择的领域。换言之,"死亡权"问题是在一个人因为身患绝症而被动遭遇到生死抉择时才出现的"权利问题"。这与"自杀"作为一种"自由地死"的先决条件是完全不一样的。"死亡权"和自杀这样一个主动性主体的行为无关,而与身患绝症的、被动地遭遇现代医学的延缓死亡技术的病人的处境有关。换言之,"死亡权"只是"临终病人"才享有的"选择权",而不是一个自由活动的主体所具有的"选择权"。尽管在伦理学意义上,"自杀"和"死亡权"问题似乎具有大致相同的"形式",但"自杀"不具有"死亡权"问题的"先验基础"。致命的疾病作为真正的死因,它的存在允许我们在"坚持不死"和"自杀"之间做出区分,正如在"让死亡"和"导致死亡"之间做出区分一样。

"安乐死"作为"死亡权"的实现界限在哪儿?"安乐死"是"死亡权"的最后实现环节即"结束生命权"的具体实施方式。尽管病人为了避免痛苦带来的人格尊严受损,有权选择"结束生命",但是,满足这些愿望要求他人的配合,也许甚至需要他人独自发挥作用,因此,这是一个十分严肃的问题。首先,让病人在家庭护理条件下"安乐死"是不适当的,因为我们不知道什么是人们可能私下在无人看守的亲密仁爱中做的或忍受的,而医院至少将病人直截了当地推向公共领域并且使之处于其规范和监督之下。其次,就医院来说,人们也不可能要求医生怀着这一目的采取某种积极措施,也不可能要求医务人员通过"调转目光"参与其中,不仅法律禁止这样做(这可能被改变),而且更是医生天职的最内在意识,医生的天职绝不可能归于医生是带来死亡的人这一角色,即便是应病人的要求。"安乐死"作为医生的"医疗行为",只有在一个永久昏迷的和人工维持着的生命垂危者的情况下才能讨论。在这种情况下,病人的人格已经不复存在,当事人"死亡权"行使和表现的"知情权"基础和前提已经不成立。否则,就变成了"谋杀"。如此限定"安乐死",可以保证医生所具有的使用这些药物的"特权"不会被"最善意的滥用"所伤害。

"不具有清晰意识"者的"死亡权"如何实现？由于缺乏潜在的、在自己的事情中可以选择的主体，严格说来，在这里无法谈论死亡权。这完全是一个涉及"理性"和"人性"的法律－伦理死胡同。但是，既然这样一种状况确实出现了，那么"死亡权"问题就必须得到回答。约纳斯认为："存在着走出这种伦理－法律的死胡同的两条出路。"[1] 第一条路：对死亡及其症状学进行新的界定，按照这种定义，一定程度的昏迷恰恰就意味着死亡。"脑死亡定义"就是试图走这一条路。但是，"脑死亡定义"的出路具有强烈的功利主义和工具主义色彩，尽管也考虑了"医疗资源的公平分配问题"，但是却更直接地将"病人本身"也当做"医疗资源"了。第二条路：人们可以直接考虑这个问题，即通过我们的医术去延长某种东西究竟是否合法？在这种"不可逆的昏迷状态"下的"生命"是否就是真正的生命？因为其"生命"的维持是靠现代医术"人为地"保持着的，比如呼吸机之类人工仪器。对这种情况，或许"终止人工维持不是许可性的（可以），而是义务性的（应该）"[2]。一方面，为了病人（最后是死者）人格的完整性、统一性和尊严性，我们不应该继续坚持"维持手段"，这种"维持手段"恰恰会降低我们对病人的"人格记忆"而使其人格受到"损伤"；另一方面，出于正义而公平分配紧缺的医疗资源，以便不否定其他人的生命保存。

三、"死亡权"的生命启示及生死教育

"死亡权"作为现代医疗科技逼迫出来的一种权利，本质上也是一种"天赋人权"。这种"天赋""人权"表明，人的生命是一种"向死而生"的过程，我们不仅需要清清楚楚地"生"，也需要明明白白地"死"。这就需要我们在还可以"自主"的时候为死亡做好准备，以避免自己"无意识地"丧失掉自己对"死亡权"的自主性。

---

① （德）汉斯·约纳斯：《技术、医学与伦理学》，张荣译，上海：上海译文出版社，2008年8月版，第213页。

② （德）汉斯·约纳斯：《技术、医学与伦理学》，张荣译，上海：上海译文出版社，2008年8月版，第215-216页。

1."死亡权"的生命启示

"自杀"不属于"死亡权"。"死亡权"是一种在生存论意义上的"合法的权利",并不能保证,甚至在根本上是反对所谓的"自杀是死亡权的一种表现形式"。"死亡权"只是对于身患绝症面临生死抉择的病人才成立,这是一种生命的自然状态呈现;而"自杀"则是一个人"自由地死",是人为地结束自然存在的生命,是反自然的。因此,所有在伦理上对"自杀"的反对,并不因为对"死亡权"的主张而失效。恰恰相反,"死亡权"概念的提出,更加彰显了生命的神圣性、尊严性、完整性,这些生命的本然特征将更加对"自杀"冲动具有约束力。

接受自然来临的"死亡"。生命有死性存在,因此,当死亡"自然地"来临时,我们应该"自然地"接受它,让它成为我们生命的真正的一部分。并且,面对自然来临的"死亡",我们可以通过有意识地去体验它,从而建构起人自我内在的尊严,因为他不需要因为对"死后世界"的恐惧而导致自己人格尊严受损。

尊重知情权。不管是医生还是病人,亦或是我们这些"非病人""非医生"的普通人,都应该坚信,自主性是人之为人的基本特征,因此,当我们面对相关情况,需要有"生死选择"的时候,保证当事人(病人)的知情权,由他自己思考、判断、抉择,是十分重要的,是对他的人格完整性的最大尊重。当然,具体个案需要我们对其人格的一种准确直觉。

2.生前预嘱:为死亡做好准备

在现代人的死亡现实、死亡态度以及医疗照顾体系的强制作用下,一个走到生命尽头的人,不能安详离去,反而要忍受心脏按摩、气管插管、心脏电击以及心内注射等等惊心动魄的急救措施。即使急救成功,往往也不能真正摆脱死亡,而很可能只是依赖生命支持系统维持毫无质量的植物状态……为了能够自主行使自己的"死亡权",掌握自己的生命归途,做好"生前预嘱"是最好的死亡准备。

生前预嘱是指,人们事先,也就是在健康或意识清楚时签署的,说明在不可治愈的伤病末期或临终时要或不要哪种医疗护理的指示文件。签署生前预嘱的委托人一旦身处不可治愈的病痛末期或临终时,可以选择放弃使用那些只是在延长死亡过程而对生存毫无质量的生命支持治疗，比如人工呼吸器、心肺复苏术或喂食机器等，让生命自然逝去，也就是尊严死。

民间生前预嘱全称为我的五个愿望，分别是我要或者不要相关医疗服务、我希望使用或不使用生命支持治疗、我希望别人怎么对待我、我想让我的家人和朋友知道什么、我希望谁帮助我。该文本总的嘱咐原则是，如果自己因病或因伤导致身体处于"不可逆转的昏迷状态""持续植物状态"或"生命末期"，不管是用何种医疗措施，死亡来临时间都不会超过 6 个月，而所有的生命支持治疗的作用只是在延长几天寿命而对存活毫无质量时，希望停止救治。每一个选项都需要签署者长时间思考才能最终确定，它确实能帮助家人了解病人本身无法表达的想法，也能使签署者在身体健康时从容地考虑和安排你的身后事。

生前预嘱是生命教育、生死教育提倡的新观念、新思想。它是每一个人在生涯规划中，必须规划的"死亡计划"，以便让自己在面临死亡时，能在后人的协助下，完成未了的心愿，这个心愿，包括痛苦的减轻、自主性的落实，甚至可以包括遗体的处理、葬仪的举行、器官的捐赠、安葬的处所等等。有了这样一份生前预嘱，可以促使当事人高枕无忧，心无挂碍，安身立命，勇敢面对未来的生死，不哀伤、不怨恨，安详结束自己的一生。因此，有行为能力人，能对自己的所作所为负责，可以而且应该为自己的死亡预立生前预嘱，使自己这一生活得有意义，活得无牵挂；一旦面临死亡时，亦有亲人协助处理预嘱上所吩咐的心愿，不致抱恨而去。

中篇

儒学生命教育

儒学的生死智慧与生命教育

先做两个简单的界定。首先，儒家是一个很广义、宽泛的概念，我今天讨论的儒学生命观侧重是先秦儒家，更具体来讲是以孔、孟、荀为代表的原始儒家对生命本身的认识。其次，生命也是一个很大的课题，我们可以从不同的视角、视野去探讨生命，今天的题目是侧重在生死关系上的生命观，更具体一点，我今天的题目是《先秦儒家在生死问题上的生命智慧》。

接下来大致可以从几个方面把我对儒家生命观的理解做展开：首先，儒家的生命观强调贵生重死，前提在于它知命畏天，天命在这里起着一个形而上学的支撑。其次，现实生活的层面，儒家强调乐生安死，对生活存在的本身愉快地接受，死亡来临的时候也能够安然的对待，在这个过程中强调自我修身，穷尽仁道。再次，最终儒家是要超越生死的对决，强调以仁者的修为达到对生死的超越，实现不朽。最后，我要指出，这样一种儒家的生命观，对我们当下的人具有一种独特的治疗作用，可以作为"药方"来化解很多生命的困顿，我以"意义治疗"来讨论它。

一、贵生重死，畏天知命

儒家讲贵生是指以生命为贵。这里的生命既是本体意义上的生命，也指生命的现实展开及生活。

卫灵公曾向孔子请教军旅之事，孔子对这个问题非常反感，他说："俎豆之事，则尝闻之矣；军旅之事，未之学也。"俎是指用来祭祀的器皿，关于祭祀礼仪之类的事情，我听说过、学过，但是用兵打仗的事我没有学过，第二天孔子就离开卫国了。其实孔子授学生是书、礼、乐、射、御、数六艺的，不可能不懂关于军事技术或者艺术的问题，他的学生中也有相当了不起的具有军事才干的人，孔子之所以不愿意和卫灵公讨论这个问题，是因为他懂得战争意味着杀戮、扼杀生命，不是一件好的事情，不是一件我们应该认真对它作出研究和探讨的事情。

孟子见梁襄王，出来后告诉人说"望之不似人君，就之而不见所畏焉"，看到梁襄王之后觉得他不像是一个国王，没有一种敬畏感。梁襄王见到孟子马上问他怎么样让天下安定呢？孟子说统一了天下就可以安定了，梁襄王又问什么样的人能够让天下统一？孟子说"不嗜杀人者能一之"。不喜欢打仗、杀人的，不是通过霸道的方式去毁灭生命的人，能让天下统一。

《荀子》中有一段非常著名的讨论生命的话："水火有气而无生，草木有生而无知，禽兽有知而无义，人有气有生有知亦且有义，故最为天下贵也。"讨论了世界存在的不同层面，用科学的说法，有无机物、低等生物、植物，有相对高等的生物——动物、最高等的生物——人。各自所呈现的特点是不一样的，无机物只有物质存在的基础形式——气，没有生命。植物虽然有生命但是没有智慧，不能了解、认识世界。动物有知，虽然能够认识了解世界，有感觉、知觉，但是它没有义，没有道德，不可能对正确、错误作出自我选择。只有人既有物质存在、生命存在、知识智慧而且有道德选择的自觉性，所以人是天下最为尊贵的。

孔子、孟子、荀子的表达，都可以看出对"生"的珍贵，尤其是人的生命本身是被看成自有先天独特价值的。生命本身就有价值，如果对生命不利，就是在破坏生命先天的独特价值。

儒家贵生，不是抽象直接讨论"生"，它也特别"重死"。重视死亡，并不是重视死亡的事实并且崇尚死亡或者教唆人们轻易放弃生命。恰恰现反，在儒家看来，生与死一起才可能构成完整的生命。没有"生"无所谓"死"，没有"死"也就无所谓"生"，生与死作为两个面，共同构成一个生命的整体。不讨论死亡，"生"本身也讨论不清楚，这一点儒家特别看中。尽管对死亡本身缺少具体的分析，如像海德格尔死亡观的分析，但是在儒学的整个理念中，生与死是相互渗透的。儒家看重死亡，是看重死亡作为生命的终结的意义是什么？意味着什么？对人生带来的启示或者含义是什么？

"慎终追远，民德归厚矣。"如果这个社会、区域所有人既能够谨慎的对待死亡这件事情，用社会礼仪谨慎对待它，而且在人死亡之后，随着时间的久远通过不断的祭礼去追思，这个地方的社会风俗、道德也可以慢慢笃厚起来。儒家的这个理念对中国文化、老百姓的生命意识影响非常深。清明节就是一个慎终追远的节日，通过扫墓使当下活着的人的生命和已经逝去的人的生命在那个场景发生对话，当下的人接受生命教育。清明节实际上是一个生命教育的节日。

荀子说："礼者，谨于治生死者也。生，人之始也；死，人之终也。终始俱善，人道毕矣。故君子敬始而慎终，终始如一，是君子之道，礼义之文也。""生"是人的生命的开始，"死"是人的生命的终结，只有人能够做到始终俱善，才能够实现作为人的本质精神。

儒家一方面贵生一方面重死，这是儒学生命精神的基本价值取向。儒学生命观的这种价值取向是由其"天命观"决定的。儒家认为，生和死不只是个人的事情，我们的出生不是自己的选择，死亡也不是自己的选择。贵生是对生命过程的重视，是对人生意义的理性把握；重死是对生命终结的看重，是对生命的尊重和体认。《春秋左传》中记载周室贵族刘康公的话："吾闻之，民受天地之中以生，所谓命也。是以有动作、礼仪、威仪之则，以定命也。"受天命之中，是指天地之大道。这是中国天人合一思想最早的原始表述。孔子说"不知命，无以为君子也"。孔子还说，"君子有三畏"，第一是畏天命，第二畏大人，第三畏圣人之言。孔子对天命是持敬畏观点的，他在自述自己的人生发展时，第三个境界"五十而知天命"，不是随便说的。小人什么都不怕，"小人不知天命而无畏也"。我们这个时代，按孔子的说法，这样的小人不占少数。这实际上是生命神圣性的解魅。没有对天命的在乎，生命与天、神没有关系，生命纯粹只是一个自然肉体的过程，人们就可以随意的对待它。孟子也强调，做人要"仰不愧于天，俯不怍于人"。不只是说对一般人没有愧疚，甚至在内心里有一个天神，从无神论角度来讲，有一个超越当下存在的东西监督生命。

儒家对天命的这种敬畏，并不像基督教那样把天神看成是客观的摆在那里的实体，等我们死亡以后走进去。儒家是要在现实生命的历程当中来解决对天命的敬畏，对天的敬畏转变为了人对自身所负有的神圣的使命感、责任的敬重。生命的责任是每个个体生命都具有的，居庙堂之高有庙堂之高的责任，普通百姓有普通百姓的生命责任。对天命的敬畏转化为对现实生命的责任感，不只是一个简单的认知，而是一种体验；不只是对生命的客观知识，而是对生命意义的一种赋予。

孔子自己的一生，"十五而志于学"，"三十而立，四十而不惑，五十而知天命，六十而耳顺，七十而从心所欲不逾矩"。孔子把"知天命"作为自己人生的第三境界，从"而立""不惑"到"知天命"，这个境界表明，一方面他要明了天命是必然的，是自己不可以左右的，人生当中有很多事情都不是自己可以绝对自由选择或者左右的，不是人力可为的；但另一方面，孔子强调"知其不可为而为之"，你要尽人事。"知天命，尽人事"，这两者是统一的，不是说知天命，命中注定就可以不努力了。人是有灵性的，儒家特别强调这个灵性，儒家讲的"心性学"，就是通过灵性把客观的、被迫的"命运"领悟为我们自己的一种自觉的"使命"。命运和使命两个概念虽然只有一字之差，但内涵相差甚远。当你用"命运"这个词的时候只是被命运牵着鼻子走；当你把它领悟和转化为现实人生使命时，则是我牵着它走。儒家讲领悟这种天命之后，还要尽人事。由此"下学上达，不怨天不尤人"。"不怨天不尤人"叫做知天命。

二、乐生安死，修身穷道

既然生、死、天命是相关的，我们活在生、死之间的这一段如何去面对？儒家提出"乐生安死，修身穷道"。一方面要热爱生命，珍惜生命，珍视现世，"生则乐生"。乐生并不是安乐的享受生活，乐不是享乐，不是快乐，愉快地接受天命赋予人生的责任，乐意去接受这个东西，当你领悟到生的天命时，回过头来要自强不息，奋发图强，在有限的生命中实现最大的人生价值，这才是"乐生"。安死是死亡来临的时候不惧怕。只有在生命存在的过程当中，把天命赋予你的责任都尽到，能够尽人事，这个时候死亡随时来临都可以坦然面对，这样的一种态度就可以超越生死给我们带来的一种恐惧，就是"安死"。

儒家是以自然血缘亲情伦理为基础的，它强调不仅仅要愉快接受自己的生命使命去乐生，而且每个人的生命都要有珍惜、爱惜之情，这是发源于人的原始的信息。孟子讲的"四端"，第一端就是"人皆有恻隐之心"，路人见孺子将入于井，马上有心痛的感觉，这就是"哀死"，是对他人生命的丧失产生的一种哀痛，这种哀痛是对他人生命消失的自然情感流露。现代新儒家唐君毅曾经说，亲爱的人的死亡，是你永不能补偿的悲痛，这没有哲学能安慰你，也不必要哲学来安慰您，因为这是你应有的悲痛。亲爱的人或者亲近的人的死，会激发自我道德的觉醒。

时间不停的流逝，无限的来，无限的去，不知道时间的开始和终结，每一个个体的生命在这个无限流失的时间段中所占有的实在是非常的短暂，人活着100年在宇宙时空当中是非常短的，按照现在科学的说法宇宙有200亿的历史，在200亿年当中人作为个体的人的生命更是如此。更重要的是，每一个人只能一次占有这个时间流逝当中的一刹那。这种短暂和无限所导致的张力，才是人生诸多痛苦最内在最本质的原因，所以才有孔子著名的感叹，"逝者如斯夫！不舍昼夜"。这是我们不可左右的，人的生命也是这样的，我们的生命每天都在不断地流逝，不以你的意志为左右。如果我们的生活是生和死两个端点的连接，那么我们多活一天，我们离死亡便近一天了。我们人类从出生那天开始便逐步向死亡的终点走去，这是不以你的意志为转移的，你想拖住它是不可能的。我们唯一能够做的，便是抓紧每时每刻让我们有限的生命实现天命赋予我们的神圣的生命价值。孔子就是这样的人。孔子之所以被称为圣人，在于他不仅这样说而且也是这样做的，他把自己的生命理念落实在自己的生命实践当中。孔子一生为实现自己的社会理想，"席不暇暖，知其不可为而为之"，明明知道他的社会理想不可能被统治者实现或者接受，但是他还要去做。不作为就等于什么机会都没有，如果作为总是会有机会的，最后成与不成，你可以归于天命，以这种自强不息的方式，刚健有为地体现自己的生命。

在生就要勤勤勉勉去做，死亡来了就当成是休息。在生的时候不能休息，不管是学习、从政、侍奉父母、操持家务、交友、务农，都没有休息的权利；如果在生就休息了，往往叫做"行尸走肉"，不再是一个活生生的生命，只不过是行走的肉体。这样一种精神境界不是每个人生下来就具有的，是需要修炼的。所以儒家特别强调修身、培养。孟子讲四端"恻隐之心、羞恶之心、是非之心、辞让之心",这是每个人生下来就有的,由此才有"仁、义、礼、智"四种基本的道德。但是四"心"就像长江、黄河源头一样,只是涓涓细流,只是一个端点。孟子还讲,"苟以充之,足以安天下,苟不充之,不足以事父母"。如果好好的充养它,让涓涓溪流,让"恻隐之心、羞恶之心、辞让之心、是非之心"慢慢扩充,涓涓细流就可以变成江河大海,内圣外王而后天下太平。如果不去充养它,它们就会慢慢干枯、断流,最后都不知道如何去孝敬父母了。

对于儒家来说,修身是本。孔子说"君子务本,本立而道生""孝悌也者,其为仁之本与"。在家里孝敬父母,在外面尊敬尊长,这是儒家培养我们心性的基本立足点。"苟正其身矣,于从政乎何有?不能正其身,如正人何?"如果自己身正了,从政还有什么难事呢?反过来自己都不正,如何去正别人呢?中国人有一句话"上梁不正下梁歪,中梁不正倒下来",修房子是这样的,人也是一样的。

孟子说:"人有恒言,皆曰'天下国家'。天下之本在国,国之本在家,家之本在身。"孟子又说:"尽其心者,知其性也。知其性,则知天矣。存其心,养其性,所以事天也。"我们一个人只要尽心努力地按照自己的心的道义去做,就可以知性,性是心未动之时最原始的东西。"恻隐之心、羞恶之心、辞让之心、是非之心"四端是安置在人的"性"上的,性源于天,所以才有天性合一的说法。如果尽心就可以知性,知性就可以知天,知道自己的天命。

在儒家的基本理念当中,人性是天赋的。孟子的语境中,"大体"是心,"小体"是耳目等,心里原本就有性,即君子之道。性的运作过程是思,思才能够得到性。所以孟子讲尽心就可以知性。心要去运作,运作当然不是只追求外在的世界,外在的世界花花绿绿,千奇百怪,可以把心变得分裂,而是要回归到自己的内心,你就会知道君子之道,你就能领悟到做君子要遵从的根本的道理,就会"下学而上达"。孟子的心性学说,论证了人性之善,而这个人性之善是要养护的,就像我们刚才讲的,要不断地充养它,"尽心知性",需要"存心养性",这个性就是人的本性,把这个人性养在那里,你就无大碍了。

《大学》《中庸》更是提供了一套内在修养的路径与方法。《大学》讲"明明德""新民""止于至善"。每个人内心都有一个原始的君子之道的德行，它是存在你的心中的，但是经验和日常生活可能让我们的心被灰尘遮蔽，我们的"明德"体现不出来，我们必须有意识地让这个"明德""明"起来。那么如何才能"明明德"呢？古之欲明明德于天下者，先治其国；欲治其国者，先齐其家；欲齐其家，先修其身；欲修其身，先正其心；欲正其心，先诚其意；欲诚其意，先致其知；致知在格物。这就是儒家修养学所说的"格、致、诚、正、修、齐、治、平"八件事情。其中，"自天子以至于庶人，壹是皆以修身为本"，修身是前后连接的环节。前面"格物、致知、诚意、正心"都是为了修身，身修好了自然可以齐家，家齐了自然可以治国，国治好了天下就会太平。"格物、致知"的关键是"致知"，"致"什么"知"？不是一般的知识，而是知道你人生的使命，知道"明德"，让你内在的光明的德行显现出来，"知"是指这个东西。这个东西知道了，你的意念就会有，做什么就很清楚并坚定；意念诚了，你的心就不会发生偏离；心是我们最重要的人生力量、生命力量，心正了，我们的身就可以得到修复。在儒家看来，身不是肉体，我们所有的德行要通过"身"展现出来，所以它叫修身。修是个动词，它是靠礼义、行为约束来调整身体姿态、表情，一个人的修养的程度往往从他的表情、姿势、走路、言行表现出来。《弟子规》中讲得非常清楚，怎么走路、吃饭、说话、与人打交道，这都是修身，是一种道德，是一种德行，是一种灵性觉醒。

《中庸》也说"知所以修身，则知所以治人，知所以治人，则知所以治天下国家也"。修身是本，身修好了自然天下国家都可以和谐了。当然，儒家讲的修身也不完全是指个人自我的调整，儒家的修身包括三个层次，"成己、成人、成物。"内修是成己，自己要明明德，自己要按礼、社会规范的要求来做，这是成己。但仅仅成己是不够的，否则孔子就不需要这么狼狈的周游列国。儒家还有更高的使命，他一是要成人，二是还要成就天下。修身首先要扩充自己的善性，培植自己的道德理念，完善自己的人格；然后还要帮助别人能够明白自己内心的道德，达到这种境界。

《大学》"八目"，每一目都不是说可以放在明天做，而是当下就可以做的。所以儒家绝对不是把修身放在教堂之中才做，而是在日常的言行举止当中都可以做。比如说《弟子规》中有几句话，"勿践阈 勿跛倚 勿箕踞 勿摇髀"。第一个"勿践阈"，不要踩在门槛上，过去的老年人都会教孩子们，踩在门槛上是很不礼貌的，门槛是内外、人我的界限，现在城市的房子没有门槛了，大家也就不熟悉这个规矩了。但是寺庙中还是有门槛的，如果你没有这个规矩，你一只脚踩在门槛上，就会很不礼貌、很不文雅。第二个"勿跛倚"，跛就是一腿长一腿短，倚就是靠着，儒家讲站要有站相，身是德的表征，练武的人叫"站如松，坐如钟，行如风"。跛倚是指你明明可以站得端正，你偏偏站得不端正，瘫着、靠着，站没站相。后面一句"勿箕踞"，箕就是打扫垃圾的畚箕，前面有个敞口，后面围起来，"箕踞"就是指坐的时候，两脚撑开向前延伸，然后构成这样一个很奇特的模式，大家可以想象这么个坐姿，这叫"箕踞"，这是对人非常不礼貌的。最后一个"勿摇髀"，也就是指摇大腿，有的人喜欢用一个脚站着，另一个脚抖动。"践阈""跛倚""箕踞""摇髀"这些都是我们日常的身体动作，但它们不是一个简单的身体动作，背后潜藏的是不同的德行。这些日常起居都是可以修炼我们的德行的，可以修身的，不是非要等到某一个时刻。

总之，儒家这样一种安生乐死的态度和现实主义精神，表达了儒学更卓越的是深入世界的作为，侧重自己在世的自省内修和建立功业，这样才可以通过在世的方式达到不朽。

三、仁者不朽，超越生死

儒家通过这样一种现世主义的安生乐死，修身穷道，怎么样做到最后超越生死这样一对最大的矛盾给我们带来的人生困惑呢？在宇宙茫茫的时空中，人生实在是太短暂了，因此对永恒的追求是每一个人都期盼的，这也是各种宗教所许诺的。宗教之所以能够让人们去信仰，就是因为所有宗教都许诺你可以有永恒的天堂，或者某一个地方，人死了以后可以继续存在，以另外一种方式存在。儒家没有许诺这么一个天堂，那么它靠什么来化解中国人生死的张力冲突。儒家用一种非常现实主义的方式来化解，这就是"三不朽"观念。它最早不是儒家的，但最后慢慢成为儒家整个的基本理念。

《春秋左传》有记载，当时鲁国有个大夫，叫叔孙豹，他到晋国，范宣子迎接叔孙豹，问他，古人说的死而不朽，是什么意思呢？叔孙豹就说了这样一段话，"鲁有先大夫曰臧文仲，既没，其言立，其是之谓乎？豹闻之：'太上有立德，其次有立功，其次有立言。'虽久不废，此之谓不朽"。太上就是第一，排在首位的，首先是立德，这个人有德行，有道德人格，虽然你死了，但是这个德是久而不废的。雷锋死了那么多年，现在还倡导向雷锋学习。德是不朽的，它是靠一个个人、一代代人传承下去的。自然的生命内化在德性生命之中，生命中的德不废，生命因此而成为一种不朽。其次有立业，你建功立业。比如说秦始皇虽然德行不怎么样，但他修了万里长城，统一了中国，这就是建功了，现在一说到中国、长城，秦始皇的生命就在里面了。再其次是立言，就是说你的生命智慧、你的言语集结为文字，被人传承下去了。比如，我们引用"孔子说"，表面看只是一句话，但实际上是显现的一个生命。文化不是一种纯粹客观的知识，所有的文化都是创造这种文化的人的一种生命的表达，是生命的客观化。比如我们去考察河姆渡遗址，那儿有一个瓦罐，那儿有一块城墙，那不止是一个客观的事物，它的意义在于那个地方呈现那一代人、某一个人的生命的状况、生存的样式，生命在那个地方存在过，有一种生命常在那儿。

死亡是不可避免的，这是每个人都逃脱不了的。因此，我们不可能追求不死，而只能追求死而不朽。这就构成我们实现生命价值的一种方式。如何可以死而不朽呢？道德、功业、言教，这种不朽的事实虽然发生在人死后，但引起这些不朽的事实却发生在生前，是你生前做的这些事情才让你死亡之后成为不朽。这种不朽的超越意识将个别生命的短暂有限性融入到川流不息的历史长河当中，让个体生命在历史的无限延续和展开中获得一种永恒。

儒家是要在现世通过自己的作为，立德、立功、立言，来化解死亡所带来的一种虚无，以及给我们生命造成的无意义威胁，因此儒家特别强调，在现实中不仅只是立德、立功、立言，而且还讲究一个传播的途径。所以儒家有两个现象，一个是儒学特别强调的孝道，必须有子孙后代传递。不孝有三，无后为大。为什么儒家特别强调子孙的养育，因为子孙不仅是作为个别生命，而且是传递他的生命，是让他的个体生命在时空当中无限的纽带。另一个现象是儒家特别强调师传，老师传徒弟。为什么把师上升到很高的地位？师是和天、地、君、亲放在一起的，因为师的德性、言教通过学生可以传承下去，这是一个现实层面的考量。

要注意的是，立德、立功、立言，这三者是本体上、根本上的考量。人首先要立德、立功、立言，至于传承，那是另外一个事情，只要做到了，迟早会传的。明末的刘宗周死了上百年，人们也不知道他到底做了什么，包括明末清初那些志士。但若干年以后，人们把他的东西挖掘出来，发现他居然写了那么多书，做了那么多功业。一个人只要有德行、功业和言教，就总会被发现和传播的。只不过，从技术层面，儒家也为个体生命提供了两个很好的途径，传弟子、养育子女。子女和学生都是传承生命的实际运用者。

所以，儒家的不朽不是像基督教、道教的信仰性的不朽，而是道德伦理、人文精神的体现。这种终极关怀，不是致力于死后世界的幻想或者虚构，而是着眼于生命精神的升华，它赋予死亡以历史的意义，体现了儒家生死观中独特的人文关怀，更关注当下生命存在的自身的样式。

由于有立德、立功、立言而不朽的生命传承，人们就会把面对死亡的恐惧转移到自己创立功业、修身立德、立言教化的层面上。尽管我死了，自己还可以有很多东西可以传承，我的死不会带来"绝对的虚无"的恐惧。这样一种不朽模式，将人的最大人生愿望从动物性的本能生存提高到了自觉的道德需求。正是这样一种生死观或者不朽的意识，才使得中国文化、中国的人生精神具有极强的理想主义色彩，反过来也激发现实的人的生命意识。因为总有事可做呀，要么立功，立功当然有条件；立功不行可以立言；立言不行可以立德，立德是每个人都可以做的。立功、立言需要特定的条件、特殊的场景和能力，而立德最不需要外部条件，每个人都可以，而且可以从身边做起。孔子说"我欲仁，斯仁至矣"。

儒家讲要爱人、克己。爱人是修养，克己也是修养。孔子这两句话从正面和负面说。从人来讲，人要爱人，爱每个人、所有人，首先爱父母，然后爱兄弟姐妹、尊长，继而爱朋友、爱祖宗先贤、天地万物。另外从自己来讲，克己复礼，克己就是克制自己的内心欲望，可以做到合乎社会道德，也为仁。两个方面都可以做到仁，爱人可以达到仁，克己也可以达到仁。

在"三不朽"的观念下，儒家由此导致的一种情况是：为了超越死亡，儒家有这样一个显身扬名的主张，这个显身扬名就可以做到流芳百世，不仅仅是对生命价值的回报，从生死的角度更是对死亡的超越。因为中国人没有像基督教那样的天国理念，可以在那里超越死亡，中国人必须在现世生活中，通过自己的作为，立功、立德、立言，去超越对死亡的恐惧。所以追求流芳百世、追求显身扬名，成为中国人当下的一种必然选择。只不过这一追求过程中，儒家也提醒你要知天命，不能不择手段，要合乎仁德，合乎义。一个人生前不为人所知，死后不被后世称道，就没有什么价值。因而不朽是最好的死亡方式，所以什么叫善始善终，好生好死，好死就是死而无憾，死后还被人记得，被人称道。所以，要在死后被人称道，在现世中要认认真真做。

既然死亡是不可超越的，为什么通过修身可以化解呢？孔子说："朝闻道，夕死可矣。"孟子说"志士仁人，无求生以害仁，有杀身以成仁"。荀子说"远礼不如死"。虽然死亡会带来生命的一种终止，但儒家追求的是死亡本身的生命意义，而不是死亡的事实。如果有某些东西让死亡本身所隐含的价值和意义有所损害的话，那我宁愿选择死亡，也不选择这样的世界。人的一生在于修身穷道，穷尽人生的根本大道，孔子说我早上知道这个道，晚上死也没有遗憾了。有些人可能半辈子、大半辈子不知道自己活着是为了什么？如果死亡本身能够成就自己的道德品行而不危害他人的时候，这个时候我宁愿杀身也要成就仁。因为此时"杀身"这一事件的意义，远远超过了苟且偷生对生命的评估，因为儒家追求的是流芳百世。荀子说"远礼不如死"，没有礼仪，不遵循礼仪，没有礼了，还不如死了。

当然，任何东西当它发挥到极致，就可能转到它的对立面。真理再往前跨一步就成谬论。儒家也存在这种危险。任何具有信念性的东西，都有这种风险。正因为儒家有这种强调，为了道、仁、礼仪，甚至可以牺牲生命，所以才有了宋明理学以后的"礼教吃人、礼教杀人"，走向了这样的极端。近代则又回过头去，像鲁迅所说的，他看到的传统文字和儒家，只有两个字"吃人"，这便是另一个极端。

客观上讲，到了南宋之后，由于把成仁、取义这一方面的内容过于上升，而把生命本身的价值变得屈从于它了，导致了"礼教杀人"的现实生命状况，这应该说是一个悲剧。所以现在新儒家在反省这个问题的时候，要重新回归到先秦儒家去寻找相应的智慧。因为任何理论、信仰都是这样，走到极端，肯定又是一种相反的现象。

孟子说："生亦我所欲也，义亦我所欲也，两者不可得兼，舍生而取义者也。生亦我所欲，所欲有甚于生者，故不为苟得也。死亦我所恶，所恶有甚于死者，故患有所不辟。"生是我喜欢的，如果我所喜欢的有甚于生命的，那我不会苟且得到它；死是我所厌恶的，如果说厌恶的东西有超越死的，那我也没有什么可回避的。"如使人所欲莫甚于生，则凡可以得生者，何不用也？"如果有某种东西是他所追求甚至超过生命本身的意义和价值的，那么人人都可以追求它，甚至不顾生命了。

比如说，市场经济有很多正向的价值，如平等观念、自由观念、民主观念等等，这都是市场经济必然带来的价值取向。但市场经济也会带来另外一个价值取向，一切由市场来衡量，市场靠金钱衡量，因为金钱是衡量价值的直接指标，由此，市场经济必然带来拜金主义。就像儒家重视仁义可能走向另一个极端一样，市场经济主张平等民主观念的时候，也会带来一种超过生命负荷的极端情形。当金钱比生命更重要的时候，人们为了金钱可以不要生命，生命的意义或者价值被另外的东西所取代了。

儒家不是不注重生，也不是不害怕死。但儒家认为，在这个世界上，在人生当中，有比物质生命的"生"和"死"更为重要的人生意义和社会价值。儒家坚持反对苟且偷生，它强调生要有意义的生，要使自己成为道德完善的人、有利于社会的人。所以儒家讲"仁、道、义、中"这些道德规范。对我们的生命来讲，有比纯粹的自然生命的"生"具有更高价值的东西。人固有一死，或重于泰山，或轻于鸿毛。你是选择重于泰山，还是轻于鸿毛，这就是中国人面对生死需要作出回答的问题。做到立功、立德、立言，死就重于泰山；如果只是把握着自己个别生命，满足一己之私欲度过一生，就轻于鸿毛。这一生死选择，对中国人的灵魂、良心是具有很大警醒力的。

四、生死互渗，意义治疗

儒家通过这样的理念既强调了生命的神圣性，又强调了生命过程的道德性、人文性，更强调了超越生死的可能性。如何看待儒家在生死问题上的生命精神和生命智慧？

1. 生死互渗与超越精神

儒家这种生命观，是生死互渗的生命观，具有非常强烈的自我超越精神。儒家在思考生命的时候，始终是不离死亡思考，但又不固着于生死的对立。它不把生和死完全对立起来，而是将它们既对立又统一，构成一个整体的两面。这是一种生死互渗、生死互悦、生死互明的生命观。生得好，死也安；死得安，说明生得好。生和死是相互说明的。贵生重死、乐生安死，都是有一种相互说明的性质。孔子说"未知生，焉知死"，这并不是说你可以不去探求死亡的未知。孔子的意思是说，如果不了解生命就无法了解死亡，如果对于活人的事情都没有做好，很难去侍奉鬼神。他是要将死亡摆在生命当中来了解，把侍奉鬼神的根本模式转移到人与人之间的伦理道德来把握，所以死亡并不是放在身后去处理，而是在生的生命过程当中来处理。

《易经》当中说："夫大人者，与天地合其德，与日月合其明，与四时合其序，与鬼神合其吉凶。"儒家是要追求一种伟岸的人格，最高是圣人，其次为贤人，再其次为君子，不学者为小人。我们肯定不做小人，儒家讲至少要追求做君子。这样一种人格，在天地宇宙是合格的。儒家所期望的是通过这种修身、养性、穷道、超越生死而破除个体肉身的自我执着。世界上所有的宗教都这样，佛教也是这样，都是要超越个体的肉身对你的约束和制约。儒家以它自己的方式，用德性生命、精神生命的创造来奠定自己生命的不朽和永恒，这种生命观无疑是一种具有自我超越精神的大精神和大境界。

2. 慎终追远与性情培育

儒家这种生命观，既强调现实人生的重要性，又注重慎终追远，具有强烈的人文关怀精神。慎终追远，是对活着的人的一种性情培育。"慎终追远德归厚矣。"在"慎终追远"的行为和过程中，活着的人通过和死去的人进行一种独特的交流、对话以及承诺。在这个过程当中，我们以自己的真实生命表达对死者的感念、崇敬、追怀、继承，这些感念、崇敬、追怀以及继承，可以培养我们的仁心仁德，可以开发我们的内在心性。相对来讲，在我们的现实生活中，这一块还比较淡漠。这些年我们开始在恢复或者在重构传统的慎终追远的领域，包括清明节成为国家假日。但清明节作为国家法定假日只是提供了追远的平台，大家到底应该怎么样过清明节？这中间是有考究的。怎么样在这样一个独特的节日中，在生者和死者之间建立起一种内在的精神联系，让活着人获得心灵的洗礼，成长自己的生命，就像基督教徒在周末去教堂聆听上帝的声音所达到的一种自我修炼一样，这是需要探索的，也需要一些特定的仪式。现在有一些从事生命教育的同仁，在一些公墓建设了"生命教育馆"，让墓地成为感悟生死、提升生命的场景，这是一种很好的探索。

在慎终追远的感悟中，生者以他的泯泯人心，去慰藉生死，沟通阴阳，这一方面是基于人具有的不忍舍离的心而沟通阴阳，另一方面，也可以通过与天地合德，与鬼神相接，成就我们自己的心性。在和死者的对话中，自己的性情会因为场景与对话本身而随时自我提醒。因为个人的死亡总是紧扣着个人对意义的追求的，死亡会让我们的德性生命觉醒。"5·12"大地震对中华民族来讲是个大悲剧、大灾难，但它另一方面的作用，则是激发起了中国人的生命情感，调动起了全中国人对生命的神圣与脆弱的当下直接领悟，激发了全中国人对他人生命的关怀和热爱。这正是死亡带来的另外一层积极的意义。

儒家生命观的核心精神是其人文精神。它既不沉溺于趋吉避凶的祸福迷信，又能护持人们对天地、祖宗、圣贤的情意与敬意，由是取得了理性与信仰的和谐。与此同时，它既尽量安顿理性反对以鬼神存在的怀疑，也求顺遂感性的要求，对存殁都施以合宜的感性照顾，取得感性与理性间的平衡。

面对死亡时，没有把人的心思导引到鬼神的崇拜，也不导人于神秘的幽冥世界；而是从人的情志的光辉与愿力照彻并沟通幽明两界。德性与感性相维，完成阴阳幽明的通彻，兼顾存殁两方的感情，并以此触发个人精神生命的升进，人类整体生命的发展，以及宇宙精神的满全。可以说，儒家的生命观和生死智慧，既超越了科学主义的知识论立场的偏颇，也超越了宗教立场的武断，实可谓致广大、尽精微、极高明、道中庸的生命智慧、生存智慧、生活智慧。

3. 尽分内事，存天理心

儒家这种生命观，强调每个人尽分内事、存天理心，具有强烈的现实主义精神。儒家生命观总是强调，我们每个人要对自己的人生有一个正确的理念把握。人的内在心性是与天命联系在一起的。一方面，我们当然需要从自己的人心、人性出发，积极努力、自强不息，但同时又必须体悟到每个人的生命都具有他自己独特的天命或者说他自己生生的人生责任。这样看来，任何一个个体生命都不渺小，都很神圣。现代大儒唐君毅说过一段话：你想到自己渺小吗？其实每个人的呼吸都是和宇宙的气流融合在一体的，宇宙若没有你就不是现在的样子。因为有你的存在，宇宙成为了有你的宇宙，所以你和宇宙是息息相通的，所以你并不渺小。所以我在生命教育的第一课就讲天文学，把人纳入天文学的视野中来看，你就知道自己多渺小，也多伟大，当你只集中在自己的时候，你既看不到自己的渺小，也看不到你自己的伟大，只有当你自己超越这种情况才能做到这一点，做到生无憾，死无憾。

儒家的生命观从人心人情出发，但又是接连到形上的天理的。从天理流行长存来看人的生命之存亡，就对死亡作了终极安顿，或者更好地超越了死亡。在儒家的生命观中，人的死亡只是回归宇宙精神，但是这并不代表人生在世，不须努力。只有在尽了分内之事，人才能无憾的死亡。生无憾，则死无憾。由此而人即不须求永生，而亦未尝不可死而无死。可是，有些时候，我们尽了分，却不必然导致事必如理地完成。而人往往是除了尽分之外，总希望事情能够完满。于是，我们就发现，既可以有"尽分而无憾"，这是一种无责任的无憾；也可以有"尽分而事不成"，这是一种"有期待的有憾"。

那么，如何才能让自己真正"无憾"？这就是儒家生命观所强调的"对后人的深切企盼，以及天理长存的大信"。因为人心可感通，后人必会有能感通我的志业而继续完成我们未竟之志业者。只要自问是依理而行，循理而动，则我们个人的志业固然是我们个人心之所寄，其实也是天心之所寄。志业挫折，不能视为天理毁灭不存，而只应视为天理的暂时隐藏。天理有隐藏之日，也就自有再现之时。所以，困顿挫折，终归只是一时之事。只要持有天理长存的大信，则我们还是可以寄望将来而心怀无憾的。儒家这一天理长存、精神恒在的形上智慧，帮助现实的人超越了死亡所带来的"断灭无余"的忧虑。

4.我在这里，意义治疗

儒学的生命观，强调以"我，在这里"的方式赋予自己生命以意义。这实际上是一种意义治疗。20 世纪后半叶有一个奥地利心理学家叫弗兰克，写了一本书叫《生命的意义》，他在纳粹监狱待了很久，后来发展一种心理治疗方法叫意义治疗学。这个方法指出，人之所以要选择自杀，是因为他找不到生存的意义，人活着一天都要自己找一个活下去的理由，通俗讲就是活着的理由，用哲学角度说就是寻求意义支撑。意义治疗学的目的就是通过追问和探索人生意义去化解人的心理困惑、生命困顿，其过程和目的就是要协助他人找到自己生存或生命的意义的根基所在。

儒家的生命观恰恰给我们提供了这样一条途径。儒家强调，现实人生的意义不是在天国，不是在上帝，不是在未来的世界，这个意义就在你的当下。当下修身立德、当下成己达人，这就是意义。哪怕你只是对他人做一点点事情，就有意义。我们看《二十四孝》《三字经》里讲了许多事情，事情都很小。《二十四孝》讲汉文帝，他被列为孝子，举的一个事件就是"亲友疾、药先尝"，《弟子规》中有这句话。他做了皇帝之后，母亲生病时，汉文帝把药煎好后先尝一尝，然后给母亲喂药。汉文帝以皇帝之身为母亲做这个事情，尽管举动很小，但却是个大事件，因为它彰显出了母子亲情所具有的独特的人伦意义。再比如，《二十四孝》和《三字经》里说"香九龄，能温席"，东汉有个叫黄香的人，九岁的时候就能够孝敬父母，冬天黄香在父母睡觉前把被窝睡温暖再请父母睡，夏天把床扇凉快再请父母睡，虽然是小事情，但这就是孝道。在儒家看来，日常的言行举止就可以显示出大道。

儒家强调当下、此时此地，强调"我在这里""我这样做"，我们就能够从中找到意义。在儒家的生命观逻辑里，生命意义的赋予和生命境界的提升，要从小人的生命境界提升到大人的生命境界，这种境界的提升，需要治疗的对象不是身体而是心灵，甚至也不是治疗心理疾病。一个人的心理有病往往不是真的有病，是灵性出问题了，心没有和灵对话。灵是给生命指导方向的，是给我们生命安顿意义的；心只是一堆能量，如感觉、知觉、表象、情趣、情感、意愿，只是一堆能量，这能量往哪个方向施用？这个方向是灵告诉我们的。由于我们心不和灵打交道，不去问生命的能量应该往什么方向运作，我们就可能会被周围的事件任意拉扯，最后导致心身分裂、精神分裂，导致很多心身病症。所以，儒家是治疗人的灵魂病、心灵病的，不是治疗生理病的。

我在这里，我当下就可以做。一方面强调把我放在世界内看，另一方面也强调把世界放在我之中看。把自己放在世界当中来看，再从世界的角度看自己，才能够看得清楚。自己看自己看不清楚。我们没有天主教的天国，但我们可以有宇宙性的视野，通过这样的方式，我与世界就关联起来了，我在世界当中。人是生存于世界当中、生活于世界当中，人是在与世界打交道的过程当中完成和实现自己的生命的，因此你应该把自己个人的生命与世界关联起来，如此你的意义和价值才得到真正的彰显，才有参照系，才有自己责任彰显的可能性。所以，"我在这里"，"我当下承担"，作为意义治疗学，儒家的重点不在意义的直接获得，而是通过当下直接的承担，回归到生命存在根本的大道，了解自己生命的整体，开拓自己的生命存在，提升自己的生命境界。儒家在这里讲的是一种承担，找到自己的责任。我们不可能直接找到意义，其实意义背后就是责任感，有一个意义支撑。找到这个意义支撑，找到自己生命的责任和使命，生命的意义就自然彰显出来了。这就是儒家的治疗学意义。

这条路径是每一个凡夫俗子都可以当下体会和承担的生命教育思路。启发你当下做什么，这也是儒学生命观提供给我们每一个现实个体生命的一条自救之道。儒学一方面为我们每一个人提供了自我救赎的方式和路径，另一方面也提供了一条成就他人的生命教育途径。

孔子的生死智慧及其治疗学意义

——以《论语》为依据

从传统文化吸取生命智慧，用之于现代生命教育，是我们这样一个有几千年优秀文化传统而且十分重视生命教育的民族，开展生命教育的必由之路。孔子的生死智慧，对当代人知生明死，具有重要启示。

一、人到底为什么怕死

对生死问题，孔子是怎么说的呢？"季路问事鬼神。子曰：未能事人，焉能事鬼？曰：敢问死。曰：未知生，焉知死？"（《论语·先进》）表面上看，这种回答好像是在逃避问题，不予回答。一般人往往是顺着自己的忧虑恐惧之情把焦点放在死亡上，其实所浮现的问题只是个假问题，或者说是真问题的虚幻投影。

为什么说死亡是个幻影或假问题呢？因为"怕死"是个伪问题。站在人生的立场，死亡作为标示人生结束的"事件"，永远在人生范围之外，它是我们所无法经验到的一种绝对"不可知"。不管我们是用呼吸停止、还是心跳停止亦或是脑波停止来标识死亡，有一点都是一样的，那就是，在我们死前一刹那，我们都仍是在生的状态，都仍有生的事情能做而且可做，而不算死亡。而等到真正死的那一刹那发生时，其实就全与我无关了。

通常，我们所怕的事，总是我们经验过而且感受不好的事。比如痛苦、烦恼等等，我们不想它再发生，所以才会怕它（再发生），甚至逃避它。比如，摔跤过就怕摔跤（因为经历过疼痛），失恋过就怕失恋（因为经历过伤心）。但是，我们从来没有死过，也根本不知道死的滋味是好是坏，那么我们为什么怕死呢？或者说，我们为什么不喜欢死呢？这不是毫无道理吗？

或许有人说：我们怕一件事物也可以不是因为自己经验过，而是别人经验过，而将他经验到的痛苦传达给我了！这就是所谓的"间接经验"。但对死亡这桩事，我们是既无直接经验，因为自己没死过；也无间接经验的，因为从来没有死过的人来告诉我们他的死亡感受、死后经验。至于死前的挣扎，那还只是生的经验。既然如此，我们又凭什么害怕呢？

也许又有人说：不是有些人死后复活吗？他的"濒死经验"不是就可以告诉我们了吗？对此，姑且不说可以复活的"死"算不算真死，或只是"濒死"而已；就算这种经验可以算是死后经验，那么，据绝大多数复活者的描述，那种经验常是舒适美好的，会看到金色的光、飘浮在空中或流动的液体之上，看到过世的亲人，或者一生中的美好经验会快速呈现等等。

如果是这样，那死亡又有什么可怕的呢？可是，不管我们怎样说怕死是没有道理的，但诉诸一般普遍的人心，人们通常还是怕死的。这也是一个普遍的心理事实。那么人们怕的到底是什么东西呢？

根据以上分析，我们应当知道，人们所"怕"的，并不是肉体死亡这一生理事件，而一定是另有来源。我们只是将这真正怕的事物，投射到肉体死亡之上，于是误以为我们怕死罢了！换言之，怕死即害怕肉体死亡，只是个幻影或假问题。那么，真问题是什么呢？或者说，我们真怕的到底是什么呢？真正怕的是人生中的失败经验。

依照孔子的义理，我们真正怕的，其实是在我们以往人生中一切失败或失落的经验，包括丧失了钱财、权力、地位、名声，或者失聪、失明、失身、失恋，失去了所爱的亲人、失去了理想的热情，以至于所愿不遂、所谋失败、所托非人，终于失去自信、失去勇气、失去了生机……而"死亡"的意思本来就是"失去生命"，而失去生命就表示一切都失去了。所以，这个标识着"失去一切"的"失去生命"的"死亡"，就自然而然成为最为适合的一切失落经验的总象征。这也就是说，原来我们所怕的死，其实并不是在人生之外的肉身死亡，而是就在人生之中曾经经历的种种挫败与创伤。所以，要解决这愈积愈深的心理恐慌或情结，并不该将重点和注意力误放在死亡上，而应该将重点和注意力放在正视自己过往历史中的生命创伤，并谋求有效的治愈之道。

人们之所以"怕死",本质上并非死亡问题,更不是死后往何处去的问题,而仍然是人生问题。所以孔子才一语道破地说:"未知生,焉知死。"也就是说,当人生中还有许多情结待解、许多创伤当治的此刻,我们为什么要虚耗精神去探索那莫须有的死后世界呢?

这样,我们才能够回到正题:为什么这些失落失败的经验会让我们心生畏惧呢?比如,一朝被蛇咬,十年怕井绳。我们又要如何才能消除这畏惧或者说治愈这创伤呢?

失败是上天派来逼我觉悟的使者。人生中的每一个挫败与创伤,其实都是上天给我们出的一道习题,要我们借着失败的刺激与提醒,去反省改过,让我们因此更加了解生命、更加拓展智慧、更加贞定自我。原来,失败是上天派来的使者,目的是逼我觉悟、助我成长的!

由此,我们便可以推知人的畏惧从何而来了。那当然就是因为人没有认真回应上天的考验,偷懒逃避掉了这生命成长的课题,从而积下了人生的债务。当然,人会这样偷懒逃避,是一定会给自己找一个合理借口的。通常的方式就是推给明天,说反正来日方长嘛!何必急在今朝?结果明日复明日,明日何其多,旧债还未了,新债又日生。日积月累,也就债多不愁,便全部推到未来了!等哪一天生命遇到致命的危难,比如车祸、急病、灾难等等,忽然发现已经没有明天,于是所有债务一拥而至,人才会惊慌失措,恋生怕死。原来,人之所以怕死,是因为人生的责任未了,生命的意义未成,此生虚耗白活,所以不甘心就此死去,而忍不住要留恋残生的。

二、病态生命的主要症状

意义未成、债务未了的人生,实际上是人的生命处在一种"虚妄的生命幻象"中而没能自知、自觉、自改,本质上是一种受伤的或者说生病的生命状态,或者说生命的"病态""假象"。这种病态生命会在现实生活中呈现出各种症状,孔子多有列举分析和检讨。

1.巧言令色

病态生命的外在表现,我们可以称之为"生命的假象",这种生命的假样子,最直接的呈现就是甜言蜜语、和颜悦色。"子曰:巧言令色,鲜矣仁。"

（《论语·学而》）我们待人接物不是正该颜色和悦、应对得体的吗？为什么孔子反而会根据巧言令色而论断其人为"鲜矣仁"呢？

其实，这里重点并不在言语表情是否善巧和悦，而在那是不是发自真诚。言为心声，表情也应该如实表达他的心情。所以喜才该有喜色，怒就该有怒容，所谓言谈得体，也该是能准确表达自己的感情、态度、意见的意思。这样言语表情才能成为人我间的好桥梁，而有效促进人我间的相知相爱。但是，受伤的生命基于自我保卫，不敢得罪别人，于是慢慢学会只敢说好话，不敢说逆耳之言，只敢显和悦表情，不敢显怒容了。于是，人心情好时显好脸色，心情不好时也是显好脸色，他的好脸色就不都是真，而有时是假。等到习惯摆出好脸色时，就会连心情好时的脸色也不纯真了。

生命本是活泼流动的，就连喜悦的心情也是变化万端的，所以表情也当随之起伏，一一对应，这才叫如实，这才显丰富，这才真动人。同时，人之所以会被另一生命所感动，并不是被他的表情言语所感动，而是被通过这表情言语而传达过来的真生命、真感情所感动的！所以，言语表情愈生动如实，生命真情才愈没有遮蔽而感人。而相反的，当人因生命受伤而不敢显露真情之时，他的言语表情就不再担负传达真情的任务，而变为自我防卫的面具或假象了，而这面具或假象通常就是无例外的和颜悦色而不会是冷若冰霜。

当然，偶然的例外也是有的，就有人用一概的冷若冰霜来作自我防卫的面具（先拒人于千里之外，以免烦扰），但那也得具备特殊条件才行。所以一般而言，受伤生命的防卫假象是以定型的或通常趋于夸张的巧言令色为大宗。所以，当我们看到某人又照例地摆出他的嬉皮笑脸、油嘴滑舌的时候，我们就知道他的生命仍处在受伤未愈的状态，所以才需要如此防护，才无法拿出多少真感情来。他并不是无爱人之心，他只是一时之间，无力去爱罢了！这就是孔子所谓："巧言令色，鲜矣仁！"

2.情绪过当

情绪是心境的自然流露，当情绪确是忠于心境、如分表露，那就是一种真情；反之，若情绪不能准确表达心境，无论是过度还是不及，就都不免是一种假。因为别人无法从你的情绪表相正确了解你的心境，你也就有刻意或不刻意的骗人之嫌，这不就是假吗？

人为什么会有这种过或者不及的情绪流露呢？原因当然就是生命受伤，而且受伤的开始点，通常不在任性（过）而在压抑（不及），也就是因为恐惧、担忧等等心灵压力而不敢将情绪流露。正是因为压抑，使本该恰如其分流露的生命能量堵塞在内，人就会感到苦闷、烦闷。等堵塞的能量累积到临界点，人再也撑不住的时候，情绪就会被一些鸡毛蒜皮的事引爆而大量宣泄，如狂歌、痛哭、暴怒、歇斯底里、抓狂……这就是所谓任性。显然，"任性"并不是忠于自己的性情的意思，反而是自我心灵丧失了自主力而被暴发的情绪拖着走的意思。

当情绪失控，人心是既无力准确表达自己，也无力体贴关怀别人的。此时，人的当务之急，便不该是鲁莽地去爱人，因为既无能力去爱，爱人便容易变质为挑逗、骚扰、侵犯、利用、伤害。而应该暂时从真实的人际关系中撤回，先作疗伤止痛、清除生命堵塞、校正感觉误差、重新找回心灵做主能力的功夫。这时便不妨借助于优美的文学艺术作品的洗涤澄清功能，让生命优游于作品温柔敦厚的虚拟情境中，自然放松因受伤而来的紧张防卫，恢复生命本有的敏感自然。

什么样的文学艺术作品才具备这种洗涤生命的功能而配称为优美呢？"子曰：关雎，乐而不淫，哀而不伤。"（《论语·八佾》）孔子在此提出了一个判别作品好坏的内在标准，就是看作者借此作品流露的情绪，是否能恰如其分，无过不及。因为能做到这一点，就表示作者是先经过一番自我反省洗涤的功夫，让生命恢复到水净沙明的境地之后，才去写作的。这样的作品也才能对读者产生清明自在的暗示与感染力，而有助于受伤生命的复原。孔子因此称许《诗经·关雎》（关关雎鸠，在河之洲，窈窕淑女，君子好逑……）的情绪表达，深得中正和平之旨，因为他表达悦乐的情绪，不会过分而流为贪恋；表达悲哀的情绪，也能适可而止不致流为伤痛。孔子这两句话，其实已不止是在评论文学作品，也不妨移作身心修养或情绪管理的标杆！

3. 虚张声势

受伤生命的再一个症状是虚张声势。孔子称之为"色厉内荏"（表情凶厉其实内心荏弱）。"子曰：色厉而内荏 [rěn]，譬诸小人，其犹穿窬 [yú] 之盗也与！"（《论语·阳货》）

人为什么需要用疾言厉色来待人？说穿了是为了掩饰自己的心虚，却不知明眼人早把你看穿；所以疾言厉色顶多能吓一吓比你还荏弱的人罢了！真遇到强者或明眼人是没有用的。于是它剩下的功能恐怕只是聊为自己壮胆，或者就干脆说是自己骗自己罢了！例如有人爱吹牛自夸，老提当年勇，其实听的人全都不耐烦了（可见骗不了别人），就只剩他老兄一个人还在自我陶醉。又如有人讲究衣着却并无品味，他（她）身上堆砌了各种珠宝名牌，并常以高价格炫耀傲人，却不知只显俗气。又如有人好摆架子、动辄生气，有人爱骂人、损人等等，这些都是"色厉内荏"的引申和延展。

人为什么会宁愿用这种明明骗不了别人的方式来自欺呢？原因大概在于，人的自尊需求太过殷切了，需要立刻就获得自我尊严的肯定，于是到了不循正道、不择手段的地步。其实，所谓"自尊"，本来就有"自我的尊严"（名词）与"自我肯定其存在价值"（动词）两重含义。就第二层含义而言，既然自我的尊严可以（也本该）由自己给予，于是人便可以偷懒开出一条歧途，就是不管别人怎么说，我只管自吹自擂、自我陶醉、自我蒙骗。

4. 贪恋财势

受伤或者不健康生命的又一虚假表征，是贪恋财势。这是人间非常普遍的现象，普遍到人都习以为常，觉得理所当然了，以致对人为什么会有这种贪恋与逃避的心理，这种心理到底对不对，好不好，都无暇反省追究了。于是，这种心理惯性渐渐成为人生的陷阱、黑洞，让人不自觉地往下沉沦陷落。

对此，孔子并不是粗糙地把罪过都推给金钱权势，如所谓"金钱万恶"之类，而是先公平地还富贵一个地位，肯定它们的确是维持生活（这是人生的基础需求）乃至行道（如爱人、助人、创造文明之美等等，这是人生的升华需求）的必要工具，所以才会人人都好富贵、恶贫贱。这可以说是人情之常，无可厚非。但问题出在好恶之间是有一个界线或分寸的，这界线分寸笼统说就是"道"。"子曰：富与贵，是人之所欲也，不以其道得之，不处也。贫与贱，是人之所恶也，不以其道得之，不去也。君子去仁，恶乎成名？君子无终食之间违仁，造次必于是，颠沛必于是。"（《论语·里仁》）

决定好恶的这个"道"是什么意思呢？简单地说，就是指"真实的人生"，包括真实的需要，真实的满足等等。例如肚子饿时需要一碗饭是真实的，但吃饱了还再吃就可疑。同样，我们可以为了达成爱人助人、维护公平正义的理想而先去追求金钱与权势。但如果在求富贵的过程中就已先伤害人、剥削人，先违背了公平正义，那又有什么资格奢言爱与公正呢？那恐怕只是假冒为善，以掩饰自己的贪欲罢了！

人之所以会有种种贪欲或贪恋，往往是因为人在吃饱饭之后，本来就必然会有爱与创造这种升华的心灵需求，但却不明白或者忘却，这种心灵需求的满足和填饱肚子不同，不能通过外在条件比如富贵（引申开去，还包括青春、美貌、聪明、学识……）来达成，而本质上只能通过心灵的自觉与创造来达成。换言之，你想要得到爱的满足，就只有真实去爱；你也只有通过真实的爱人行动，自证有爱的能力，才能真获得自尊的满足。

金钱权势，只是行道的工具而已，并不就是道或真实的生活本身。但人却由于误认（误认工具为本质）或者掩饰（掩饰自己对爱与创造的无能），而把人生努力的重心从本质面的创造转移到工具面的富贵，而径直以追求富贵为实现人生价值的本身了。于是造成了人对富贵的贪欲或贪恋，相对的就是对贫贱的过度逃避与嫌恶。贪恋财势、逃避自我是会上瘾的。

为了避免这种使自我（包括自由、自信、自尊）不断流失的上瘾，人就得时时警惕：不要轻易颠倒本末，错把财势当价值、工具当目的、假象当真实，用孔子的话说，就是错把非道当道。所以孔子才说：希望得到富贵当然是人之常情，但要警惕的是：如果方式途径不合理，我们应该毅然拒绝。反过来说，嫌恶贫贱当然也是人情之常，但我们同样应该提醒自己：如果方式途径有愧良心，那么纵然有脱离贫贱的机会，我们也当毅然放弃。

5. 志气昏惰

受伤生命的又一个虚假表征，是志气昏惰，无所用心。这种伤，因为它不起眼，所以人往往对它不提防，结果累积到最后，伤害程度反而是最严重的。许多人活得了无生趣，奄奄一息，便是"不用心"的可怕之处！"子曰：饱食终日，无所用心，难矣哉！"（《论语·阳货》）

每个生命本质上都是活泼开朗、富于好奇心与理想性的。这是人与生俱来、不待教养的天性本质。在这样充实畅通的生命情调下，人是不会无聊的。他时时都体验到生命的存在，被一切事物所吸引，充满了乐趣，感受着意义。

所以，他的生活也是忙碌而充实的，生命是真的在不断成长。

等到人慢慢长大，很奇怪的是日子愈变得空虚、无聊而又过得飞快。常常一眨眼一年就过去了。而回想前尘，却是乏善可陈，日日如是，毫无变化，乏味可厌！日子会变得如此无聊可厌，原因究竟何在呢？根本的原因就在于，创造生活意义的能力在不知不觉中磨蚀销损殆尽了！这创造力之所以会逐渐磨损，根本的又在于我们自己忙着为衣食奔走而忘记去创造了！

人的创造力是愈用愈出的；太久不用，它就萎缩销损了。而会诱使人忘记去使用他的创造力的，则是衣食谋生。因为谋生活动尽管地位低下，却有存在上的迫切性。如果人的警觉心不够，不知道适可而止，生活就会很容易地被谋生所垄断。当生活被谋生所垄断时，人心便陷溺其中而无力创造、无能赋予生活以意义感。这就会使我们的生活更加陷于刻板、反复、空虚、无聊之中，而人心也就更废而无用了。这在孔子那里，便称为"无所用心"，或者直接说，就是"不用心"，就是不发挥其天赋本有的创造力，这创造力便是赋予生活以意义的能力。

因为"不用心"，心灵便昏昧而怠惰。一方面，心灵因昏昧而怠惰。昏昧者，误把活生生的具体存在纳入抽象的概念概括；怠惰者，忘记创造和赋予实际生活的意义。另一方面，心灵也因怠惰而昏昧。怠惰者，不去感受生活实存的意义；昏昧者，于是误以为人生无聊。昏昧和怠惰两者互为因果，人生便想要不堕落也难了！所以孔子才忍不住痛惜地说：整天就只知应付生活琐事，为谋生奔忙，而完全忘记用细致敏锐的心灵，去感知生命存在的意义，这样的人生想要有什么成长与提升，恐怕也太难了罢！

6. 灰心气馁

在新旧交替的矛盾彷徨中，最需要坚定信念，对抗旧习。相应地，因旧习牵累而生的灰心气馁，正是生命仍在受伤蒙蔽中的表征。"冉求曰：'非不悦子之道，力不足也。'子曰：'力不足者，中道而废。今女画！'"（《论语·雍也》）

位列孔门四科十哲（德行：颜渊、闵子骞、冉伯牛、仲弓；言语：宰我、子贡；政事：冉有、季路；文学：子游、子夏。）的冉求（即冉有）都不免气馁地说："我不是不向往老师所说的那个生命人格至善至美的境界，但就是做不到呀！"但孔子却对冉求的感喟径直打了回票："什么做不到？根本是你路走了一半就气馁停步罢了！为人之道发于人性，有谁是做不到的呢？你这样说只是找个借口画地自限罢了！"

灰心气馁已比前述的情绪过当、虚张声势、贪恋财势乃至志气昏惰高一级了，因为这表示人已经从旧习气的陷溺中伸出头来看到一个新的可能（例如自由）。只是，光这样还不够，如果不能化朦胧为自觉，将梦想落实为修养，人还是会很容易在一阵浪漫热情之后灰心气馁的，而这时就可能会变成人心更严重的二度伤害了！

7. 怨天尤人

当人从外在条件（如名利权位）的执著追求中觉醒，很容易陷落在一种进退失据、彷徨失措的情境中，而呈现出生命受伤的更深微复杂症状。灰心气馁是一种，怨天尤人则是另一种。

这并不是心灵觉醒本身之过，而是由于心灵的觉醒尚在朦胧之中，并不充分与彻底，因此严格说来，依然不能算是真正的觉醒。或者说：他虽然开始有了觉醒之感，却还不明白他要觉醒的到底是什么，即还没有觉悟。如同人在昏睡中被什么干扰（声音、光线、震动……）所惊醒，但主观上却还不愿意醒来，这时就会半睡半醒，反显昏沉，也可称为"昏昧"。

昏昧还是一种不够自觉的醒，此时，生命被"假我"和"真我"两种相反观念或势力拉扯。假我就是那误认种种外在条件为我的自我意识；真我就是渐渐知道那些外在条件都不是我的自我意识。当然，如果真我够真（即明白得够彻底），就不会再有那虚假的投射认同，而不构成矛盾破裂；同样，如果假我够假（即执著得够盲目），也不会有真我的觉醒质疑，因此也不构成彷徨摆荡。人的苦恼就来自两边都有，而都不彻底；要放又舍不得放，要提又提不起来。于是便有了灰心，有了怨尤。

孔子因此故意设计了一次对学生子贡的讲话，以引起子贡的好奇与反省。"子曰：'莫我知也夫！'子贡曰：'何为其莫知子也？'子曰：'不怨天，不尤人，下学而上达，知我者其天乎！'"（《论语·宪问》）孔子故意说："唉！在这世上。了解我的人连一个都没有！"反应敏捷的子贡果然忍不住好奇地问："老师怎么会有这样的感慨呢？君子不是一点儿也不担心别人不了解他，而只关心自己要如何才能了解别人的吗？"于是孔子借此机缘向子贡开示了反求诸己之道："不错，我一贯的自处之道，就是在行有不得的时候，不去怨天尤人，而是期勉自己坦诚面对自己的有限与挫败，而就在这挫败经验中，学习接纳失败，重建连失败都不能打击的根本自信！因此，虽然人们不了解我，那也没有关系，因为我知道老天会了解我的！"只有从每一次现实的挫败中，领悟到我的自信与成败无关，我们才能够建立起那无条件的自信，而从根源处取消我们的自卑与羞惭，治愈心底深处最幽微的创伤。

三、通向健康生命的路由爱铺成

人生的诸般烦恼病痛，不管是虚张声势还是贪恋财势，不管是无所用心还是灰心气馁，亦或是怨天尤人，其实都无非是从怕死一念辗转繁衍而来的一些生命病态。因此，如果要解除这些烦恼病痛，归根到底，要真实面对怕死这一念，以求得根本的解除或转化才行。孔子"未知生，焉知死"就是鼓励人积极面对人生课题，逐一清除人生债务（也就是所谓"知生"），如此怕死问题就自然解决了。

1. 人生其实很简单

在孔子看来，真实的生活内容，一言以蔽之，无外乎就是真诚坦白与爱（直与谅），或者干脆连起来说，就是真诚的爱。"子曰：人之生也直，罔之生也幸而免。"（《论语·雍也》）孔子说：人之生也直。人生本来就是如此简单而明白（这是直的第一层含义）。你心中有什么话说什么话，有什么感觉表达什么感觉，想爱就去爱（这是直的第二层含义）。这就是最真实永恒有意义的人生（这是直的第三层含义）。

但这本来简易直爽、自在快乐的人生，是怎么变成如此复杂沉重、痛苦艰难的呢？答案无他，就在不肯正视人生的挫折失误，妄想逃避遮掩；而就在逃避遮掩中，逐渐建构起愈来愈复杂烦琐的自我防卫系统，以图保护那愈来愈脆弱害怕、丧失自信的自我。却不知道，这防卫系统既排拒了别人，也封锁住了自己，让人的生命感情压抑堵塞、孤单苦闷；到实在忍不住、受不了之时，就只好鲁莽宣泄、盲目冲撞，反而造成了新的而且更大的创伤。而就在这开门关门、爱与不爱之间，便造成了人心的疑虑畏惧、矛盾彷徨。结果是：关门徒生忧惧（如幽闭恐惧症），独处也不安稳（就会胡思乱想）；开门又难免紧张，爱中也常杂疑虑（遂忍不住要测试考验）。于是，本来简直的人生，就愈变得复杂艰危，成为不可承受的重了。

而追根究底，则不过是一点逃避遮掩、畏难怕死之心在作祟罢了！却不知，逃难反使人生更难，让人更沮丧不想活了！这就是孔子说的"罔之生也幸而免"（假人生就是只图逃避苟免的人生）。所以，要恢复人生的真，要义无他，就是勇敢真诚面对人生的无常、历史的创伤罢了！或者简洁地说，就是不再怕死罢了！

不要以为这很难，其实人人做得到。电影中常有临死前才坦白对暗恋的情人示爱的情节。为什么平时不敢？因为顾虑多，自我防卫强。到临死前，这些疑惧都撤销了，人心就坦直了。那为什么不就在当下此刻就把这遮蔽拿掉，防卫系统撤除呢？

2.生命存在从负面向正面的翻转

生命受伤生病的主要表征，可以总称为"生命的负面存在感"。这种"生命的负面存在感"，孔子直接把它从内在心灵角度概括为"忧、惧、惑"。"子曰：知者不惑，仁者不忧，勇者不惧。"（《论语·子罕》）

生命的负面存在感，实即是一种生命的不存在感（或生命不充分存在之感，也就是一种残缺感），真切感受到自己的残缺、不存在，当然就会有一种"我可能消失、不存在"的恐惧与忧虑（例如人会怕死），也会有一种因不知道要怎样做才能让生命恢复存在的彷徨（惑），此即孔子所谓"忧、惧、惑"。一个生命健康的人是不会对自我存在感到忧、惧、惑的；反之，当人生病受伤，变得不仁、不智、不勇的时候，忧、惧、惑等等负面情绪就自然会在他心上浮现。相应地，生命的正面存在感，则是指感受到自我存在的充实、饱满、自由、自在，这是一种生命充分存在之感，它的主要表征就是悦乐。

于是，人生的课题无非就是：我们要如何才能转化生命的不存在为存在？亦即：我们要如何治愈生命的创伤？也可以说：我们要如何化除忧、惧、惑等负面情绪，以恢复心境的悦乐？"子曰：学而时习之，不亦说乎！有朋自远方来，不亦乐乎！"（《论语·学而》）孔子在《论语》第一章开宗明义就说："学而时习之，不亦说乎！"（须得通过认真学习、适时实践的功夫历程，才可能从内心深处升起一份生命真实存在的喜悦！）"有朋自远方来，不亦乐乎！"
（然后，我们才会自然抒发出生命的光、热与爱，让远方之人都感应到我们
的善意与温暖，愿来相友，而让我们感受到一份人我相融的和乐！）在这里，
孔子确是明白点出：自我生命的健全充实，是爱人的基础。而自立立人，共
成一体，其存在感（身心一体、人我一体）也就是悦乐了！

　　孔子自己当然就是一个乐道的典范，他曾如此自述心境："饭疏食饮水，
曲肱而枕之，乐亦在其中矣！不义而富且贵，于我如浮云。"（虽然在物质生
活上只是粗茶淡饭，睡觉时甚至连枕头都没有，但我的心境依然是安乐的，
一点不受物资匮乏的影响。因此，对那些不该得的富贵，我确是丝毫都不会
羡慕。）在孔子的学生中，以颜渊最懂得这自得的境界，孔子也曾夸他"一箪食，
一瓢饮，在陋巷，人不堪其忧，回也不改其乐"。（颜回饮食居处都很困乏简
陋，一般人多半受不了这样的生活，颜回却丝毫不受影响，心境依然和乐
如常！）

　　3. 成人之道无非在立志不自欺

　　"子曰：富与贵，是人之所欲也，不以其道得之，不处也。贫与贱，是
人之所恶也，不以其道得之，不去也。君子去仁，恶乎成名？君子无终食之
间违仁，造次必于是，颠沛必于是。"（《论语·里仁》）若我们能在名利权位
的出处取舍之间作准确如分的抉择，就表示我们的本心是觉的，自我是在的，
这时的我才是真我。因为我对物没有贪恋也没有嫌弃，我因此是自由的，物
与我的关系也是和谐的。同样，当我们通过物资金钱的施予或权势力量的服
务去表达对他人的善意的时候，若能恰如其分，就表示我们的心知道我们在
做什么，我们的付出是有意义的，这时的爱才是真爱。因为我们的付出没有
夹杂虚荣，别人也真领略到这无私的善意。这就总称为仁。

　　自我人格是自由独立、不忮不求；与人相交是真诚关爱、无私付出。这
可以说是人之为人的真正本质所在。所以孔子才说：如果一个立志修道成人
的人（这称为"君子"），却在临事之际、取予之间，无法作准确的拿捏判断（即
所谓"去仁"），请问这又如何能算是一个真人呢（恶乎成名）？

　　当然，做人功夫要到如此地步，并不容易。但是，如果还原回做人功夫
的起点，却是只需一念之诚，便人人都做得到的。因为做人者，不过是要做

自己罢了！自己本来便在，做他何难？所有的修养之难，都始于自欺。自欺之初，原是想贪个便宜轻松；却不知自欺久了，就不觉累积成一个至难的错觉了！

4. 眼前一念，就是自由之门

知生行仁有两点最常见的技术性疑难。其一，是要落实修养好难，结果往往是心里一念怕难，就逃掉了，于是让人生债务又多积了一点。这可叫"怕难心"。其二，是逃久了本也似乎可以债多不愁的，一旦面对，反而会觉得千头万绪，不知从何做起。结果则是心头一烦，又暂且搁下。于是让还债之事，更加蹉跎。这可叫"怕烦心"。

原来，人之所以会逃难怕死，并不见得真是无诚意面对人生（并非真怕难），而是不知道如何去面对（这么多债务课题不知从何着手）。所以才一天拖一天，终致积成愈加庞大的债务，于是也就更不知从何还起，以至于纠结成这个终生逃避，也终生怕死的情结。所以，解题之方，也就不妨从勉励人不要怕难，转移为教人如何拟订偿债计划，如何起头、如何着手去还债了。

那么，我们又该如何去拟订人生的还债计划？其实人生债务是无法借拟订一个计划而还清的。不管是消极的还债还是积极的爱，其实都是质的问题而非量的问题。此一刻通了，就是生命的自由；此一刻堵了，就是人生的债务。怕死还是知生，原来只是一念之间。依孔子的意思说是：依然在真诚面对眼前当下唯一真实的人生，去为所当为，而不要疏离这唯一有能为力的当下，反而对过去、未来胡思乱想！"子曰：夫仁者，己欲立而立人，己欲达而达人。能近取譬，可谓仁之方也已。"（《论语·雍也》）眼前当下的人生（就是"能近取譬"的"近"），是我们唯一真实存在的人生。在这一刻，我们是真正自由的，我们的心要爱就能爱，要通就能通，要改过就能改过。

所以，管他人生债务有多少呢？（计较数量就是胡思乱想，自己吓唬自己。）我此刻正在还就对了！管他该爱的人有多少呢？（理论上人该博爱众生）我此刻遇到谁就对谁致以我真诚的善意关怀就够了！因为，只要在这一刻我们的心打开，我们就已在当下超越了一己的有限，而亲证了与宇宙合一的无限。此之谓"一刹那即永恒"。所以孔子才说：一个真实的人（仁者），不过就是一念（欲）落在恳切自省（己立、己达）与坦诚爱人（立人、达人）的人罢了！这是在眼前当下每一个人都能做到的事（能近取譬），所以修养做人（为仁之方）真的又有什么难的呢？就看你是要真诚面对还是心虚逃避罢了！

5.爱原来是这么自然的事

爱心善意存于我们心中，是永恒而且普遍的（永远对一切人心存善意），这是孔子及其儒学对人性的根本肯定。但这永存的善意能不能表达出来或者有没有机会表达出来却不一定。如果不能表达，便是爱的失能。原因在于生命受伤封闭，管道堵塞不通；其表征就是犹疑烦恼怕死。解决的办法就在于，赶紧作身心的反省修养还债，好让自己的生命得到疏通。无限还给无限（肯定人之性善），有限还给有限（明白我们毕竟无法在事实上爱尽一切人、做尽一切事），用能近取譬、随缘爱人、把握当下来连接有限与无限。

所以关键在于把握当下。我们若能当下认取，不让爱的机会错过，当下便是既有限又无限，一刹那即永恒的神圣境界，足以带给我们自由悦乐、充实饱满之感。子贡曾称誉孔子说："仁且智，夫子既圣矣乎！"孔子能近取譬、当几爱人的表现，《论语·述而》中就有几则生动的描述。"子食于有丧者之侧，未尝饱也。""子于是日哭，则不歌。""子与人歌而善，必使反之，而后和之。"

孔子吃饭的时候，如果刚好坐在居丧者的旁边，从来就没有吃饱过。这与其说是孔子的礼貌（这偏指外在行为形式），不如说是孔子感情的触景而生，自然流露（这偏指内在的感情动力），使他当下感应到对方生命的实存情境，而与之通流共鸣。孔子若在那一天去吊祭过什么人，他在那一整天都不会唱歌。这不是孔子的行为规范或心理执著，而是顺情感的自然惯性去自然抒发。原来爱心是自由无羁的，但转成能量，显为情绪，就有自然的惯性，流荡抒发。这时我们也应当尊重物理的法则、情感的方式，让这已经涌现的情绪（不管喜怒哀乐），自然消散，而不要以心制气，强加控制压抑，反倒会使生命受伤封闭，从此堵塞不通。孔子有时候和别人一起唱歌，听到谁的歌唱得好听，一定会请他再唱一遍，然后学着和他一起合唱。

爱是当下活泼的生命呈现，所以哀伤时不要压抑，遇到该赞美的事更需表达及时。这样，生命才能在最恰当而宝贵的时机（就是当下），涌出去进入到别人的生命而与之和谐合一，这就是爱，这才是爱。从以上孔子行为的描述，我们可以领略或者感悟到一点，就是：爱人真的不是件难事。或者说：爱根本就是一个健康的人自然就会的事。我们需要的，只是及时猛醒，用自觉的心、主动的爱，去做当下最该做的事情就是。

孔子的人格精神及其生命建构

——以唐君毅的阐释为例

2014 年教师节前夕，国家主席到北京师范大学考察慰问。期间，习近平发表了一篇很长的谈话，主题是怎样做一个好老师，什么样的老师才是一个好老师。期间，他在参观北师大主编的中小学语文教材时，说了这么一段话："我很不希望让我们古代的一些经典的诗词文化、散文都被去掉，加入一些什么西方的东西，我觉得去中国化是很悲哀的。"

习近平在这里用了"去中国化"这个词，值得人们深思。作为中国的国家主席，他用"去中国化"这个词来说某一种现象，这是很特别的。"去中国化"在几年前是用来批评台湾陈水扁的"文化台独"操作的。陈水扁上台以后，台湾中小学教科书中的中国古代文学或古文的比例大幅度下降，从 50% 下降到 40%，引发了文化界人士对他的"文化台独"和"去中国化"的批评。可是，中国大陆的中小学教材中的古文比例，连 15% 都不到。一个古文占40% 的中小学语文教材被批评为"去中国化"，以此看，中国大陆的语文教材的"去中国化"问题的确是十分严重的。

从文化传承角度看，现代中国历史上有几次严重的"去中国化"。五四运动是第一次"去中国化"；文化大革命是第二次"去中国化"，也是更为严重的去中国化；改革开放以后，再一次在"西化""现代化"的思潮中展开了"去中国化"，一些省市以"减负"为名，去掉小学语文教材中的古诗词。习近平的谈话，很显然是有感而发。在谈话中，他还特别强调："这些诗词都很好啊，从小就嵌在学生的脑子里，成为终身的民族文化基因。"第二天，《人们日报》发表了评论文章，说习近平之所以反对"去中国化"，乃是出于治国之道的考虑，而不止是一个术的运用问题。"道"是方向性的选择，而不是为一个基本的运用性策略。换言之，从治国之道来说，身为中国人，如果不愿意了解自己的历史，不能掌握古代经典，不能较为娴熟的掌握运用母语，确实是很可悲的。一个国家、一个民族的强盛，总是以文化兴盛为支撑的；中华民族的伟大复兴，需要以中国文化发展繁荣为条件。无论哪一个国家，哪一个民族，如果不珍惜自己的思想文化，丢掉了思想文化这个灵魂，这个国家、这个民族是立不起来的。"文"如果立不起来，"人"也就不可能真正立起来；中华文化立不起来，中华民族就很难立起来。所以，自觉的学习传统文化，应该是我们作为一个中国人的基本自觉。通过学习中华传统经典，培养我们自己的人文精神，提升我们的生命品质，是民族复兴的需要，也是我们个人生命成长的需要。而人之立，重在人格精神的挺立。

一、唐君毅的生命人格类型学

唐君毅著作等身，有很多是十分契合现代的生命教育的。比如《人生之体验》《人生之体验续编》《爱情之福音》《青年与学问》《病里乾坤》等等。在他上千万字的著作中，唐君毅对《中国文化之精神价值》一书特别看重。该书 1953 年出版，1978 年 1 月经作者亲自修定添加了第十版自序，生前印了 11 版。1978 年 2 月唐君毅去世后，短短两三年又印了几版。在去世前 17 天写的这篇书序，是唐君毅一生最后的具有学术意义的文字。在这篇序中，他将自己的全部著作分为四类：第一类是在大陆时已经出版过的泛论人生、文化、道德理性关系的著作，比如：《人生之体验》《道德自我之建立》《心物与人生》《文化意识与道德理性》等等。第二类是到香港以后表示个人对哲学信念以及对中西哲学的评论，比如《哲学概论》《生命存在与心灵境界》。唐君毅自己认为，这两类著作是为他的《中国文化之精神价值》奠定哲学理论基础的著作。第三类是与《中国文化之精神价值》同时期撰写的，评论中西文化，重建人文精神、人文学术，以疏通当前时代社会政治问题的一般性论文，主要包括《人文精神之重建》《中国人文精神的发展》《中华人文与当今世界》等。这一类的书，唐君毅任为，都可以看做是引申发挥《中国文化之精神价值》一书最后三章论"中国文化之创造"所蕴含的意义。第四类是专论中国哲学史、中西哲学问题的著作，包括《中国哲学原论》六大册等。

唐君毅认为，这一类书是基于《中国文化之精神价值》的基本观念以论中国文化，并逐一分析思辨中国文化的历史发展。概而言之，唐君毅认为，他所出版的全部其他著作，无不与《中国文化之精神价值》一书密切相关。所以，从这本书，可以看出他整个思想前后左右上下勾连的核心议题。

《中国文化之精神价值》一书的议题，十分具有启发性。该书并非一般的"中国文化概论"，而是从哲学层面阐释中国文化的精神价值，内容丰富、全面而又深刻，见解极具启发性，特别是后三章关于中国未来文化之创造的讨论，极具前瞻性、创新性。本书可谓 20 世纪中国人撰写的阐释中国文化精神的最为深刻而系统的著作。关于本书的基本精神，唐君毅自言："吾于中国文化之精神，不取时贤之无宗教之说，而主中国之哲学、道德与政治之精神，皆直接自原始敬天之精神而开出之说。故中国文化非无宗教，而是宗教之融摄于人文。此意亦吾今昔之见解之最相反者，盖亦屡经曲折之思维而后得之。余于中国宗教精神中，对天地鬼神之观念，更特致尊重，兼以为可以补西方宗教精神所不足，并可以为中国未来之新宗教之基础。余以中国文化精神之神髓，唯在充量的依内在于人之仁心，以超越的涵盖自然与人生，并普遍化此仁心，以观自然与人生，兼实现之于自然与人生而成人文。此仁心即天心也。此义在吾书，随处加以烘托，以使智者得之于一瞬。"又谓："吾书之论中国文化，虽重在论其过去，而用意则归向于中国未来文化创造道路之指出。吾在此借用古人之太极、人极、皇极三极一贯之意，以明圆而神之中国文化精神，对方以智之西方文化精神可全部摄取之理由，以展开中国未来之人文世界。顾吾又不承认中西文化之融合，只为一截长补短之事，而以之为一完成中国文化自身当有之发展，实现中国文化之理念之所涵之事。故中国百年来中西文化之争，对中学为体西学为用，与全盘西化之二极，吾书可谓以与一在哲学理念上之真实的会通。此会通之当有，与由此会通后，中国未来文化必有一新面目，自吾之哲学理念观之，乃为天造地设者。"

唐先生专门系统讨论中国人之人格精神的文本主要见诸两本书：一是《中国文化之精神价值》的第十二、十三章分论西方人格世界和中国人格世界；二是唐先生于 1950 年撰写的一篇十分重要的长文《孔子与人格世界》，后收录于《人文精神之重建》一书。唐君毅对"人"的问题的关心，始终是以"文"

来切入的，而对"文"的切入，又特别关注"人"的问题。写于年青时候的《柏溪随笔》有言："一个伟大的人格，任何小事都可以撼动他的全部生命，好比一片无涯的大海中，一个小石头的落下也可以撼动全海的波涛。一个伟大的人格，任何巨大的刺激都可以使他平静，好比在无涯的大海里，纵然是火山的爆发，在无涯的波涛中也可以使他平静。"在《中国文化之精神价值》一书的第十三章"中国人的人格世界"中，唐君毅讨论了在中国人的生命中有重要影响的十一种人格类型：一、有功德于民生日用之人物；二、学者；三、文学家艺术家；四、儒将与圣君贤相；五、豪杰之士；六、侠义之士；七、气节之士；八、高僧；九、隐逸与仙道；十、独行人物；十一、圣贤。这是一套十分独特的"人格类型学"。

唐君毅的人格类型区分，是以"自觉的自我超越"程度为标准的。在唐君毅的人格世界中，如果一个人只是生下来的样子，他不是不断地自我超越，那么就与动物没有什么区别。人之为人，是因为他不断地自觉超越自己作为一个动物的存在，上升为越来越精神化的存在。这样一个过程，就是一个人的人格精神和生命理想建立的过程。在唐君毅看来，各种人格类型的精神尽管有所不同，但他们都表现一种"超越凡俗""超越现实""企慕理想"的精神。这是一切受人尊敬的人格精神的共性。但是，人所具有的"超越现实"的精神表现，又可以有两条不同的路径：一条路径是，一条直路走到底，"一往直前"地"向慕理想"，不断完成对"现实"的超越，在"超越现实"中实现理想，直至完全"超越现实"，通达最高理想；一条路径是，一条环路走无穷，通过"理想"的审视，超越"一往直前"的态度本身，或者超越此"超越精神"本身，转而注重在现实世界或凡俗生活中实现"超越的理想"。唐君毅认为，前者是西方人的精神所特别表现的路径，其极致，便是彻底的"超凡脱俗"，进入"天国"或者疯狂。尼采是这种直线超越的最典型代表；后者是中国人格精神特别呈现的路径，其极致，便是孔子的超越性人格精神。

二、孔子人格精神的圆满特征

唐君毅强调，"我们真要了解孔子之真价值，当直接由对其人格之崇敬入手"①。孔子不是西方意义上的思想家、哲学家，也不是西方基督教意义上的宗教家。作为儒者圣贤，他是通过其生命人格来落实、践行、彰显、呈现他所期望的理想、理解的世界和宇宙人生的；他的思想，就是其人格的自然流露；而他对中国社会历史文化的贡献，即是其精神的外化表现。因此，只有透过对其人格的"崇敬"，才能真正与作为其人格流露的思想，与作为其精神之表现的对中国社会历史文化的贡献，逐渐有相应和相契合的了解。

唐君毅将"圣贤"作为最高一层的人格类型。与其他各类型人格相比，"圣贤人格"不如学者、事业家"恃才具""仗聪明"；不如文艺上的天才"玩光景"；不如英雄性天才"弄精魄"；也不似豪杰精神"待相抗而后显"。圣贤人格，只是纯粹的"本色"，纯粹的"至性至情"的流露。在唐君毅看来，"圣贤"人物又可以分为两类，一类是中西方那些伟大的宗教性人格，此为"超越的圣贤"，一类是孔子代表的儒家圣贤人格，此为"圆满的圣贤"。

耶稣、释迦牟尼、甘地等"超越的圣贤"人格所表现的，是一种忘我的绝对无限精神。从他们表现"绝对忘我"这点来看，他们不与一切人相敌对，也不与世间一切人格相比较对照，他们自己都是"绝对性"的人格。但是，尽管他们自身不与一切人相敌对，也不与一切人格相比较对照，他们所表现的"不与一切敌对的绝对精神"本身，却使得人们不能不视之为"高高在上"。同时，他们大多又只是依上帝的启示而立教，而上帝又被说成是存在于他们和一切人们之上。于是，人们便觉得，上帝乃是绝对的超越境，而他们则是"救主"、是"先知"，而不是与人们一样的"人"。既然他们已经能够"绝对忘我"，体现"绝对无限"的精神，那么，他们就不仅是"见"上帝，而是上帝即"当体呈露"于他们。上帝既然能够"当体呈露"于他们，便也能够"当体呈露"于一切世间之人。

唐君毅强调，对于这一真理，"必须真自觉的加以承认，自觉承认上帝在人之中，天在人之中"。孔子的圣贤人格精神，便是这种"自觉"的实现，是天人的真正合一的"圆满的圣贤"人格。具体而言有这样几个特点：真诚恻坦之仁心、高明以涵盖一切、博厚以持载一切、能狷能狂行中道、圣德而

---

① 唐君毅：《人文精神之重建》，《唐君毅全集》卷五，台湾：学生书局，1990年版，第211页。

不私其德。

1.真诚恻坦之仁

从生命精神来说，"上帝"其实就是一种绝对忘我、绝对无限的精神。这一"绝对忘我绝对无限之精神"的积极一面，耶稣名之为"爱"，释迦牟尼名之为"慈悲"。如果我们自觉到无限之爱与慈悲即原在人之中，那么，人心之中的"爱与慈悲"，就不只是"情"，而是"性"。此"性"，在儒家即名之为"仁"。唐君毅认为，"爱与慈悲，只是显于外者。仁则彻费隐，通内外。"①说到无限的爱与慈悲，我们不能说人人都有；但是，说到人有显为"无限之爱与慈悲"的仁性，具有"本具仁性的心"，则我们可以说，人人都有。知道人人都有仁性，才真正懂得，上帝的精神不是纯粹超越而高高在上，而是就在人人现成的心中。孔子说："仁远乎哉，我欲仁，斯仁至矣。"（《论语·述而》）这即是孔子"极高明而道中庸"之智慧的无尽藏的核心。"有此仁"即是仁，"知此仁"便是智。当我们知道此"仁"，并自觉此仁即是我的"性"，那么，无论"上帝的精神"是否先为我所体现，我们都可以"一念返求"而得到。"道也者，不可须臾离也；可离，非道也。"（《中庸》）反之，如果上帝超越而不内在，那么，"天德"与"性德"便是两截，如此，天人则分裂而分离了。

就孔子的学问本身来说，"爱"与"慈悲"，只能从"仁"见乎"情"而及乎"物"上来说。如果说"仁"是"能爱与能慈悲"之性，则常常只是"依情说性"，没有能够真正直接明示"仁"的全貌。如果说"仁"即是"上帝"，也容易引起外在的联想。唐君毅认为，"真正说仁，还是王阳明依中庸孟子而言，所谓真诚恻怛，最为直接"②。"诚"所贯注的，即是自己超越自己、忘掉自己；"至诚"，即绝对的超越精神。不过，此"至诚"精神，只是真正的成就自己，使自己的精神与他人和世界直接贯通，并对他人与世界予以肯定、承认、涵盖而持载的精神，所以，实质上是一种"超现实而成就现实"的精神。"恻怛"即是此"诚"的状态，包含"爱"与"慈悲"。"至诚恻怛"，既是"性"又是"情"；既是"天"又是"人"；既是"内"又是"外"；既是"乾知"

---

① 唐君毅：《人文精神之重建》，《唐君毅全集》卷五，台湾：学生书局，1990年版，第232页。

② 唐君毅：《人文精神之重建》，《唐君毅全集》卷五，台湾：学生书局，1990年版，第233页。

又是"坤能"。由于它是性情一贯、天人一体、内外一致、乾坤和合、知行合一，因此，一方面是最"易知易行"的，另一方面又是最"难知难行"的。所谓一方面，"夫妇之愚，可以与知"。但是另一方面，"及其至也，虽圣人亦有所不知焉"①。可以说，此"真诚恻坦"之"仁"，实在是包涵无穷的深远、广大与高明。

从圣贤人格精神来说，耶稣、释迦穆尼、穆罕默德，超越了世间一切学问家、事业家、天才、英雄、豪杰的境界。一切人生文化事业，在他们心目中，在他们眼前，都如浮云过太虚，如"大江东去，浪淘尽千古风流人物"。在销尽世间一切精彩、归向无限精神的圣贤人物面前，人们已经没有任何一点精彩值得留下。可是，这些圣者在"销尽世间精彩"的同时，又把这些圣者的"超越神圣"烘托了出来；而此"超越神圣"本身，对人们来说，又是在彰显"精彩"。

对孔子来说，不仅一般世间精彩被销掉，就是圣贤人物"超越神圣"本身的精彩，也都要加以销掉，而一切归于"顺适平常"。从孔子的圣贤境界来看，一方面固然可以超越一切学问家、事业家、天才、英雄、豪杰的境界；另一方面也能够懂得，一切事业家、学问家、天才、英雄、豪杰的努力，以及各种才情、志愿与担当，其中无不含有一番"真诚"，因而必然直接、间接地都依于"性情"。于是，便会对一切人生文化事业都加以"承认"。在此"承认"中，一切皆"实"，而无一是"虚"，因此，对一切庸人、学问家、事业家、天才、英雄、豪杰、圣者的精神，凡是真正有价值而不相碍的，都加以尊重、赞许。此即《中庸》所谓："万物并育而不相害，道并行而不相悖。小德川流，大德敦化，此天地之所以为大也。"万物同时生长而不相妨害，日月运行四时更替彼此不相违背。小的德行，好比河川分流，川流不息，大的德行，如敦厚化育，根深叶茂，无穷无尽。天地之伟大，无外乎此。

在唐君毅看来，尽管同为圣贤人格的超越精神，"一切宗教的上帝，只

---

① 《中庸》：君子之道费而隐。夫妇之愚，可以与知焉，及其至也，虽圣人亦有所不知焉。夫妇之不肖，可以能行焉，及其至也，虽圣人亦有所不能焉。天地之大也，人犹有所憾。故君子语大，天下莫能载焉；语小，天下莫能破焉。《诗》云："鸢飞戾天，鱼跃于渊。"言其上下察也。君子之道，造端乎夫妇，及其至也，察乎天地。

创造自然之万物。而中国圣人之道，则以赞天地化育之心，兼持载人文世界、人格世界之一切人生"①。所以《中庸》说："大哉！圣人之道洋洋乎！发育万物，峻极于天。优优大哉，礼仪三百，威仪三千，待其人而后行。"中国圣人的精神，不仅是超越的涵盖宇宙人生人格与文化，而且是以赞天地化育之心，对此一切加以持载。所以，中国圣人的精神不仅有"高明"的一面，且有"博厚"的一面。"博厚配地高明配天。"（《中庸》）"崇效天，卑法地。"（《周易·系辞上》）在唐君毅看来，"高明配天""崇效天"者，即"仁""智"普遍而内在，无所不"覆"也；"博厚配地""卑法地"者，即"礼""义"自守而尊人，无所不"载"也。相对来说，甘地的精神，犹如从天贯到地，但中间却缺少了对人文历史的崇敬。武训的精神，乃是"卑法地"的极致，却未必能够"自觉"其仁，其对人文教育的崇敬似乎缺乏自觉，因此便是无"智"。没有高明的智慧，"仁"便无收摄处，也就无法展开。而孔子的真诚恻怛，"一面是如天之高明而涵盖一切之超越精神，一面是如地之博厚而承认一切之持载精神"②。

2. 高明以涵盖一切

孔子精神的"真诚恻怛"表现为"高明"的方面，即在于，孔子精神具有最大的涵盖性，涵盖我们崇敬佩服的一切人格精神，涵盖世间一切人物。

孔子精神涵盖了绝对忘我的宗教精神。"毋意，毋必，毋固，毋我。"（《论语·子罕》）"空空如也。"（《论语·子罕》）孔子精神涵盖了超绝言思、与天合德的精神。"默而识之。"（《论语·述而》）"天何言哉！四时行焉，百物生焉，天何言哉！"（《论语·阳货》）孔子精神涵盖了大慈大悲的精神。"老者安之，朋友信之，少者怀之。"（《论语·公冶长》）"鸟兽不可与同群，吾非斯人之徒与而谁与"。（《论语·微子》）孔子精神涵盖了豪杰精神。"三军可夺帅也，匹夫不可夺志也"，（《论语·子罕》）"知其不可而为之"。（《论语·宪问）孔子精神涵盖了英雄精神。尽管孔子批评管仲器量狭小，但却极其佩服其保存中夏的功业："桓公九合诸侯，不以兵车，管仲之力也……民到于今受其赐。微管仲，吾其被发左衽矣。"（《论语·宪问》）

---

① 唐君毅：《人文精神之重建》，《唐君毅全集》卷五，台湾：学生书局，1990年版，第234页。

② 唐君毅：《人文精神之重建》，《唐君毅全集》卷五，台湾：学生书局，1990年版，第234页。

孔子精神涵盖了肯定天资天才的精神。"生而知之者，上也。"(《论语·季氏》)"我非生而知之者也。"(《论语·述而》)孔子精神涵盖了尊重学者、尊重事业家的精神。"三人行，必有我师焉，择其善者而从之。"(《论语·述而》)孔子问礼于老子，问官于郯子，问乐于苌弘，学琴于师襄。孔子精神涵盖了对历史文化的责任感与使命感。"文王既没，文不在兹乎！天之将丧斯文也，后死者不得与于斯文也。天之未丧斯文也，匡人其如予何？"(《论语·子罕》)

不仅如此，孔子精神还涵盖了各种不同人物。"道不行，乘桴浮于海。"(《论语·公冶长》)当中即包含屈原。夹谷之会，齐国欺了鲁国，孔子提剑历阶而上，孔子即是荆轲。"席不暇暖"，"再逐于鲁，削迹于卫，伐树于宋，穷于商周，围于陈蔡"，孔子即是豪杰。孔子围于陈蔡时，数日不火食。子路亦生气。孔子忽自反问："吾道非与？"要弟子说说理由。最后颜回说："夫子之道大，天下莫能容。"孔子笑笑相许。孔子想治天下，"吾其为东周乎"(《论语·阳货》)，乃以圣贤怀抱而作英雄事业。孔子周游列国失败了，即退而与弟子删诗书，订礼乐。"用之则行，舍之则藏"(《论语·述而》)，绝不似一般英雄能进而不能退。"子在齐闻韶，三月不知肉味。"(《论语·述而》)天才对音乐的沉醉，也不过如此。曾点之志在"暮春者，春服既成，冠者五六人，童子六七人，浴乎沂，风乎舞雩，咏而归"。而孔子即说"吾与点也"。(《论语·先进》)此见孔子之胸怀洒落，即最高的诗人境界。"学而不厌。"(《论语·述而》)"信而好古。"(《论语·述而》)"吾尝终日不食，终夜不寝，以思。"(《论语·卫灵公》)苏格拉底之逢人问学，一日夜不移一步之苦思，亦不过如此。孔子责子路说："暴虎冯河，死而无悔者，吾不与也。必也临事而惧，好谋而成者也。"(《论语·述而》)这即是事业家安排计划之精神。

由于孔子精神的高明涵盖性，孔子了解一切人格，而且具备一切人格形态的精神，这就使得孔子精神的内容无尽丰富，而且具备多方面的才能。但是，孔子精神又不是这些不同精神的大杂烩，也不是他所涵盖的各种人格的简单相加。在孔子的精神中，一切精神、一切人格形态都被一齐"超化"，进而归于"至简"。所以当太宰怪孔子多能时，子贡说了一句："固天纵之将圣，又多能也。"然而孔子却说："太宰知我乎？吾少也贱，故多能鄙事。君子多乎哉，不多也。"（《论语·子罕》）在其他地方孔子又说："汝以予为多学而识之者与？……非也，予一以贯之。"（《论语·卫灵公》）很显然，孔子精神不只是个"多"，也不单是个"一"，而是"多"与"一"的完整绝妙结合。孔子精神之"多"，是"一以贯之"的"多"；孔子精神之"一"，又是"多能鄙事"的"一"。

"一"与"多"融合彰显的孔子精神，便"只是一个真诚恻怛"[1]。真诚恻怛，便能够忘我而涵盖一切；能够谦厚在下，了解一切他人的精神；能够摄备各种人格精神；同时又能够超越一切人格精神，浑融地一以贯之。由此，孔子便可以做到，生命状态总是"空空如也"。在人前，只是"庸德之行，庸言之谨"，或似不能言者；在事上，则只是一个平常，不见任何颜色，任何精彩。

尽管孔子本人的生命人格归于至简，庸言庸行，但孔子的弟子中，"则大皆有志圣贤，拔乎流俗之豪杰之士，非狂即狷"[2]。所谓"吾党之小子狂简"（《论语·公冶长》）。狂者上友千古，狷者于当世有所不为，此便是豪杰精神。尽管孔门弟子，或狂或狷，有"近乎"豪杰、英雄、天才、学者、事业家、宗教家等各类人物，但他们却都未尝以天才、英雄、豪杰、学者、事业家、宗教家的人格"呈显"，而是都涵育在孔子的圣贤教化之内。由此可见，孔子精神之高明，可以涵盖一切。

3. 博厚以持载一切

孔子人格精神之"大"，不仅在其高明，也在其博厚。释迦牟尼、耶稣所呈现的纯粹宗教精神，总只向高明处去而缺乏博厚的承载，所以人们只能感觉其"神圣""尊严"，而不能有"亲切""宽厚"之感。但孔子之"大"，则大在"极高明"而"归博厚"。由此，他持载一切，肯定一切，承认一切。所以，孔子教化各种类型的人，也佩服尊崇各种类型的人格。他不仅佩服与他相近的人，而且佩服与他似精神相反的人。

孔子的祖先是殷人，但他却十分佩服文武周公与周的文化。伯夷以武王

---

① 唐君毅：《人文精神之重建》，《唐君毅全集》卷五，台湾：学生书局，1990年版，第236页。

② 唐君毅：《人文精神之重建》，《唐君毅全集》卷五，台湾：学生书局，1990年版，第236页。

为以暴易暴，义不食周粟，饿死首阳山，是真正的豪杰；孔子许之以"求仁得仁"。楚狂接舆、长沮、桀溺、荷筱丈人，都是超越现实的隐者，而且曾经讽示孔子；而孔子则皆心许之，并"欲与之言"，"使子路往见之"，这是了不起的涵盖持载的气度。

唐君毅认为，高明与博厚各有所能。能教来学，开后代学术，需要的是"高明"的智慧；而能继古人学术，承往世文化，则需要"博厚"的德量。就"高明"的智慧而言，释迦牟尼、耶稣的超越精神，至为高明。但是，他们以高明自许，自言"上天下地，唯我独尊"，"我就是道路"，"谁不能离开他的父母妻子，便不能跟我走"。这表明，他们在印度、在犹太，是先知先觉，少所继承。如此精神，便似乎少了"博厚"的德量。

孔子则既有"先知先觉"的高明智慧，又有自居"后知后觉"的博厚德量。对后代，孔子是"先知先觉"，故曰"至圣先师"。但是孔子自己认为，其一生只是一个好古敏求者，只是一个好学者；他没有什么长处，一切长处都是古人给与他的。可见，孔子总是"让德于古人"，自居于一个"后知后觉"的身份。孔子"畏天命，畏大人，畏圣人之言"（论语·季氏》）强调"三人行，必有我师焉"（《论语·述而》）。对子贡说到颜渊，曰："不如也，吾与汝不如也。"这些都是"以礼下人"之"卑法地"的持载精神。

孔子的德慧正在于，他知道，云霞的七色实际上都是日光的分散；云霞的奇采，恰恰来自于无色的大明。只有这个作为根源的"大明"终始而日新，表现于人格文化世界之中的生命之壮采，才有所依恃，才能不息于生生。这个"终始"的"大明"，即是"超越的涵盖持载宇宙人生、人格世界、人文世界之仁体德慧"[①]。换言之，人间一切人格世界，一切人文世界，乃至宇宙人生，都只不过是"仁"的呈露与展现；"仁"是一切人间事业和人格形象之精彩的根据和依托。孔子之别于其他一切人格的，恰恰在于，他直达根底，依于仁体，因此既高明又博厚，具有最大的涵盖性和持载性。

概括而直接地说，在唐君毅看来，孔子的精神，即"超越的涵盖持载"精神，亦即"绝对的真诚恻怛"。"诚"之所至，即"涵盖持载"之所至，亦即"超

---

① 唐君毅：《人文精神之重建》，《唐君毅全集》卷五，台湾：学生书局，1990年版，第239页。

越有限的自我以体现无限的精神"之所至。

三、圆满圣贤人格的精神建构

唐君毅认为："中国儒家之圣贤者，天人之际之人格，持载人文世界与人格世界之人格。"[①] 这里包含了两个关于圣贤人格的基本判断：一是圣贤人格是"天人之际"的人格，换言之，是天人和合、天人合一的人格，"人"是其内在性体现，"天"又体现了其超越性，因此，儒家圣贤人格是一种"既超越又内在"的人格。二是圣贤人格是"持载人文世界与人格世界"的人格，换言之，是人文一体、人文一贯的人格，"人"是其现实性的彰显，"文"是其历史性的根据，因此，儒家圣贤人格是一种"既承继传统又扎根现实"的人格。如果将两层含义结合起来，就可以明白，儒家圣贤人格是"天地人"一体的人格，"天"代表了超越性的形上意义，"地"代表的是传统的历史文化的意义，"人"代表的是内在心性的精神意义。因此，用唐君毅的语言说，儒家圣贤人格是"太极""皇极""人极"一体的整全人格。

1. 理想主义与狂狷性格

唐君毅强调，儒家精神，"在开始点，乃纯为一理想主义之超越精神"[②]。"开始点"在这里既有"出发点"的意思，也有"根本点""目标点"的意义。也就是说，儒家精神最根本的实质，乃是立足于"理想"对"现实"的"超越"的"理想主义精神"，而不是立足于"现实"本身的"现实主义"。正因为此，我们可以看到，孔子念念在兹的，是体现彰显"天德"流行的"仁"；而最为痛恶的，则是"同乎流俗""合乎污世"的"乡愿"。这就是一种典型的"超越现实社会"的精神。

正是因为儒家要"超越现实"，要期求体现天德的"仁"的实现，所以，儒者在现实社会中总会表现出与"现实"格格不入的行迹，或"狂"或"狷"。所以孔子说："不得中行而与之，必也狂狷乎，狂者进取，狷者有所不为。"（《论

---

① 唐君毅：《中国文化之精神价值》，《唐君毅全集》卷四，台湾：学生书局，1990年版，第428页。

② 唐君毅：《中国文化之精神价值》，《唐君毅全集》卷四，台湾：学生书局，1990年版，第429页。

语·子路》)唐君毅强调，自古以来，儒者就主张，人要成为圣贤，都必须"自狂狷人"①。

"狷"是从现实中的收敛与隐居，因为他不满意、不满足于现实，又不愿意与现实"同流合污"，"耿耿于怀，于当世少所许可，恒存隐居求志之心之谓狷"②。"狷者"通过精神上的"收敛""凝摄"，以自保其人格的独立与价值。"狷者"收敛凝摄精神的极致，就可以成为圣贤之中的"清"者。比如伯夷、隐逸、佛家中的苦行僧、仙道、社会反抗者等等，他们都是儒者中"狷者精神"极致表现所成就的人格。

"狂"是从现实中的超越，而且是理想远远超溢现实。《孟子·尽心下》："何以谓之狂也？曰：其志嘐嘐然，曰：'古之人！古之人！'夷考其行而不掩焉者也。""嘐嘐"者，志大言大者也。由于"狂者"的理想远超溢于现实之上，所以，狂者的精神总是"发扬"而"超升"的，目的是要"涵盖"现实世界，承担起改造现实世界的至重责任，所谓"仁以为己任不亦重乎"，并以此扩大其人格价值。比如，陆象山所谓"仰首攀南斗，翻身倚北辰。举头天外望，无我这般人"。孟子言："当今之世，舍我其谁。"这便是儒者中之"狂者"的至极气概表现。其他的，"为圣之任，为伊尹，为先天下之忧而忧，后天下之乐而乐之贤相，为豪杰，以至不得意而为大侠，为禅门龙象"③，这些都是儒者中之"狂者"的优秀卓越者之所为。

"狂""狷"是学习圣贤人格的两条入路，不同性格特征和人格特点的人，可能会有不同的切入。"狷者如至阴之肃肃，狂者如至阳之赫赫；狷者如地静，狂者如天行。"那么，到底哪一条路更适合一般人进入成圣成贤的道路呢？唐君毅认为："中国圣贤之教，人有所不为而后可以有为。故非天生之狂者，必先学狷以自别于乡愿，以拔乎流俗与污世。"④很显然，唐君毅在这里是主张，

---

① 唐君毅：《中国文化之精神价值》，《唐君毅全集》卷四，台湾：学生书局，1990年版，第429页。

② 唐君毅：《中国文化之精神价值》，《唐君毅全集》卷四，台湾：学生书局，1990年版，第429页。

③ 唐君毅：《中国文化之精神价值》，《唐君毅全集》卷四，台湾：学生书局，1990年版，第429页。

④ 唐君毅：《中国文化之精神价值》，《唐君毅全集》卷四，台湾：学生书局，1990年版，第429页。

除非"天生的狂者",一般人,如果要追寻圣贤的理想主义人格建构,正道应当是走"狷者"之路。"狂者"是"天行",需要特别的天赋,亦即"天生的狂者"。既然是建立在"天性""天赋"上的"天行",就不是每一个人可以学习而至的。而"狷者"是"地静",如大地般接纳和承受。但是,此等"接纳和承受"又不能毫无原则而成为"乡愿",因为只有"有所不为"才可以"有所为"。"所不为者",与现实同流合污也;"所为者",超越现实实现理想也。为了实现超越现实的理想,必须先从现实中收敛自己,"超拔乎流俗与污世",才可能唤醒理想、激发理想并追求理想。

不过,尽管"学狷"是一般人通向圣贤的最佳道路入口,但并不是每一个人轻易就能入门的。"当其学狷也,恒先有契合于伯夷之清、颜渊之默、仙道之返真、佛家之出世。"[1]也就是说,要"学狷"而入儒者之理想主义,必须要有从现实中"撤出"的决心、勇气和意志,或者保持伯夷一样的清醒清廉,或者如颜回一样的默识默闻,或者如仙道一般的自返本真,或者如佛家一样的出世超凡。

儒者精神,以理想主义做为立足点,超越现实世俗,因而有超脱人间"隐遁"避世的趋势,这一超人间的"隐遁"趋势如果发展到极端,必然"畸于人而侔于天"。(《庄子·大宗师》)"畸人"者,与世俗不同的"异人""奇特的人";"侔于天"者,能与天"相等"或相通也,亦即能够"通天道"的人。在唐君毅看来,如果一个人达到"全侔于天"的境地,便成为真正的道家、佛家、宗教家,或者形上学家,而不再是"儒"了。儒者,必须是"能狷亦能狂"的人。"狂者",是要为人世间建立"理想",而承担起改造或者创造现实世界的重任。"狂者"不是只求"隐居"以实现自己超越现实的志向,更重要的是,要"行义以达其道",在现实世界中通过恰当的方式和途径实现自己所祈望的理想。所以,"狂者"的精神,是不逃避世俗的,因而也就不能不表现出与世俗相激扬的精神状态。

"狂者"对理想的执著,是其超越现实的根本动力源泉。宏愿孤怀,若与天通。在"狂者"看来,其所追求的理想和志向尽管不能马上在当今现实

---

① 唐君毅:《中国文化之精神价值》,《唐君毅全集》卷四,台湾:学生书局,1990年版,第430页。

中实现，但是，此志向与理想是存在于时间长河中，既"遥通古人"，又"寄望于来者"。"考诸三王而不谬建诸天地而不悖，质诸鬼神而无疑，百世以俟圣人而不惑。"（《中庸》）他们坚信，理想是与天地通的，是永恒存在的，这一点正是"狂者"自信的内在根据。因此，唐君毅认为，真正儒家的狂者之志，"即为通贯天人与古今之人格精神，并以其人格精神，改造现实社会"①。孔子对夏商之制的损益，对周礼的重构，是这种儒家狂者精神的体现；司马迁"究天人之际，通古今之变，成一家之言"的著史行动，同样是这种儒家狂者精神的体现。在唐君毅看来，儒家"狂者"期望于对现实社会的改造，与西方社会革命家对下是社会的改造不一样。儒家狂者的改造理想，是"自上而下"的，它"前有所承，而后有所开"，不是自己冒出来的，也不会随着自己的肉体消亡而消亡；而西方社会革命家的改造社会的理想，是"自下而上"的，他们只是将理想的实现寄希望于未来，而不具有历史文化的根基。

当然，犹如纯粹的"狷者"有其过于"收敛与凝摄"之过一样，"狂者之过，则在其或不免高明自许，自视如神，而归于亢举或虚矜"②。如果一个人果然"自视如神"，自己以为自己是高居众人之上，那么他就是在成"英雄"、成"先知"、成"超人"、成"天使"，而不是在成"儒者"。所以，作为儒者的"真狂者"，就不能只是停留在"狂"的层面，不能只是将自己视为承担着超越现实、超凡脱俗的理想落实者，还必须将自己重新放入现实中，在现实中去从事"超越现实""实现理想"的事业。这个"重新进入现实"的历程和境界，在儒者就叫"由狂者而进于中行或中庸"③。

对于儒家来说，儒者圣贤人格的成就，既不是一味收敛而通于大道的"狷者""隐者"，也不是一味扩展而自视如神的"狂者""英雄"，必须是"由狂而再益以狷"的"中行中庸者"。换言之，儒者之为儒者，尤其是要成就圣贤人格的儒者，必须从"一往进取向上，以希涵盖天下"的狂者精神中，去

---

① 唐君毅：《中国文化之精神价值》，《唐君毅全集》卷四，台湾：学生书局，1990年版，第430页。

② 唐君毅：《中国文化之精神价值》，《唐君毅全集》卷四，台湾：学生书局，1990年版，第431页。

③ 唐君毅：《中国文化之精神价值》，《唐君毅全集》卷四，台湾：学生书局，1990年版，第431页。

其"英锐之气";在"高明"之外，再充之以"博厚"与"宽阔";如此从"超凡脱俗"再归于"平易近人";才可能真正成就"具太和元气"①的圣贤之德，成就圣贤人格。

圣德之为圣德，其精诚所注，乃是将"理想"的"刚大"在心内化柔，因此，其呈现于外在的教化方式，便如春风化雨。具有圣德之人，待人处事，宽松而又坚决，威严而又温和，柔软而又刚直，威猛而又仁慈。因为如果太刚硬则容易折断，如果太柔软则容易卷曲，所以圣人是处刚柔之间，为得道之根本。儒者圣贤，"存者神，而所过者化"。②换言之，他们可以做到将内在的理想光大充满，并且能使天下人感化（"大而化之"），但又不至于高深莫测（"神"）。所以，儒者圣贤改造现实社会的事业，既不是"自下而上"的西方社会革命家的方式，也不是"自上而下"的狂者模式，而是"诚中形外、旁皇四达"，是基于内在心性的真诚恻坦的自然向外流露，"由近而远，由暂而久"③，由个人进而感格于家、国、天下以及百世以后。

唐君毅强调，真正的儒者行"中庸"之道。"中"者，亦即"在中"，是"内在心性"之所在、之所出。"庸"者，亦即"用""通"，"感通"之谓。"中庸之道，非折衷之道，乃由内心以感通世界之谓也"④。一个善于"感通"的人，总是以自己的"善"与他人之"善"相连接，所以必然乐于"道人之善"。当我们在修习儒者之道的过程中，由"狂""狷"的"超凡脱俗""目空当世"，转而为"中庸"圣德的"乐道人善"，便可以"与世俗共处"了。如此，儒者就成为超世俗而生活于世俗之中，也就可以以"春风化雨"的方式感化、改变、改造世俗现实而实现超越理想。孟子谓："伯夷，圣之清者也；伊尹，圣之任者也；柳下惠，圣之和者也；孔子，圣之时者也。"（《孟子·万章章句下》）以此而论，伯夷之"清"、伊尹之"任"、柳下惠之"和"、孔子之

---

① 唐君毅：《中国文化之精神价值》，《唐君毅全集》卷四，台湾：学生书局，1990年版，第431页。

② 《孟子·尽心上》："可欲之谓善，有诸己之谓信。充实之谓美，充实而有光辉之谓大，大而化之之谓圣，圣而不可知之之谓神。"

③ 唐君毅：《中国文化之精神价值》，《唐君毅全集》卷四，台湾：学生书局，1990年版，第431页。

④ 唐君毅：《中国文化之精神价值》，《唐君毅全集》卷四，台湾：学生书局，1990年版，第431页。

"时"，都属于"圣德"。

2.圣德而不私德

尽管"圣德"可以有不同形式的表现，但是，犹如同样是孟子所言："孔子之谓集大成，集大成也者，金声而玉振之也。金声也者，始条理也；玉振之也者，终条理也。始条理者，智之事也；终条理者，圣之事也。智，譬则巧也；圣，譬则力也。由射于百步之外也：其至，尔力也；其中，非尔力也。"（《孟子·万章章句下》）因为孔子的"时"，做到了真正的"中庸"，始终能够"中道而行"，所以是儒者圣贤之德的"集大成者"。这样一种"中道而行"的圣德，就是总可以在现实的世俗生活中，以自己的"善"去感通他人之"善"，因而总是"乐道人之善"。如此，能够"三人行必有我师焉""恭以下人"的孔子，乃是真正的圣人，是为"至圣"也。

作为"至圣"，孔子并非不能"狷"而避世。子曰："道不行，乘桴浮于海。"（《论语·公冶长》）所以，孔子并不惮于"悠然长往"的隐者生活。孔子也不是不能"狂"而气足盖世。孔子畏于匡，却自信满满："文王既没，文不在兹乎？天之将丧斯文也，后死者不得与于斯文也；天之未丧斯文也，匡人其如予何？"（《论语·子罕》）孔子过宋，与弟子习礼大树下，桓魋伐树，孔子却说："天生德于予，桓魋其如予何？"（《论语·述而》）这种"文王既没，文不在兹"及"天生德于予"的气概，正是孟子"舍我其谁"的"狂者"气概也。

孔子既能够"狷"也能够"狂"，但是何以孔子不狷不狂，既不是"狷者"也不是"狂者"呢？从人格精神来说，唐君毅强调，"为狂为狷，皆在世而超世，而位居天人之际，而不免缺乏与世人亲和感"[1]。"狷者"和"狂者"以不同的方式"在世而超世"，他们生活于"天人之际"而不是生活在"人群之中"，这就不可避免地使他们缺乏与世人的亲和感。孔子之所思，在"狂""狷"；孔子之存心，也总是在"天人之际"，正由于此，孔子会有"予欲无言"[2]之感，

---

[1] 唐君毅：《中国文化之精神价值》，《唐君毅全集》卷四，台湾：学生书局，1990年版，第431页。

[2] 子曰："予欲无言。"子贡曰："子如不言，则小子何述焉？"子曰："天何言哉？四时行焉，百物生焉，天何言哉？"（《论语·阳货》）

也会有"知我其天"①之叹。但是,孔子并不将这种"感""叹"直接作为落实"道"的基点;相反,孔子"道中庸",在待人处事上,总是呈现一片"太和"气象。孔子称道他人总是"溢美之辞"多;而自称,则只是一个"好学不厌"的努力践道者形象。

与其他文化形态和思想系统所崇拜的"圣人"不同,并不像西方基督教的耶稣,宣称"我即是道路";也不想佛教的释迦牟尼,自言"上天下地,唯我独尊"。孔子不断称道的,只是尧、舜、禹、汤、文、武、周公、伯夷、叔齐、柳下惠、蘧伯玉、管仲、晏平仲、子产、颜渊,实际上是遍及人格世界中的各类人物。孔子所学习的"六经""六艺",是历代文化所传承的人文全体。所以,"孔子之人格精神非他,能狂能狷,而又持载人文世界、人格世界之全体之人格精神,以使人文世界、人格世界得所依止者也"②。也就是说,孔子作为"至圣",其人格精神的核心,是将"狂""狷"融为一体,又以"中道"落实,是全部人文世界和全部人格世界整体持载担当的理想主义精神。

儒者圣贤,由于在自己的生命人格中积累了其他众多有德者之德,因此,其"德"便不可避免地自然而然地从生命中流溢出来。这种"流溢之德",是不以德为"私"而独占其德,而总是"乐闻人之有德"③。由于"乐闻人之有德",对于往古的有德者,便总是忘记和忽视他们的"小疵",而是记取和相信古人的"大德"。如此,则尧、舜、禹、汤,尽管不是整全的圣贤,但也是真正的圣贤。孔子、孟子如此看待古圣先贤,"正见孔、孟之圣,而不私其圣德之大圣"④。或许,尧、舜、禹、汤,确实未尝如孔、孟所言一般圣贤无疵,但是,孔、孟将"自心之圣"客观化为"公有之圣",相信历史中曾经有过圣贤群体,这就使圣德洋溢于历史人格世界之中了。在唐君毅看来,

---

① 子曰:"不怨天,不尤人,下学而上达,知我者其天乎!"(《论语·宪问》)

② 唐君毅:《中国文化之精神价值》,《唐君毅全集》卷四,台湾:学生书局,1990年版,第432页。

③ 唐君毅:《中国文化之精神价值》,《唐君毅全集》卷四,台湾:学生书局,1990年版,第432页。

④ 唐君毅:《中国文化之精神价值》,《唐君毅全集》卷四,台湾:学生书局,1990年版,第432页。

"此正孔、孟不世之功"①。孔子、孟子之功在于,不仅在自心中发现并见证圣贤人格,而且创建了一个历史人格世界,在其中发现并见证圣贤人格。

儒者圣贤之德,不仅在历史人格世界中见证圣贤人格,而且将这种人格精神普遍化、客观化于一切人,在人人心中发现并见证此圣贤人格精神。所以孟子说:"人皆可以为尧舜。"荀子曰:"涂之人可以为禹。"王阳明曰:"个个人心有仲尼。"在他们眼中所见到的,满街都是圣人。这种"只见满街圣人"之"见",在唐君毅看来,并非谀俗之论,实质上,是一种"圣心"洋溢无尽,将"凡人"提升入"圣域"的大智慧。

在唐君毅看来,因为孔子的精神是"圆满的",是"大明始终",孔子弟子对孔子的精神不得不心悦诚服,而中国后代的无数天才、英雄、豪杰之士,也都不得不推尊孔子。

---

① 唐君毅:《中国文化之精神价值》,《唐君毅全集》卷四,台湾:学生书局,1990年版,第433页。

儒学生命教育的明宗、立体与呈用

——以唐君毅的《人生之体验》为例

　　生命教育必须以生命的学问（生命学）为支撑。儒家是积极地面对人类的生命存在，进行价值的提升与意义的开拓，同时追究宇宙生命与人体生命的会通与交流。因此，儒学本身实质上可以说就是一种生命教育，其处理的不是知识性的学问，而是面对生命存有的问题，是"生命的学问"。自古以来儒者在这方面的努力从未间断，一直有着典范性的代表人物。唐君毅便是这一典范性人物在现代的代表。

一、唐君毅与《人生之体验》这本书

　　唐君毅是我精神生命的贵人。从读唐先生的书了解唐先生这个人，再到成立"唐君毅研究所""君毅书院"，建立"唐学网（唐君毅研究网）"，如今，刚完成关于唐君毅生死哲学的博士论文及 30 多万字的唐君毅先生年谱新编，正负责新编简体字版的 38 卷《唐君毅全集》。可以说，从 1998 年我研究生毕业时知道唐君毅这个人后，唐先生就成为了我精神生命中最重要的部分。

　　唐君毅是现代新儒家中最具有儒者情怀、最具有生命关切的典范性代表人物。青年时期的唐君毅实际上就已确立了儒学基本的生命典范，并终身知行合一，具有典范生命的意义。唐君毅是一个生命相当敏感与自觉的儒者，是从对天地宇宙的感情去体会人生与理解人生，认为人在时空中不只是物质的存在，同时是超时空的精神存在，物质的身体为精神所渗透，成为人我精神交通的媒介。

　　唐君毅所撰写的大量关于生命的理论著述，由心而发，由情而生，具有强大的情感激发力和理性说服力，可以作为生命教育的直接资源甚至教材。

比如：《人生之体验》《爱情之福音》《道德自我之建立》《人生之体验续编》《病里乾坤》《母丧杂记》及《母丧杂记续记》，以及晚年的旷世巨著《生命存在与心灵境界》等等。台湾学者林安梧、郑志明等，都撰写过关于唐君毅思想的生命教育或者治疗学意义的文章。我自己也做了些理论上的探讨和实践中的尝试，曾经将《人生之体验》直接作为《生命哲学与生命智慧》课程的参考教材。

唐君毅是为早慧的思想家。在 1939 年至 1943 年间（30-34 岁），为了疏解自己的生命困顿，他撰写了《人生之路》共十部。后分三编分别出版，即《人生之体验》《道德自我之建立》和《心物与人生》的一部分。《人生之体验》一书承续了儒家道德理性的精神实践，真实地面对自作主宰的自我生命，以具体的生活体验探究儒学本心本性的价值实现。该书的内容，是唐君毅个人心灵的肯定与超越，带有强烈的生命教育意义，首先是用以教导自己如何面对人生的观照与提升。

唐君毅在该书前言中云："我之写此书，根本不是为人写的，而是为己写的。所谓为己，也不是想整理自己的思想，将所接受融摄之思想，凝结之于此书。只是自己在生活中常有烦忧，极难有心安理得，天清地宁的景象。虽然自己时时都在激励自己，责备自己，但是犯了的过失，总是再犯，过去的烦恼总会再来。于是在自己对自己失去主宰力时，便把我由纯粹的思辩中，所了解的一些道理，与偶然所悟会到的一些意境，自灵台中拖出来，写成文字，为的使我再看时她们可更沈入我内在之自我，使我精神更能向上，自过失烦恼中解救。"

这是一部带有文学性质的哲理书，其目的在于启发与诱导人们内在的自我，是"为己"也"为人"。这些文字的写成，是个人感受到"生活中常有的烦忧"，为了"自过失烦恼中解放"而写出的，因此，它不是从知识系统中开发出来的观念体系，而是真实地来自于生命体验的启示，是用来对治个人的欲望与情意的。客观上说，这种人生难关的突破，实际上是每个人生命的必经过程。而这种安顿，则传达了儒家安身立命的价值实现。它以人的心性为主体，印证了与天地宇宙流通贯注的精神生命；它经过个体自我深切的体验与开拓，是自觉实践而来的智慧，因此，可以用来教育现代民众，共同探索生活意义与生命目的。

《人生之体验》在内容上主要分为四部加附录一篇，在四部之前则有《导言》与《导言》附录《我所感之人生问题》等，说明其写作的思想背景与存在感受。四部的题目及附录分别为：《生活之肯定》、《心灵之发展》、《自我生长之途程》、《人生的旅行》（哲学童话）、《心理道颂》（附录）

二、《人生之体验》的生命教育内涵

在《人生之体验》中，唐君毅延续了儒家本有的义理系统，以自己的生命体验，领悟到生活的基本原理与法则，展现出儒学对应时代的意义与价值，显示出儒学在生命上的教育功能与作用。《人生之体验》的内容，大多是以第二人称的"你"与第一人称的"我"来进行叙述，不管是"你""我"或者"他"，在此书中都算是一种生命的对话，或者是对自己的教育与训示，用来开启人们的憬然醒觉，以智慧的话语生机来引领生命向上的流行与发用。

第一部《生活之肯定》，唐君毅肯定了人的生命活动，强调生活就是文化精神的表现，认为人的日常生活随时都彰显了生命的正面意义与积极功能。在现实生活中，或许人的生命常会遭遇到种种的衰竭与困境，但这些正是用来考验人自我调适与转化的能量，以校验我们是否能从陷溺淫靡之中超拔出来。生活就是生命永续慧命的开显，并以此创造出充实饱满的人生与安乐的社会。这一部的意义与内容，其《导言》云："自本书立场言，人生之目的，不外由自己了解自己，而实现真实的自己。所以人首应使自己心灵光辉，在自己生命之流本身映照，以求发现人生的真理。其次便当有内心的宁静，与现实世界，宛若有一距离，由是而自日常的苦痛烦恼中超拔，而感一种内在的幸福。再进一层，便是由此确立自我之重要，知如何建立信仰与工作之方向，自强不息的开辟自己之理想，丰富生活之内容。再进一层，便是在人与人之生活中，人类文化中，体验各种之价值。最后归于对最平凡之日常生活，都能使之实现一种价值，如是而后有对生活之真正肯定。本部分七节，七节内各分若干小节，一、说人生之智慧。二、说真理。三、说宁静之心境。四、说自我之确立。五、说价值之体验。六、说日常生活之价值。七、最后的话。"

唐君毅认为，生命的存在，是为了"实现真实的自己"。这句话通俗而有力，肯定自己是真实的存在与价值的存在，是反求诸己的人格实现，可以"由自己来了解自己"，肯定自己就是文化价值的源头，应贯通到日常生活中来主导立身处事与待人接物的行为活动。这种行为活动可以分成好几个层次来扩充与提升，第一个层次是"使自己心灵光辉"，第二个层次是"当有内心的宁静"，第三个层次是"确立自我之重要"，第四个层次是"体验各种之价值"，第五个层次是"生活之真正肯定"。以上五种层次的行为活动，是要努力地开发出个体生命的文化心灵，引导人们有着逐渐通达的心灵教育。

生活就是一种心灵教育，是以"心灵"作主体，由内向外一层层地感通与升华，可以帮助人们"自日常的苦痛烦恼中超拔"，体会到生命的可贵与生活的意义，进而"建立信仰与工作之方向"，使自己保有着返本开新的文化创造能力。

这一部共分成七节，重点在三、四、五、六等节上，这四节下又细分了一些小节，作更详细的申论与探究。第三节着重于宁静心境的讨论，下分：说宁静、说孤独、说凝视、说安定、说失望、说烦恼、说懊悔、说悲哀、说苦痛之忍受、说快乐与幸福、说宁静之突破等小节。重在探讨人在生活中面临到喜怒哀乐等感性情绪活动。在人类现实的文化情境中，感性的气质夹杂着不少欲望的牵累，使人受限于习气与情识的纠葛。唐君毅以宁静的心境，教导人们如何突破感情的限制，建立出开放的心灵世界。

第四节谈自我的确立，下分：说唯一之自己、说信仰、说工作、说羡妒、说自强不息、说价值理想之无穷、说生活兴趣之多方面化、说理想兴趣之冲突、说当下的满足、说自杀、说自杀之失败、说内心矛盾冲突之价值、说留恋、说疾病等小节。重在探讨人主体性的知觉与感受，意识到自我的价值，同时也会面临价值的矛盾与冲突，比如理想与兴趣的不兼容，导致内心无法统一，甚至被各种力量撕毁向四方分裂，缺乏对生命的留恋进而自杀。唐君毅是从自我的建立，来克服自杀的生死挣扎，来面对治疾病的痛苦挑战。

第五节谈价值的体验，下分：说价值之体验、说人间之善、说世界之变好、说谦恭、说相信人、说宽恕、说恶恶与好善、说了解人、说隔膜、说语默、说爱、说离别、说死亡、说爱与敬、说对人之劝导、说爱之扩大、说赞叹与崇拜、说文化、说科学、说艺术、说哲学、说教育、说宗教等小节。重在探讨人在现代社会价值多元的情境中更需要有各式各样的价值体验，肯定人类一切文明存在的价值，都能满足人类生存的文化需求，从文化中领悟到生命的充实与光辉。

第六节探讨日常生活的价值，下分：说在日常生活中发现价值、说饮食、说男女之爱、说婚姻、说男女之爱之超越、说名誉心、说权位、说政治、说物质需要、说社会经济等小节。重在从理想与现实的冲突中，肯定日常生活的价值与意义。虽然饮食、名誉、权位，金钱、政治、经济等不是价值的理想实现，但却是现实生活中必需获得与依赖的生存文化，尤其是在现代化的社会结构中。人必须对应着整个社会体制的运行法则，有着种种生存与享受的权利与义务，但又能在既有的秩序轨道中，回归自己而各当其分，尽其本性而各得其所。

第二部《心灵之发展》，唐君毅回到心灵的本质上作深度的探究，肯定人体与宇宙相通的心灵能量，传承了儒家天道性命相贯通的文化理念。这种理念不是外在知识的认知，而是心灵主体的感通与实践，贞定与安顿了生命的存在形式。这一部的意义与内容，其《导言》云："你要沉下你的心，让我的话，暂时作为你之一镜子，来反观你如何可由内界以贯通外界，来认识你生命之海底的潜流，是如何进行的。你将由此而得一内外界确可贯通的证明。以后你可以任意去寻求贯通内外界之任何航道，而不必承受我的任何一句话。因为我的话只有引导的作用，没有一句话不是可修正补充，以根本转换其意义的。我的话对于我要陈述的真理之自体，只如一根绕地球的线。地球的面积之上，有无穷的线，而地面所包围的体积，乃是真理之自体。"本部分五节，一、心与自然之不离。二、心灵在自然世界之发展。三、心灵之自己肯定与自己超越。四、心灵在精神世界中之发展。五、精神自身之信仰。

这一部不同于上一部，是从生活的体验中做更深入的自我观照，在人生现象的领会下，回到与宇宙合一的心灵本性上，直接开启心灵做主的自我智慧。这种智慧，是超越外在的"一切习见知识"的，是内在生命的感润通化，是人性普遍共有的心灵境界与发用智慧。生命的作用，是来自于心灵的凝聚与精神的开放，是"由内界以贯通外界"。此种贯通的表达方法可以是多重与繁复，每个人各自有其心灵开发途径与方法。

第三部《自我生长之途径》，唐君毅重视人的生命成长过程，追问生命存在的意义与目的，反省如何面对生命成长程序的困境与逆境。在成长的过程中，个体生命是要经常地加以润泽与调护，有其依循与活动的主导原则。这一部的意义与内容，其《导言》云：此部中，我们以自我生长之途程为题，在其中姑提出十层自我生长之程序，即十种生活内容之形态，十层之人生境界。此时我们所说是自我自己，所以我不如第一二部之用第二人称之"你"，而用第一人称之"我"之叙述语，来表达自我如何进到一层层之人生境界，在其中发现新价值新意义，又如何如何感到不足，而翻出来，升到更高之境界。十层之人生境界如下：一、婴儿之自言自语。二、为什么之追问与两重世界之划分。三、爱情之意义与中年的空虚。四、向他人之心投影与名誉心之幻灭。五、事业中之永生与人类末日的杞忧。六、永恒的真理与真理宫中的梦。七、美之世界与人格失之创造。八、善之高峰与坚强之人格之孤独与寂寞。九、心之归来与神秘境界中之道福。十、悲悯之情的流露与重返人间。

这一部在生命教育上更为具体，关怀人生老病死的终极存在，从生命的成长程序探讨其存有的意义与价值的目标。人的一生要经历过纵贯的时间与横摄的空间，交叉出各种生存的难关与生活的难题。生命教育的作用，就在于提示人从有限走向无限的价值，开拓出人在有形之外的价值，从而接受生命的无限可能，发挥心灵的力量达成生命的目标。

第四部《人生的旅行》，唐君毅在这里以童话寓言的方式，归纳了全文的行文结构和思想的演进历程——从形下的价值肯定，到形上的心灵超越，再到形下的价值实现。此部包括七个小节：一、母亲的隐居；二、长途的跋涉；三、幸福之宫的羁留；四、虚无世界之沉入；五、罪恶之尝试；六、价值世界的梦游；七、到不死之国的途中；八、重返人间。这一部的意义与内容，其《导言》云：当你能肯定你生活、体验心灵之发展，并对自我生长之途程，有全部的把握时，你这时须要对于整个人生在现实宇宙中之努力行程，有一具体的想象。

成熟之哲学心灵，近于童心。所以此部以一童话体裁，来描述人生。首描述人之自自然界来，复欲超越自然界，而生原始的无依之感，顶着时间之流，去憧憬向往其生命的前程。故此部中，即以时间象征生命冲动，领导人生自强不息的工作。人生于是在超化一般的幸福观念之过程中，体验人间的爱，体验文化之价值，以上升于神圣。再本神圣之命令，回到人间，以实现真美善之社会。此部是以具体的故事为题材，所以一切真理都变成有血有肉，使人可在一故事的想象中，亲切地把握整个人生。

附录《心理道颂》，采用的是四言的赋体，与前四部的语体文大不相同，采用了不少古代典籍的哲学意境，在内容上可以与前三部相互补充，理解其与儒学相互对应的关系。此一附录，将前几编纳入到儒家完整的思想系统之中，如第二编即是儒学的"明宗"，第三编是儒学的"立体"，第一编则是儒学的"呈用"。附录的意义与内容，其《前言》云：以文字体裁论，此部与本编为近，故列为本编附录。因本部多用东土哲学典籍中之成语，由此诸成语之暗示性，读者亦可意会其所启示之哲学意境。此意境虽尚未清晰，有似烟雾迷乱之远景，然人对兹迷离远景或反可引出深远幽渺之思，向往超脱之情。故列为附录，读者如读之有疑，亦不必勉强求解也。一、明宗：甲心象，乙物理，丙心与理。二、呈用—文化。三、立体—率性。四、世出世间。五、思道。

《人生之体验》一书，先从"呈用"开始，是要先让读者从日常生活的文化现象去体会生命存在的意义与作用，然后再进入到儒家核心的"明宗"与"立体"的文化典范之中。唐君毅的中心观念是建立在儒家的道德中心主义上，重视人内在生命的"宗"与"体"，肯定心灵的无限生机与发用，可以经由心灵的感通而与天地万物为一体，肯定生命本身就是道，就是德，就是天，就是神。

"明宗"是确立心灵与宇宙相通的精神本质，"立体"是肯定人体自我向上的价值与作用。在心灵的"明宗"与"立体"之后，自然开启了人文世界种种"呈用"的文化。"明宗"与"立体"，体现了儒家对人的生物性、生物密码与文化密码的独特见解。儒家肯定人的生命是以心性作为主体，由此而开出成已成物的道德实践，以心灵为核心展现出丰富人文世界的文化慧命，此为生命主体普通性的"呈用"。

三、儒学生命教育的"明宗""立体"与"呈用"

"明宗"是确立心灵与宇宙相通的精神本质,"立体"是肯定人体自我向上的价值与作用。在心灵的"明宗"与"立体"之后,自然开启了人文世界种种"呈用"的文化。儒家肯定人的生命是以心性作为主体,由此而开出成已成物的道德实践,以心灵为核心展现出丰富人文世界的文化慧命,此为生命主体普通性的"呈用"。

1.儒学生命教育的"明宗":宇宙大生命的感通(立太极)

所谓"明宗",即是洞彻生命存在的"心"之"理",这是属于儒家形上学的范畴,或称为"超越形上学",以说明人体与宇宙相互统摄的关系。

儒家认为,个体生命的价值,在于"心"的良知明觉,能够上达天德,展现出为人的普遍法则,即是以人德合天德的"理"。从儒学来看生命教育,最核心的部分,就是心灵与宇宙的会通,"心"与"理"合而为一,肯定人人都具有宇宙的能量,可以反求诸己与自我作主来实现生命的价值。

唐君毅的《人生之体验》是建立在儒学的形上学上,是以宇宙来开启心灵的创造精神。唐君毅强调心灵是宇宙的中心:心灵开辟之过程,你知道了,你可以在你心中包括宇宙之一切存在,你可以在你心中发现宇宙之美,宇宙之和谐。你于是可进一层了解:人类精神,不特是各部互相贯通的宇宙之中心,而且此中心,是反照着全宇宙,要将全宇宙摄入其内。这样的生命教育,肯定心灵具有内在而超越的宇宙内涵,心灵所开展出来的形上智慧与人类精神,显示了宇宙与心灵相互为用的创生功能,人的心灵是天人相通的浩浩大道,是以宇宙的能量来彰显生命的光辉。心灵是生命的本源,同时是宇宙的本源,能够"反照着全宇宙",甚至"要将全宇宙摄入其内"。人的心灵能超脱出形躯血气的限制,以精神感通向宇宙提升,进而向外扩充,圆满了生命存有的境界。此即儒学生命教育"明宗"的基本内涵。

儒学谈生命教育,是偏重于心灵的思想活动,在层次上是比较高的。儒学重视的,是天赋的良知本能;而教育的目的,则是彰显出生命永恒向上的本性。这样的教育,面对的是生命深层的内心信念与内省力量。这是一种高标准的生命教育,建立在"宇宙唯心"形上理论上,是经过多层次的思维历程与践履活动才得以实现与完成。唐君毅说到其具体的明宗过程如下：在你思想的开始时，你必须知道心与所对宇宙万物之不离。在你思想的第二段，你必须知道心之自觉性的无限。在你思想的第三段，你必须知道，如何在你个人之自觉性以外，体验你心之无限。在你思想的最后段，你必须知道，你的心可以包罗宇宙，而知你可以代"神"工作，而重新建设宇宙，同时完成你心之本性的要求。当你了解你思想之最后段，你将了解所谓现实的宇宙，只是你的心完成和实现其本性之材料。这是我们所谓宇宙唯心的意义。

此一思维历程主要经历四段，显示心灵自我教育的四个阶段，肯定人具有自我超越的可能性，进行心灵的终极转化，是心灵向宇宙转化的行动过程。从第一阶段的"心与所对宇宙万物的不离"，进入到第二阶段的"心之自觉性的无限"，有了自觉以后，更要深化心灵的体验，在第三阶段里"体验你心之无限"，真实感受到人与宇宙感通的永恒性，迈入第四阶段"你的心可以包罗宇宙"与"你可以代神工作"，这是思想的突破，同时也是生命境界的完成。这不是一般的教育，而是全人格的教育。这种教育强调，通过心灵的培育与修养，人可以自我开发出对应宇宙的无限能量。

2. 儒学生命教育的"立体"：个体全生命的挺立（立人极）

儒学的"立体"比"明宗"更为具体，它要关怀人的身、心、性、命修养的程序。这样的生命教育更重视人格的深化与扩展历程。儒家不只重视"心"，也肯定"身"的意义与价值，其身体观是"身"与"心"的合一，以"心"来圆满"身"的主体道德实践，身体是处在超越与经验的交会中，是经由教育培养出来的内外交融、身心交涉与心气交流的有机性人格。

唐君毅将这样的人格，视为一种艺术品，如云：我的身体何须上升，以我美丽的灵魂来看，我的身体已为一艺术品。她本是美的表现，美的创作，她应当地上存在。我的身体何须上升？我的精神我的生命，可以凝注在一切物而视之如艺术品。一切存在物都是艺术品，都是我精神生命凝注寄托之所，便都是我的身体。我的生命，遂无往不存。

儒家认为，"心"是在"身"中完成的。宇宙不是高高在上，而是经由身体的实践展现出来的文化人格；此一人格是"美的表现"与"美的创作"的"艺术品"，不是宇宙抽象的精气，而是身体具体的呈现。由心的践行而造就出的充实而有光辉的身体，是"应当地上存在"的艺术品。以艺术品来看待"精神我的生命"，是一种极有创意的说法，将身体视为"精神生命凝注寄托之所"，肯定人的心性是经由教育修养，完成了精神化的身体，以"心"来雕琢感官与知觉的道德实践，强化身体感应与变化的创作能力，展现出文化规范下的人格生命。如此的生命是"无往不存"，体现了身体圆满无漏的艺术美感。

我造成之我之人格，是亘古所未有，万世之后所不能再遇。这是唯一的唯一，绝对的绝对。我只有把我之人格，造成一艺术品时，我才创造了宇宙间唯一绝对的艺术品，才表现了唯一的唯一，绝对的绝对。我于是了解我要求最高的美即是要求善。最高的美是人格的美，人格的美即人格的善。要有人格的善，必需以我之性格为材料，而自己加以雕塑。我需要自己支配自己、改造自己，以我原始之性格为材料，我要把自己造成理想之人格。儒家把身体当作心灵践形的工具，但肯定心灵的同时，也肯定身体的价值，虽然身体只是人格践形的工具，但这种工具对每一个体来说，都是唯一无二的，工具与目的是不可分离。如唐君毅云："我"的行为，通过我的身体联系于实际的世界。"我"坚强的意志，上达于天，下达于地。"我"的身体，是我表现行为的工具，同时是表现我人格之工具。"我"的身体，透出我人格的光辉而成气象。我立脚在大地，以我的行为，散播我人格的光辉在人间。"我"以口宣布我之理想，以手向人招，手口都负着理想的使命，而成精神之存在。

身体是行为的工具与人格的工具，是理想使命与精神存在的载体。维持载体的正常与理性的运作，也是人存有的责任与义务。晚年唐君毅，更以"身心呼应"之说，来说明人的生命之不朽和永恒。

儒家是勇于面对身体的"生"，同时也承担了身体的"死"。唐君毅认为不必担心个体的死亡，也不用害怕世界末日。纵然宇宙不是由心显造，宇宙只一个，而宇宙又真有末日之来临；人类此时，既都已完成其最高人格，他将有勇气承担一切。他纵然见宇宙马上要破裂散为灰烬，一切将返于太虚，他内心依然宁静安定，亦从容含笑的自返于其无尽渊深之灵根。

人的"立体"，承担了个体的生死，也会坦然面对宇宙的生灭，归回到天地万物运行的自然法则。当圆满了生命存在的人格时，也就勇于接受死亡的到来。这是儒家"心性体认本位"的生死学，重点在于心性的"立体"上。这里所立的体，不是物质性的躯体，是由宇宙本原贯通下来的心体，此一心体能够"勇于承担一切"，不仅让身体生色而有光辉，也经常维持"内心依然宁静安定"；担负着人间一切的生存苦难与人生使命；当面对着宇宙的毁灭，也能"从容含笑的自返于其无尽渊深之灵根"。

"立体"不只面对个体的生命，也参与人类文化的整体运作。唐君毅从生命的"立体"肯定社会人文制度的真正落实，如云：我于是了解了经济政治之重要，一般社会改造一般教育之重要，一切实际事业的重要。我肯定一切实际事业之重要，是根据于整个人类理想生活之开辟，不能不先有合理之社会组织。而我之所以要谋整个人类理想生活之开辟，是本于我恻恻然之仁，而此恻恻然之仁，是宇宙中生命与生命间之一种虔敬的同情。

所谓"立体"，即"本于我恻恻然之仁"，对生命存在终极意义的体认，以人生意义的探寻，肯定教育、经济、政治、社会等改造的重要性。这是以生命的精神体验，来安顿现实文化的世俗权益。"立体"不单是本心本性的自我体认，也是社会人文化成的主导力量。肯定"一切实际事业的重要"，就意味着，不仅追求人格的圆满，也追求政治社会的圆善，由内圣迈向外王，使各种文化制度能继续地高度展现其精神的成长。

3. 儒学生命教育的"呈用"：普遍众生命的完善（立皇极）

儒学的"立体"与"呈用"是一脉相承的，生命人格的内圣通向文化事业的外王。儒学强调，人生是现实社会生活中的人生，人是在治理社会成全他人他物中完善自己，同时在自我改造中完善社会与宇宙。儒学重视生命的"呈用"，这正是儒学教育的主要课题。

唐君毅肯定在世俗生活中工作的重要性，强调人在现实社会中是要工作的，但工作不只是为了谋生而已，而是要成己成物。因此，每一份工作对个体来说也是唯一无二的。如云：你必须信仰你的工作，你必须自认你的工作，有绝对之价值。但你工作之绝对价值，不是拿你的工作，同他人比较之结果。同他人比，你工作之价值，永是相对的。你当明确地认识你的工作，都是实现一种非你去实现不可，唯有你能实现的价值。因为你是唯一无二之人格，所以你的工作，亦是唯一无二的。唐君毅从人格的唯一无二延伸到工作的唯一无二，这正是体用的扩充，说明"立体"在于"呈用"。所谓"呈用"，就是要认识与实现自己的工作。

人是活在社会系统里，有着分位等级的结构，以及各式各样对应而来的工作，比如士农工商等，由此就有不同的分工名分与生存责任。这些名分与责任，在现实情境中是相对的，但唐君毅则将其提升到"绝对价值"上，视"工作"为生命存在的神圣事业，人格就在工作中实现，这种实现都是唯一无二的。

人一生的工作必然有顺有逆，各种外在形式的冲突矛盾也会随之而来，这是个体生命存在的悲歌。在现实环境永远存在着无法逃避的挑战的情况下，我们如何克服这些挑战呢？唐君毅云：在不同的价值理想中，各方面的生活兴趣中，你有时免不了冲突同矛盾，这将如何解决？唯一的解决法，是反省当下时间空间中，所容许你实现的最好的理想，可满足的最好的生活兴趣。当下的时间空间中，一定有他唯一能容许的，你所欲实现的比较最好的理想，或欲满足的最好的生活兴趣的，只要你耐心去发现它。

人的人生经常要面对到各种生存的选择或决定，儒家认为现实与理想之间有着相即不离的关系。当心性本体能够"耐心去发现"，在现实层面一定有着较好的解决方法，即"实现的最好的理想"与"满足的最好的生活兴趣"。如果一个人长期处在矛盾冲突中，便是自我生命的能量过于薄弱，无法进行自身的价值实现。

儒家认为人类各种文化的发明与传承，都是生命的价值开显，由此展开豁然的文化心灵与畅通的文化生命。唐君毅认为，多元的文化价值系统，都是为了实现心性的价值：人生的一切努力为的什么？都是为实现一种价值。哲学科学实现真，艺术文学实现美，道德教育实现善或爱，宗教实现神圣，政治实现国家中的和谐，经济当实现一种社会的公平，以至饮食男女名誉权位之要求，都本于一种价值实现之要求。

唐君毅是从"真""美""善""爱""神圣""和谐""公平"等价值来定位序，建立出各种文化综摄融通的基准。这是从文化会通的立场来看待"哲学""科学""艺术""文学""道德""教育""政治""经济"等生活体制，认为人类各种文明的开展，即是"本于一种价值实现之要求"，是源自于生命本性的普遍性原理，转化为现实生活的基本法则。儒学的这样一种强调"呈用"的生命教育,对现代人来说,具有着正面提升的作用:从自我的精神实践,克服当代文明的异化与分隔;从人心风俗的陷溺混浊中,点醒自我明觉的本性;进而端正心性努力的方向,来重开生命的新机。

4. 儒学参与现代生命教育的可行性

生命教育是教导现代人认识生命的意义与培养生命的智慧,这样的教育,不是知识性的学理阐释,应是生命主体的自我实践。从这个角度看,儒学是可以参与到现代生命教育的推动行列之中的。儒学的生命教育可以与现代文明相结合,因为儒学是回归到日常生活道德建立而出的伦理学,是本于生活实践而开展的伦常法则,可以协助人们进行理智与情绪的统整,从现实生存环境的各种负面牵制下超脱出来。

唐君毅的《人生之体验》,不只是立基于儒学的思想体系,同时也面对着各种需要统整的生命课题,教导人们如何舒解情绪与开阔心胸,深化生命各种自觉的努力。因此,唐君毅的《人生之体验》一书,完全可以作为生命教育的教材。它以人作为主体,进行体验式的诠释,透过生命的体验返回到人性自身,开启生命自我跃升的潜力与能量,在"明宗""立体"与"呈用"的过程中,贞定了生命存在的终极价值。

不仅如此,唐君毅的《人生之体验续编》《病里乾坤》《爱情之福音》《道德自我之建立》《生命存在与心灵境界》等,都可以作为生命教育的资源甚至教材。唐君毅所秉持的儒学生命教育的根本精神,就在于挺立个体的生命人格,犹如他在《人生之体验》中所说的:

在无穷的空间,无穷尽的时间中,你感到你的渺小吗?

你便当想到你能认识广宇悠宙之无穷尽性,你的心也与广宇悠宙一样的无穷尽。

其次,你要知道,你的身体,亦非如你所见之七尺形骸。

你呼吸,你身体便成天地之气往来之枢。

在你身体内,每一刹那有无穷远的星云之吸引力,在流通。

在你身体内,有与宇宙同时开始的生命之流,在贯注。

你身体是宇宙生命之流的河道。

宇宙生命之流自无始之始,渗透过你身体,而流到无终之终。

你生命之本质来自无始之始，终于无终之终。

同时，你如是之生命，是一亘古所未有，万世之后，所不能再遇。

你犹如海上的逝波，你一度存在，将沉没入永远之过去。

你感到人生之飘忽吗？

然而，如是之你是亘古所未有，万世之后所不能再遇，这即证明如是之你，是唯一无二的。

你之唯一无二，使你之存在有至高无上之价值。

因宇宙不能莫有你，他莫有你，他将永无处弥补他的缺憾。

宇宙莫有你，他将不是如是的宇宙，如是的宇宙，将不复存在，

你要珍贵你唯一无二之人格，如是的宇宙，依赖你而存在。

儒学的治疗学意义与生命教育

——以唐君毅《病里乾坤》为例

　　生命教育必须以本土文化为土壤才可以真正得到现实的落实。传统中国社会号称是以儒学作为主导性文化的社会，但事实上，中国社会不完全等同于儒学社会，甚至在相当程度上远离了儒学知识系统下的价值理念与理想目标，远离了儒学的人文心灵与价值理性。如此，儒学本身所具有的独特的生命治疗学意义及其对生命的关切落实，往往只保存在少数的知识精英身上，才真正展现出儒学内在的义理形态与超越性格。但另一方面，这并不意谓着儒学与社会是完全脱节的，在具体的社会实践中，儒学的文化理念对现世生活仍有相当的关联性。在现实生活中，人们对儒学的治疗学意义还是有或多或少的依赖，尤其是在精神的心灵安顿上，常能获得儒学的文化滋润。正因为此，在当下推行生命教育，从儒学的治疗学意义寻求文化根基，是建构本土化生命教育和提升当下中国人生命意义的重要途径。

　　现代新儒家唐君毅（1909—1978）可谓是当代以儒学的治疗学落实生命教育的典范人物，是儒学意义治疗的实践者与宣扬者。唐君毅与其他儒学思想家最大的不同在于，除了儒学的学术著作外，他还有大量来自于生命体验的人生著作，表达了其从青少年以来希圣希贤的立志之路和对人生正面与负面价值的独特体验与反思，比如早年的《心物与人生》《人生之体验》《道德自我之建立》，中年的《人生之体验续编》《病里乾坤》，晚年的《生命存在与心灵境界》等书，都是深富生命实感的体验与省思。其中《病里乾坤》一书虽然篇幅不大，只有四万多字，却是唐先生在病房中面对病痛的机缘再度深刻反省自我生命而写下的儒学治疗学和现代生命教育的经典作品。本文以《病里乾坤》的文本解读为基础，力图阐释儒学所具有的治疗学意义及其对现代生命教育的重要启示。

一、《病里乾坤》的文本地位

《病里乾坤》一文是唐先生"在民国五十六年（一九六七年）二月十六日至三月三日，于日本京都医院，每日在晨光曦微中，写约一节，历时十六日而毕"①。后刊载于台北的《鹅湖月刊》，从第一卷十一期到第二卷第五期。唐先生逝世后，鹅湖杂志社将该文与唐先生在鹅湖上发表的其他文章集结出版，后收入台湾学生书局1991年出版的《唐君毅全集》第二卷。大陆广西师范大学出版社和中国社会科学出版社出版的两套唐君毅著作选集，均未收入该文本。

《病里乾坤》总共分十三节，包括：（1）生世；（2）目疾；（3）超越心情与傲慢之根；（4）如理作意与天命；（5）忧患与死生之道；（6）理与事；（7）习气与病；（8）痛苦与神佛；（9）当与不当之辨；（10）觉与无觉；（11）尽生死之道与超生死；（12）痛苦之究极的价值意义；（13）痛苦与大悲心、崇敬心、及感慨祈愿心。内容多涉及对自己生命的切己性反思，对生命中一些重大问题如生、疾病、傲慢、痛苦、习气、死亡等的体验式洞察，可谓直接现实的生命教育课本。

唐先生《病里乾坤》这一文本，大陆基本上没有。在台湾则有几位专家分别从不同角度给予了比较深入的研究和极高的评价。

曾昭旭教授将《病里乾坤》看做《人生之体验续编》的再续编，以为是唯唐先生能写出的文字般若，是一切以求道自命的人当深心体味的生命抚慰剂。他在该文结集成书的序言上说："在此之前，唐老师关于生命负面的恳切反省与体验之作，原有《人生之体验续篇》一书，写于民国四十三年至五十年间。那是整个民族生命发生大病痛的机缘下，引发唐先生对生命负面的深沉体验与悲悯而写成的。牟宗三先生曾赞叹此作为'滴滴在心头，而愧弗能道'。的确，这可以说是唯唐先生为能道的文字般若；对一切发心立志去求道行道，却因而历尝行道途中的艰险苦痛之人，是最为精警的提撕与

---

① 唐君毅：《唐君毅全集》卷2之《病里乾坤》，台湾：学生书局，1991年版，第6页。

最深切的抚慰。而《病里乾坤》由唐老师个人病痛的机缘而引发，则直可视之为《人生之体验续编》的再续编，同样值得一切以求道自命的人去沉心体味。"①

林安梧教授则对比弗兰克尔的意义治疗学，认为《病里乾坤》开启了现代意义上的儒学意义治疗学。"《人生之体验续编》一书重视的是经由生命负面的省察，通过一种体验的方式来省察陷溺的生命，必逐步超升转化，得到完整的治疗"，而"《病里乾坤》的实存式的体验，更而涉及于生死学的理解，更委婉曲折的将其治疗学的思维，表露出来"。因而，"《病里乾坤》一文最富有生命的实存感，是面对生命之真实病痛，并思及于生死之问题，而开启的根源性反省"。林安梧认为，唐先生于《病里乾坤》中所示现的治疗学思维，较诸于《人生之体验续编》更具有实存性，更重视到生命负面之限制，虽然同为"体验的诠释"，并由此诠释，而开启其意义治疗，但总的来说，《病里乾坤》更重视内在实存性，更重视存在的回归，更由此生命实存之限制，而开启一"绝望"的承担精神，这精神可以说是一"立命"的精神。在林安梧看来，"立命的精神、面对绝望的精神，这对于儒学的意义治疗学而言，应是一个重要的发展。儒学虽然本来就含有这个向度，只是它的发展一直以正面的、积极的向度为主，面对绝望的向度，相形之下，是受到忽视的"②。

郑志明则从儒学医疗角度切入，认为"唐君毅的治疗学思维，是延续了儒学医疗体系而来，充分展现了疾病与生死的儒学观念与医疗方法。《病里乾坤》是从疾病的医疗现象入手，体会到疾病的化除，不单是生理医疗，而是偏重于心理医疗，甚至是心灵医疗，对于疾病所带来的病痛，不是外在医药就能完全对治，涉及到内在文化性的精神关怀与身心实践"③。

若从形式上看，在唐君毅上千万言的著述中，区区四万言的《病里乾坤》只能算一个很小的文本。但是，若从文本的生成性来看，《病里乾坤》是唐

---

① 曾昭旭：《病里乾坤》序，《唐君毅全集》卷2之《病里乾坤》，台湾：学生书局，1991年版，第4页。

② 林安梧："再论'儒家型的意义治疗学'——以唐君毅先生的《病里乾坤》为例"，《鹅湖》二十八卷四期（总号328），2002年10月，第7页。

③ 郑志明："从唐君毅的《病里乾坤》谈儒学医疗"，何仁富主编：《唐学论衡——唐君毅先生的生命与学问》（上），北京：中国文史出版社，2005年版，第421页。

先生在目疾中面临生死界限而"无所事事"所全身心体味出的纯粹生命文本；从文本的价值性来看，《病里乾坤》的体验式叙述方式、对儒学治疗学思想的发展、对生命的切己性察思、对儒学生命教育意义的拓展，是整个现代新儒家甚至是儒学史上的一个经典大文本。

二、疾病、治疗与生命提升

疾病，既是《病里乾坤》产生的机缘，也是该文本切己反思的重点，同时也是唐先生由此引出儒学治疗学和生命教育的基点。

1. 对疾病的切己体悟

1966年3月25日，唐先生于会议后，忽觉左眼视力不明、见物变形，"初唯忽感左眼上角之天，遽尔崩陷，而天如缺西北，当即赴医诊治"[①]。后经医生诊断为左眼视网膜脱落。4月13日赴美国应哥伦比亚大学之约作访问教授，兼治眼疾。6月26日，经夏威夷转赴日本东京，与几位日本学者谈中国文化。12月8日，唐先生赴日本京都医院治疗目疾，由眼科主任浅山亮二教授及锦织医师诊治。在京都医院三月余，出院后，又在京都休养四月余，前后共住京都八个月之久。在病榻上，唐先生对自己一生进行了诸多反省察思，"在此一年中，吾乃更于吾之一生，试顾往而瞻来，于人生之事，较有一真觉悟，而于昔年所读之书，亦颇有勘验印证，其中亦有足资吾今后与他人之警惕者"[②]。

在对自己一生的反省中，首先悟及到青少年时候的诸多经历尤其是所经历的烦恼与疾病。他自认为自己的一生是经历了很多伤痛之事的。诸如父亲在老家宜宾去世时身边无一家人；母亲病逝于苏州时自己也不能亲往奔丧；十多年来羁旅异域，更是时怀家国之痛。但是，这些可伤痛之事，大多"出于悲情之不容己，非同逼恼之苦难，使人不得不忍所不能忍，亦使人难于更发大心，以求向上之觉悟者"。真正经历的"逼恼之苦"则是二十岁左右时身体多病。唐先生说："若言吾生所之逼恼之苦，唯在二十岁左右时，身体特多病。脑、肺、肠、胃、肾，皆无不病。吾年十四五时，即已有为学以希

---

① 唐君毅：《唐君毅全集》卷2之《病里乾坤》，台湾：学生书局，1991年版，第11页。

② 唐君毅：《唐君毅全集》卷2之《病里乾坤》，台湾：学生书局，1991年版，第11页。

贤希圣之志。年二十岁左右，自负不凡，乃时叹人之不我知，恒不免归于愤世疾俗之心，故烦恼重重，屡欲自戕。然此时吾对人生之事之悟会，亦最多。吾二十二岁，先父逝世，吾更自念：吾身为长子，对吾家之责，更无旁贷，吾一身之病，乃自此而消失。"①

　　唐君毅对疾病的感受是相当强烈的，这种强烈来自于其切身病痛的体会。但是唐先生对疾病的认知不是局限于生理的病变与用药上，而是从生命存在的文化价值去面对疾病所带来的种种生存困惑，将疾病问题提升到身心的文化层次上来。由此，对疾病的治疗，也就不只是科学上的相关技术，而是更重视生命的伦理秩序与文化规范。这是唐先生所彰显出来的儒学的治疗学意义的重要内容。

　　2.疾病与治疗的身心关系

　　唐君毅指出为什么在二十岁左右身体多病呢？主要的原因在于身心调适的失常，生理与心理不能维持有机的平衡关系。换言之，真正的问题在于心理的"烦恼重重"上，陷入到对立、冲突与矛盾之中，严重之时，甚至"屡欲自戕"，进而引发了明显的身心症候群。对于这些身心疾病，唐君毅不反对现代化的药物医疗，犹如他当下罹患目疾并不反对麻醉药下的手术治疗一样，但是，他更关心的是在疾病面前自我心灵的调适与转化。唐君毅二十岁时的"一身之病"之所以"自此而逐渐消失"，乃是因为"先父逝世，吾更自念：吾身为长子，对吾家之责，更无旁贷"。唐先生在此不是标举无医自愈，实际上唐君毅是有进行医疗的，只是其心灵医疗的效果大于生理医疗。

　　什么是唐君毅的心灵医疗呢？从其自己的陈述可知，主要来自父亲的逝世，体验到对家庭责任的承担，这种承担跨越了"愤世疾俗之心"，获得了安神定志的作用，"安神"是指确立了主体性的心理安顿，掌握到生命存在的使命感，"定志"是指有一定的奋斗目标，超越了"自命不凡"的狭窄心态，有着确定的人生追求方向。②如唐君毅自己所说："此出自吾一己之私之烦恼之减轻，乃始于吾父之逝世，而吾自知对吾母及妹弟之有责。吾由此而

---

　　① 唐君毅：《唐君毅全集》卷2之《病里乾坤》，台湾：学生书局，1991年版，第10页。

　　② 郑志明："从唐君毅的《病里乾坤》谈儒学医疗"，何仁富主编：《唐学论衡——唐君毅先生的生命与学问》（上），北京：中国文史出版社，2005年版，第421-422页。

知一切人皆惟赖其具体之行事上，自为其义之所当为者，乃能自拔于个人之孤独以外，否则人虽存希圣希贤之念、悲天悯人之怀，而不能自绝其一念反缘而生之自命不凡之傲慢，则人终为小人之归。此则为吾自二十余岁后，所逐渐悟得之义，而唯感行之未力，复时感旧习难夺，亦感有种种思想上之葛藤，尚难斩断。"这些尚难斩断的"思想上之葛藤"，在这次罹患目疾期间"更有较深一层之体认"。①

唐先生认为，疾病来自于生命的分裂，"身病"与"心病"都肇因于生命分裂的现象。他不仅从形而上学的立场来看待"心病"，也以科学的观点来解释"身病"，将"身病"与"心病"加以统合，建立出自己关于疾病的"生命自身分裂"说。他说："盖此病菌之所以导致疾病，乃由有此病菌等存在于具生命之身体中，则此身体之生命，即引起一种组织机能之变化，而别有种种活动之产生。而此组织机能之变化，即由原来之此生命，此身体自身之分裂所造成。人之疾病之不由外来原因而引起者，如吾之视网膜之剥落之疾病，以及令人所最畏惧之癌症等，即无不显然由于此身体自身之组织、细胞自身之分裂而变形所造成，亦即当是由生命自身之分裂所造成也。"②这样的疾病观，符合儒学的论点。儒学不仅重视"心病"的治疗，同样也关心"身病"的治疗，不反对现代医疗的病因说。唐先生根据现代的医学观念，从"组织机能之变化"来看待疾病的产生，认为疾病是"身体自身之分裂所造成"的。

可是问题在于，身体为什么会造成分裂？一般人只看到生理现象，即"身体自身之组织、细胞自身之分裂而变形"，这种组织与细胞的变形，也是一种"生命自身的分裂"的现象。但是唐先生进一步指出，从"身病"到"心病"都是一种生命分裂的现象，除了关心身体的有机分裂，更应该重视心灵的潜在分裂问题。

从更深层的自我解剖来说，唐先生所彰显的儒学的心灵医疗，在于真实地面对"一己之私之烦恼"，从己私处超拔出来，体悟到生命存在的"自为其义之所当为"的道德境界。将身体疾病的对应问题，摆在"当"与"不

① 唐君毅：《唐君毅全集》卷2之《病里乾坤》，台湾：学生书局，1991年版，第18页。
② 唐君毅：《唐君毅全集》卷2之《病里乾坤》，台湾：学生书局，1991年版，第63页。

当"的价值之辨上，看自己的行为，是否能思其所当然与行其所当然。如唐君毅所说："以吾养病之事而言，则为求康复，而求所以治病养生之道，是义，而必求病愈，则是利。然养病不求病愈，又正非易事。此中人自会有种种之转念以求其必。此则唯待于更——思此种种之所求之'必'，皆实不可必，否则，利心终可断也。以此例之，人生一切义利之辨，莫不同于此。人能无往而不辨此义利之分，则人生觉悟之道，于是乎在矣。"①

儒学不排斥"治病养生之道"，只是在治疗过程中要能意识与实践"义利之辨"。治病主要的目的是"为求康复"，这可以说"是义"；但如果一味地"必求病愈，则是利"了。"义"与"利"的差别就在于一个"必"字上。儒学治疗真正的特色就在于跳越过"必"的迷思，在心态上能做到"养病不求病愈"。养病是"义"，"求病愈"是"利"，只要"养病"就可以了，不必"求病愈"。这样的治疗观，是从人性的价值判断入手的，认为"养病"是操之在我，是主体所当为的"义"；"求康复"与"求病愈"虽然是理所当然，但是在现实操作中，却"实不可必"，即医疗无法保证绝对有效。如果人们坚持对于疾病"所求之必"，那么"利心终不可断"，只从利益关系来要求治疗的实效性，过分地依赖医疗技术与方法，缺乏了对主体生命的觉悟与反省。

关于"当与不当"的辨别，涉及到儒学中大人与小人的分判。大人是要有"希圣希贤之念，悲天悯人之怀"的人，但是，这种"念""怀"不是只停留在心念上而是必须落实到具体的行为实践上，这种行为实践是生命的真实的体验与完成，它可以对治己私的妄念，产生高尚的道德品质。如果"自绝其一念反缘而生之自命不凡之傲慢"，终究还是小人。

唐君毅从对疾病的态度延伸到义利之辨，从义利之辨又推及到人生觉悟，这就是儒学治疗学升华为生命教育的基本逻辑。

3. 习气革除与生命提升

唐先生认为，作为"生命之自身内在分裂"的疾病之所以会发生，在相当程度上源于人被习气牵引而不能自作主宰、依理心事。人的生命在时间流逝中，每经历一件事情，就会留下在以后类似情境下再做此事的趋向，这就

---

① 唐君毅：《唐君毅全集》卷2之《病里乾坤》，台湾：学生书局，1991年版，第41页。

是"习气"。如果某事被多次重复，则习气就会增加而呈"习惯"，此"习惯"会进一步影响人心当下的判断。

唐先生从生命力的高度分析到，如果我们的心能够自作主宰，依理行事，那么习惯习气可以帮助我们节约生命力；如果人心不能自作主宰，习气就会自然流行并进而产生很多不当有的习惯行为；即使不在具体行事上产生现实的不当有的行为，也会产生种种无现实意义的意念欲念甚至妄念而浪费生命力；更为严重者，这些习气产生的诸多妄念种类不同、方向不同，时有冲突，会导致生命力的分裂，如此生命不能和谐贯通，这就会导致生理的疾病。唐先生说："如人心能自作主宰，凡事之作，皆依理为权衡，以定是否当重做，则由习气所成之习惯，亦可省吾人重做时所用之生命力量，而未始无用。然当人一念不能依理，以自作主宰时，则习气自尔流行，而人乃有一纯依习惯之行为，吾人虽明知其不当有，而若不能不有者。当人在闲居静处之时，则此习气之流行，即化为无端而起之联想的意念之相续不断，而此联想的意念中，则恒夹杂欲念，与之俱行。此诸联想、意念、欲念，相续不断，因其所根，在过去之习气，恒不能化为现在当有之具体之行为，以通于客观之世界，以有其价值与意义，故纯为一妄念而浪费吾人之生命力者。此习气妄念有种种，亦有种种不同之方向，如东西南北不定。又时或互相冲突，即又为分裂吾人之生命力，以使其难归统一，以成一和谐贯通之生命者。此亦正为吾人之具生命之身体，所以有生理上之病之一根源。"[1]

唐君毅进一步分析了习气引起身体疾病的客观逻辑。他认为，我们的身体乃各种潜伏的或显出的机能、作用、活动的集结，它们彼此配合和谐构成一有机的整体。"身体之诸活动，若恒能周流不息，则身体能自保其内在之统一与和谐，人之生命力亦可用而不竭，而身体得维持其健康。然当此身体之活动成为习气，以生起种种不当有之意念欲念时，则其生命力，纯由过去之习气所驱率，乃欲罢不能，欲止不得，连绵不断，身体之活动遂种种意念欲念之方向，而驱散，更无逆回归寂之机；吾人之生命力用于此者，遂纯为浪费。而吾人之整体之生命，即循不同方向之意念欲念之生起，时在分裂之中，

---

[1] 唐君毅：《唐君毅全集》卷2之《病里乾坤》，台湾：学生书局，1991年版，第32-33页。

即外若未病，而实已病矣。"①唐先生以此反省他自己之得目疾之病，也是源于自己看书时形成的一些习气："吾此次病目疾，更念吾之受病之原，正由平日读书之事，实亦多是一习气之流行。当吾读书之时，吾之目光向书而注视，即目之活动之向书而趋，以与吾整体之身体之活动相离，方有此目之形体自相离散之事。"②

因此，唐君毅特别强调，"养病当先从事于静功，而此静功当始于求妄念之停息"。而且坚信"由此静功，必有助于身体之康复"③。他自己在养目病期间，为了克服"习气"所致之"目之形体"与"整体身体"之"离散之事"，便"尝试用内视、及其他使心不外驰，而归在腔子里之工夫，以逆此平日习气流行之方向"，并自谓"亦不能谓其全然无功"④。

如何避免"妄念"的产生呢？按照唐先生的逻辑，必须借助于静功功夫，破除习气的作用，让心自作主宰。当然，对于凡夫俗子来说，要求不可有丝毫的妄念，根本上就是强人所难。但是，儒学的可贵也就在这里，它要求人们正视"分裂吾人之生命力"的源头，才有可能真正获得"和谐贯通之生命力者"。

在破除人的习气的过程中，或许我们不容易找到下手之处。唐先生通过自己的体证和《病里乾坤》中彰显出的逻辑表明，我们可以从如何对治人的慢心处下手。唐先生认为，人最大的旧习在于傲慢："至于吾之所以又仍觉此旧习之难夺者，则一由于此人之慢心。吾在理上，虽已心知其不当有；然在事上，则吾仍未必能时时皆以理自持，而去之。此旧习之另一表现，乃为由我对人之傲慢，而高攀其心，所化出之对人间事物与自然事物一般的轻慢心，此轻慢心尤不易去。"⑤这不易去除的"轻慢心"的一个主要表现即为，以为事物的变化可以不经过我自己的努力而发生自然的按照我的个人意愿的演变，"凡人之自谓我生有命在天，天必不违吾愿，其根源皆在此种慢心"。

---

① 唐君毅：《唐君毅全集》卷2之《病里乾坤》，台湾：学生书局，1991年版，第33页。

② 唐君毅：《唐君毅全集》卷2之《病里乾坤》，台湾：学生书局，1991年版，第34页。

③ 唐君毅：《唐君毅全集》卷2之《病里乾坤》，台湾：学生书局，1991年版，第33-34页。

④ 唐君毅：《唐君毅全集》卷2之《病里乾坤》，台湾：学生书局，1991年版，第33-34页。

⑤ 唐君毅：《唐君毅全集》卷2之《病里乾坤》，台湾：学生书局，1991年版，第20页。

唐先生强调：“实则人之自谓有命在天，必有天佑，正为人之傲慢心之一种表现。此乃人所未必知，而亦吾之昔所不知。”[1] 强调“天从吾愿”，实际上是“贪天之功以为己力”，是卑视天意、天命之广大，是对天或客观世界之一大傲慢。

从“生命力”来谈疾病的医疗，是跳过“身”的生理阶段，直接面对“心”的精神世界，这种跳跃提高了“心”在身体中的价值，重视的是“心”的意识活动，将人从个别的肉体存在转化成普遍的精神存在。“身”是经由“心”来加以实践与完成的，因此必须对治人的种种的“习气妄念”。“习气妄念”可以说是人“生理上之病之一根源”，即“身病”是根源于“心病”，导致产生了生命力的分裂。儒学的治疗学正是针对“心病”而来的，他要求不可“纯为一妄念而浪费吾人之生命力者”，这是一种相当高的人性境界的要求。

三、儒学治疗学与生命教育

唐先生这里彰显出的儒学的心灵治疗，实际上是一种意义治疗，是生命意义的赋予与生命境界的提升，就是要从小人的生命境界，提升到大人的生命境界。这种境界的提升，其治疗的对象，不是身体，而是心灵，故疾病的化除有赖生命的大智慧。要达到大人的生命境界，“思”与“行”都需要彻底的证悟。

客观地说，儒学的心灵治疗的境界不是一般人能够达到的，即使一些高级知识精英，也会“感行之未力”。原因在于，这种寄希望于自己生命力的自化的治疗学，对于人性的期待甚高，这种高标准只有希圣希贤之人才能念兹在兹，立志突破超越。对于大多数的凡夫俗子而言，这是遥不可及的人生境界。儒学的治疗学超出了生理关怀的范畴，实际上进入到了心灵的终极关怀范畴。

但是，唐先生所昭示的儒学治疗学作为一种积极的意义治疗学，恰恰又是每一个人可为的自我拯救的生命教育之路。借用台湾学者林安梧先生的话：“唐先生的意义治疗学是由‘是，我在这里’这样的一个活生生实存而有的主断来开启的。‘是，我在这里’一方面点出了‘把我放在世界内看’的理

---

[1] 唐君毅：《唐君毅全集》卷2之《病里乾坤》，台湾：学生书局，1991年版，第20页。

解诠释原则，另方面则亦指出了此原则实亦含着'把世界放在我之中看'的实践原则。'我'与'世界'是关连为一体的，这一体即是所谓的'人生'，是人人经由其自家的体验可以体知的。盖人之为人是一'生生具有生命的人'，此人是实存的（存在的），是活在整个生活世界的，他是具有心灵能动性的。"以"我，在这里"作为参照与承担的儒学治疗学，重点不在意义的直接获得，而是通过当下直接的承担，回归到生命存在之根本大道，了解自己的生命整体，开拓自己的生命存在，丰富自己的生命内容，提升自己的生命境界。

"是，我在这里！"这是我们每个凡夫俗子都可以当下体会和承担的生命教育之路。

儒学生命教育中的人文融贯

——以唐君毅的《柏溪随笔》为例

生命教育当然是直指个体生命这个"人"的。但是,人之为人,确实以"文"化成的。因此,儒家生命教育特别强调人文的融贯,以文化人,又以人成文。唐君毅的《柏溪随笔》给我们提供了一个如此人文互成的生命教育样本。

一、《柏溪随笔》的文本意义

在唐君毅上千万言的著述中,《柏溪随笔》是一篇看似没有多少分量而实际上极具特色和意义的一个文本,在台湾学生书局版的《唐君毅全集》中,收入全集第三卷之《人生随笔》。《柏溪随笔》有"之一"和"之二",均为编者所加,原文都名《柏溪随笔》。《随笔一》于 1934 年 3 月发表于《文化通讯》一卷三期,发表时署名"百海"。《随笔二》为作者早年友人、妻弟谢斯骏提供,发表于何处已不清楚,在《随笔二》最后有一小段作者的附记:"誊录旧作随笔二十四则。熄灯见月色朦胧,知天将晓。闻梅庵枭声,还步至六朝松下,待明月归去。忽成打油诗二句'谁知月落星稀后,一片清冷万古心',前二句不可得。然我深深祈原:我之心灵长住此时心境,故附笔于此。二十六年一月二十九日黎明。"由此可知,《随笔二》的完整稿成于 1937 年 1 月 29 日。但是,作者在附记中说的很清楚的是"誊录旧作随笔二十四则",因此,此稿的内容肯定是成于这之前。

《柏溪随笔之一》有 16 节,一千四百余字。《柏溪随笔之二》有 24 节,一千八百多字。但是,"之二"的 14、17、20 节与"之一"的 16、1、2 节内容重复。所以,两篇《随笔》的内容合计事实上有 37 节,三千余字。

关于《柏溪随笔》的文本地位,何一在其关于唐君毅生平与学术的极有分量的著作《悲情儒者与儒者悲情——唐君毅生平、学术研究》中有很鲜明的观点。基于唐先生学生李杜《唐君毅先生的哲学》的观点和唐先生胞弟唐君实先生的回忆，何一认为：（1）"现已失存"的《柏溪随笔》是"唐君毅自著的第一本书。"[1]（2）《柏溪随笔》初稿发表于1934年南京《文化通讯》半月刊，1937年定稿于南京写就，自印发行[2]。（3）全书为诗歌写就的人生与学术隽语，涉及哲学、文学、艺术、宗教、政治、科学、爱情、友谊、伦理、生命、死亡各种问题。（4）该书为多方辑佚而成，书名为纪念作者的出生地即家乡即四川宜宾柏溪。

对于何一的上述论点，笔者以为，第三点是对《柏溪随笔》内容主题的简单概括，后文将有详细的讨论；第四点是唐君毅自己在《柏溪随笔》之二的"前言"中明确言说出来的："我常忆念我家门前之柏溪，故以之名吾随笔。"而第一、第二两点则多少有些值得推敲。

首先，关于《柏溪随笔》的写作时间，论者依据唐君实先生的回忆，定为1934年初稿，1937年定稿写就，有些草率。如果《柏溪随笔》是依据某种"主题"或者"理念"写成的，那么，"初稿"和"定稿"应该大致一样，略有不同。可是事实上，《柏溪随笔》之一、二是大部分不同，只有极小部分重复，这不符合"定稿写就"的基本模式。

其次，在《柏溪随笔》"之二"后记中，作者明确说是"誊录旧作随笔二十四则"。这里表明，1937年1月29日作者所做的只是"誊录"而不是"定稿写就"，而其中的内容都是"旧作"而非"新稿"。因此，说《柏溪随笔》为1934年初稿、1937年定稿写就也不符合作者自己对该文本的交代。

再次，《柏溪随笔》是否可以被界定为"现已失存"的"唐君毅自著的第一本书"呢？笔者以为，证据不足。一方面，两篇总共三千余字的文本是否可以构成"一本书"，是需要说明的，尤其是已经是在"新文化运动"

---

[1] 何一：《悲情儒者与儒者悲情——唐君毅生平、学术研究》，北京：光明日报出版社，2011年9月版，第215页。

[2] 何一：《悲情儒者与儒者悲情——唐君毅生平、学术研究》，北京：光明日报出版社，2011年9月版，第217页。何氏该论点源于唐君实先生的回忆文字："哥哥写《柏溪随笔》曾经一再改动、充实，初稿发表在1934年南京《文化通讯》半月刊，后定稿于三年后在南京写就，自行印发赠与亲友。"见上书第215页。

155

后白话文写作的情况下。何况唐先生自言其 15 岁写的第一篇哲学论文就有五千字了。另一方面，《柏溪随笔》之一发表在刊物上，是一个相对独立和完整的文本，而《柏溪随笔》之二则既有"题记"又有"附记"，也是一个独立和完整的文本。两个独立的单篇文本，看不出唐先生是要以此名为"一本书"的。

最后，唐先生有很多次对自己思想、学术经历的回忆，但从未提到自己有过写一本名为《柏溪随笔》的书的计划或者经历。

很显然，作为一个文本，《柏溪随笔》很可能是唐先生从其 15 岁就开始一直坚持的《日记》中摘录出来的"即兴"之作，不能算作唐先生"自著的第一本书"。唐先生有写日记和笔记的习惯，早年的日记尽管后来因为各种因缘全部丢失，但是从笔记（日记）中整理文本成专文、专书，也是唐先生写作的一个重要形式，包括其划时代巨著《生命存在与心灵境界》也是在多年"哲学笔记"的基础上"整理"写作而成。一方面，两个文本（随笔一、二）呈现的时间相差近 3 年，却用同一个名称为文本标题，显示分别有"应时"之用，或为刊发或为赠人，显得有些"即兴"。另一方面，两个文本内容有同有异，相异多于相同，但是结构相似，内容涉及主题相似，基本思想相似，显示作者一以贯之的人生体悟，这种体悟风格一直延续到 30 岁左右写成的《人生之路》十部曲，尤其是作为《人生之体验》内容的第一部"生活之肯定"，在写作风格和思想意境上都极其相似。不过，说《柏溪随笔》是基于《日记》整理的"即兴之作"，丝毫无贬低该文本的意义，恰恰相反，这一文本在相当意义上给我们呈现了唐先生早期思想萌芽的基本情态，在相当意义上具有标志性意义。

《柏溪随笔》一、二合计 37 则内容[①]，所呈现的是这个阶段唐君毅这个真实生命对生命本身的洞察和体悟，其生命学思想呈现为"人"与"文"的辩证互动，以人立文，以文化人，实现理想卓绝的人生和圆融和谐的人文。这一点可以用《柏溪随笔之二》中的一则为标志："我理想的人格：有印度人

---

① 以下引文《柏溪随笔》内容，皆出自1991年台北学生书局版《唐君毅全集》卷三之《人生随笔》第15—34页。引文只注明随笔各则编码，如1-1表明这则内容是《柏溪随笔之一》第一则，2-3表明是《柏溪随笔之三》第二则的内容。两篇随笔同时收录的内容将同时标注编码。

的智慧，中国人的情调，西方人的意志。我理想的社会：科学与艺术合一，政治与道德合一，宗教与哲学合一。"①

二、《柏溪随笔》中的"人生"思想

唐君毅撰写《柏溪随笔》内容的时期也正是他自己对人生诸多问题感到彷徨的时期，因此对人生诸多问题的思考和洞察成为该随笔的"第一主题"也是理所必然的。此时的唐君毅对人生的理解是充满诗意和理想的，这就如他在"随笔一"第一则就表露出来的："人的生活，应该如明月一样，须得是多方面的。好比明月映在千万江湖中一样。人的生活应该如明月虽是多方面的，然而并不因此扰乱内心的统一与安静。好比明月虽然留影在千万江湖中，她的本身仍高高地悬在天空！"② 这种"诗意"和"理想性"既体现在他伟岸高卓的人格企求，也体现在他辩证和谐的人生领悟，更体现在他超越生死的智慧洞达。

1.伟岸高卓的人格企求

对"人"的思考和探索，唐君毅首先关注的是在于成为一个什么样的人，亦即"人格"建构。唐君毅是希望做一个人格伟岸高卓的"大人"。柏溪随笔之一的 2、3、8、9、12、13，柏溪随笔之二的 20，都属于对伟岸人格的界定。具体说，在唐君毅看来，伟岸高卓的人格具有如下特征：

伟岸高卓的人格是大中见小、小中见大、大小圆融、天人合一的。唐君毅说，对于一个具有伟大人格的人来说，任何小事都可以"撼动"他的全生命，因为他的生命是与万物万事通透合一的。与此同时，一个具有伟大人格的人，也可以使任何巨大的刺激变得平静，因为他的心是他生命的主宰，他的心与宇宙万物是一体的，他可以自主掌控所发生的事情之于自己生命的影响。

伟岸高卓的人格是知、情、意合一的，并且充满高度的自尊。在唐君毅的理解中，一个具有伟岸高卓的人格的人，实际上是"壮年人的意志""老

① 唐君毅：《柏溪随笔》之二第12节，《唐君毅全集》卷三《人生随笔》，台北：学生书局，1991年版，第33页。

② 唐君毅：《柏溪随笔》之一第1节，《唐君毅全集》卷三《人生随笔》，台北：学生书局，1991年版，第15页。

年人的理智"和"孩子的心"的完美结合。正因为是这样一种完美结合,在他的灵魂深处便有充分而高度的自我尊严感。

伟岸高卓的人格是充满激情和超拔庸俗的。在唐君毅看来,激情是生命力的现实表现。但是,这种激情并不一定表现在外表的热情洋溢中,而常常是躲藏在"冷静的面孔"之下。这样一种生命状态,就好比结了厚冰的黄河,下面仍然流着活活的水。正由于有这样一种生命的激情,其强烈的生命价值感可以使他超拔庸俗。

2. 辩证和谐的人生领悟

不过,唐君毅也很清楚,现实世界不是直接提供给具有伟岸高卓的人格的人的。现实人生充满着曲折、艰辛、丑陋、危险。因此,唐君毅在这里并不企求一个人可以简单而直接地实现自己的人格升华,而是将人生现实理解为辩证的和谐。柏溪随笔之一的 11,柏溪随笔之二的 8、23、24 条,充分体现了这种领悟。

如果用自然存在来比喻的话,辩证和谐的人生就如自然的山水,总不是"一马平川"或者"壁立万仞"的,而是存在着相反相成的内在律则。比如,冬天的水在逐渐的枯竭,可是却彰显出"清莹见底"的质感;夏秋之际,有百川灌河,但是水质却成为"黄浪翻腾"。在唐君毅看来,人的精神的发展也是这样,总是在善与恶、对与错、真与假等等的辩证冲突中寻找到存在于发展的和谐。

如果用生活行为来比喻的话,辩证和谐的人生犹如江中行船,总是在开合相应的现实环境中往前行走的。舟船在江中随着水流行走,前面的山水逐渐向你打开,而船后面的山水则渐渐合拢。站在船头,往往只看见前面山水的"开",其实,如果没有后面山水的"合",前面的山水是不可能"开"的。在唐君毅看来,人的精神发展也如这种行船中感受到的开合,在无知与有知的转化中,人的精神才可能真正成长。

如果用生命体验来比喻的话,辩证和谐的人生犹如谈情说爱,总是在"生远疏熟"的情感体验中前行的。在唐君毅看来,"真实爱情"是这样一种情感体验,初见时,似曾相识;结发后,仍然日日犹如定情之时。而"真实友谊"则是这样一种情感体验,初见时,如逢故人;互诉生平后,虽日日相见却如新交。很显然，唐君毅所强调的，是生命存在与生命成长中情感体验的真切、自在，这种体验是长远的、绵密的、深沉的。

如果用文学体裁来比喻的话，辩证和谐的人生犹如浮士德的历程，自有其平凡超越的智慧流程。"最高的智慧，在最平凡的事实里。然而只有曾经超越平凡的事实，去追求最高智慧的人，才能从最平凡的事实里去发现最高的智慧。"[①]在唐君毅看来，谁能了解上面这一段话，谁便能了解歌德的浮士德的一生；相应地，谁也就懂得了真正的现实人生。

3. 超越生死的智慧洞达

《柏溪随笔》中所呈现的人生智慧和生命学问更深刻的，是对生死问题的关照，是超越生死的智慧。20 岁左右的唐君毅常常被生死问题纠结，甚至曾经想自杀。22 岁父亲病逝让他对生死有了更为直接的体悟。"以死观生"，回望生命，往往能够对生命的本质有更加深刻的洞察。唐君毅强调："谁肯常常提升他智慧的灵光，在生命的流上搭桥下视；谁将发现他生命的流中许多微曲而美妙的沦涟，——这些沦涟，是他沿著生命的流一味向前游泳时，永远不能发现的，而且不相信这些沦涟曾从他的身边流过。"[②]也就是说，生命的智慧来源于对生命本身的"回视"。这种洞达生死的智慧主要体现在柏溪随笔之二的 3、6、7、11、12、16、18、22 各条中。

超越生死的智慧在于，对生命之生生不息的本质的确认。在唐君毅看来，人生只要打开便不会结束的，尤其是人的精神活动和创造，除非死亡让一个人彻底休息。这就犹如一台戏剧，一旦剧台前的帷幕揭开了，戏剧的表演就不会停止，直到戏剧演完。这是介于"生"与"死"之间的人生所彰显的"生生不息"的根本特质。

超越生死的智慧在于，对死亡必然性的坦坦荡荡的接纳。死亡是生命的一部分，是生命的最终结果。换句话说，生和死其实是生命的一体两面的存在。因此，对死亡必然性的接受，是生命智慧的应然内容。唐君毅说："我

---

① 唐君毅：《柏溪随笔》之二第24节，《唐君毅全集》卷三《人生随笔》，台北：学生书局，1991年版，第19页。

② 唐君毅：《柏溪随笔》之二第3节，《唐君毅全集》卷三《人生随笔》，台北：学生书局，1991年版，第17页。

屡曾想这样的死：中天明月，玉宇无尘；沙滩寂寥，海潮初静；独泛小舟，遥望天水之涯徐驶；待波涛汹涌，我亦沉没入海天的无尽。"① 又说："我爱黄昏，因为他笼罩一切，而不沉没一切。我爱黄昏，因为他使人回味过去的活跃，预想未来的安息。"② 很显然，对生命有死性的领受和对有限生命的享受，构成唐君毅生死智慧的核心内容。

超越生死的智慧在于，能够始终将精神贯注于终极关怀之中。接受生命的有死性并享受现实的有限人生，并不意味着放弃对"终极存在"的关切。有的哲学家比喻生命犹被抛掷的石子，不知从什么地方来，也不知到什么地方去。对这种生命态度，唐君毅是十分反对的，因为这样的人生态度将生命当成了一个完全没有终极意义的偶然存在。唐君毅认为，只要我们真正将自己的精神沉浸到生命之谜中，而不是独断地解决这个谜，那么，宇宙的庄严，人生的庄严，便可以升腾于其心灵之中。

三、《柏溪随笔》中的"人文"思想

唐君毅思考人生，尽管首先是为了化解他自己的诸多人生困惑，但这种思考并不是只凭私己感受的自我哀叹。唐君毅自幼饱读传统诗书，大学期间则全面阅读西方哲学家、文学家的著作，并广泛涉猎佛教经典。因此，其对人生的思考一方面是建立在对中西方人生哲学的广泛研读的基础上的，这一点在其后来为《人生之体验》《道德自我之建立》所撰写的导言中所列举的东西方人生哲学思想和著作中就可见一斑。另一方面，唐君毅对人生问题的解决并不只是立足于孤零零的人生本身，像存在主义一样将人生当成"孤独个体"的自我超越；而是将人生纳入人类文化之中，将人的生命之对象化的文化作为人生的真正安顿处。因此，《柏溪随笔》中有将近一半的内容是在谈论"人文"。而这些关于"人文"的思想，或者强调对传统人类文化的学习，或者强调纯粹精神文化的创造，或者强调现实人文理想的落实。

---

① 唐君毅：《柏溪随笔》之二第5节，《唐君毅全集》卷三《人生随笔》，台北：学生书局，1991年版，第17页。

② 唐君毅：《柏溪随笔》之二第16节，《唐君毅全集》卷三《人生随笔》，台北：学生书局，1991年版，第18页。

1.传统人类文化的学习

作为一位对"传统"有深刻领悟的青年思想者,《柏溪随笔》的作者对人类传统文化有着深深的敬意,同时又对超越传统的创造有不息的憧憬。柏溪随笔之一的4、5、10,柏溪随笔之二的4、9条,属于这一类。

学习传统文化的基本态度在于,一方面,必须立足于鲜活的生活;另一方面,又必须悠游于伟大的经典。"知识犹如一团生丝,当浸润在生活的水中时,条条清澈,宛转如画。但一朝生活的源泉枯竭,知识也就胶结如泥。"① 换言之,离开生活的抽象学习,是不可能真正把握住传统文化的真精神的。不过,也不能因为"生活"的根本性和基础性,我们就有理由抛弃或者远离"知识"本身,尤其是那些伟大经典所呈现的智慧。因为,"读一本伟大的著作,犹如游玩佳山水,不厌百回来。每回相见都有新的山头岚翠,水上涟漪,伴君徜徉,伴君容与"②。按照现代解释学的理论,读书是一个"解释循环"的过程,是阅读者和书本的双向创造,所以,真正的好的读者和好的作品的共鸣,便可以"不厌百回来"。

学习传统文化的基本方法在于,必须从接受、反思到理解、消化。唐君毅认为,一个大思想家的思想进程大约有五个基本环节:首先是"无主张",只觉他人思想学说之"是";其次是"初有主张",只觉他人思想学说之"不是";再次,"反思主张",知他人思想学说之"是处";再其次,"提升主张",知他人思想学说之"不是处";最后,"完成主张",能够以他人思想学说的一部分破解或者反驳他人思想学说的另一部分,能够以他人的思想学说来佐证自己的思想学说。很显然,这是一个从接受、反思、理解到消化的过程。

学习传统文化的最终目标在于,从消化后体证到用自己的生命进行创造。唐君毅在此区分了学习消化传统文化并创造自己思想的三重境界:如果一个人的思想只是从他人书中得到某些知识而不能融化,便只能以特定的言语表示,犹如冰只能被放在特定形式的容器之中;如果一个人的思想从他人书中

---

① 唐君毅:《柏溪随笔》之一第4节,《唐君毅全集》卷三《人生随笔》,台北:学生书局,1991年版,第15页。

② 唐君毅:《柏溪随笔》之一第5节,《唐君毅全集》卷三《人生随笔》,台北:学生书局,1991年版,第15页。

得到某些知识同时能够融化为自己的思想，则能够以任何言语进行表示，犹如水能够放置于任何形式的容器之中；如果一个人的思想是通过自己证验而得的，则不仅能以任何言语表示，而且能支配自己的生活，犹如气不仅可以置于任何形式的容器之中，而且能置于任何容量的容器之内。因此，唐君毅强调，传统人类文化的学习，最终必须能用自己的生命进行创造。"象山说：'不是我注六经，是六经注我。'歌德说：'不是我作诗，是诗作我。'泰戈尔说：'不是我选择最好的，是最好的选择我。'凡以为以上的话是文字游戏的人，永远不配参与真正文化的创造。"[1]

2.纯粹精神文化的创造

传统人类文化的学习最终是为了文化的创造。人之为人，就在于他可以将自己的内在精神外化为客观对象。作为人类精神客观化的文化，对于人生的安顿首先是纯粹精神文化，他们是人类追求真、善、美、圣的直接产物，包括哲学、道德、宗教、历史、艺术、文学、科学等等。柏溪随笔之二的1、2、10、13、14、21各条以及柏溪随笔之一的6、16，对于人类创造之纯粹精神文化的价值做了充分的展示和评析。

纯粹精神文化的创造，体现着人生的不同境界，创造着不同的生命意境；彰显着现实人生的生命力，呈现着不同的生命样态；体现着人类对真、善、美、圣不同方面多元而圆融的追求。唐君毅说："艺术的境界，如朝霞映日。宗教的境界，如晚烟沉碧。哲学的境界，如轻云透月。"又说："从哲学中看人类精神的头脑，从文学艺术中看人类精神的肌肉，从科学中看人类精神的骨骼，从历史中看人类精神的姿态。"[2] 很显然，科学、哲学、文学艺术以及宗教，这些人类精神文化，尽管都是人的生命力的客观化，却具有不同的"性格"和"气质"；相应地，人们浸润于不同的精神文化之中，便也可以熏陶不同的生命气质和生命性格。正因为这样，唐君毅特别强调，作为一个真实的人，不管是艺术家还是哲学家、科学家，都不能"画地为牢"，而应该相互融通，

---

① 唐君毅：《柏溪随笔》之一第10节，《唐君毅全集》卷三《人生随笔》，台北：学生书局，1991年版，第16页。

② 唐君毅：《柏溪随笔》之二第2、13节，《唐君毅全集》卷三《人生随笔》，台北：学生书局，1991年版，第16、17页。

互相借鉴，以便让自己的生命人格更加完善。比如，科学家应该有艺术家的趣味盎然，否则将成为"槁木死灰"的科学家；艺术家则应该有哲学家的超然眼光，不然将成为"醉生梦死"的艺术家；而哲学家则应该有科学家的条理秩然，否则将成为"恢诡谲怪"的哲学家。

纯粹精神文化的创造，最丰满、圆融，最能体现人生本质的，是哲学。唐君毅认为，尽管不同的文化形式各有所长、各有所能，都在彰显和表现人的生命力和创造力，但是，哲学却是最为圆融和本质的。因为，一个真正的哲学家，是可以大中见小同时小中见大的思想者，一方面，他"眼大于天"；另一方面，他又"心细于发"；同时，他还有"一双至刚复至柔的手"。正因为如此，哲学家可以在幻想中塑造万象世界，随心所欲；在实际上又可以抚依万物，体合无间。哲学家的眼睛犹如凹凸镜，可以"大者小之，小者大之"；也可以"远者近之，近者远之"。因此，唐君毅希望人们都可以爱上哲学，并用哲学来塑造自己的心灵精神。"假如人们不爱哲学，我愿把哲学比作初恋中热情的少女，她常想贡献其全部心身于其爱人之前。你只要爱上了她某一美点，她便急切望你了解她的一切。——但你不曾同她发生爱情，你休怨她冷如冰雪；除非你待得阳春至，冰雪全融，怎知绿波春水，最是柔温。"[①]

3. 现实人文理想的落实

唐君毅很清楚，纯粹精神文化的创造只是在"精神层面上"提升着人生的境界和意义追求，将充满艰难痛苦的现实人生引领到对真、善、美、圣的追求上。但是，仅仅有纯粹精神文化的创造并不意味着人生就可以得到完全的落实与安顿，因为它们只是提供了完满的人文理想。要让人生问题彻底解决，还必须有现实人文理想落实，这便是建构现实人文理想社会的一切文化活动，包括经济、政治、法律、军事以及家庭活动等等。柏溪随笔之一的7、14、15，柏溪随笔之二的15、19就是专门讨论这种落实的内容。

现实人文理想的落实，必须从纯粹的思辨世界走向现实的实践，与纯粹精神文化的创造共同构成人类文化事业。仅仅有精神上的思辨，不能完全表现出生命力量的全部，也无法完全安顿我们的生命世界。在唐君毅看来，一

---

① 唐君毅：《柏溪随笔》之二第13节，《唐君毅全集》卷三《人生随笔》，台北：学生书局，1991年版，第18页。

个正在作哲学思辨的人，是很难同时在行为上表现卓越的真诚力量的，因为他生命中的每一团生命源泉都化成了思绪的云烟。所以，一个哲学家如果要拥有纯粹伟大的人格，必须要有一段时间停止一切哲学的思辨，以便让自己的生命源泉变成浩浩的生命之流。不仅哲学如此，其他纯粹精神创造的活动也如此。如果可以将哲学活动比喻为塑像（按照哲学家自己的思想塑造他想象的世界）的话，科学活动则犹如雕刻（依照世界的原始面貌进行创造），而现实人文理想的落实，如经济、政治、法律、军事等文化活动，才是真正的建筑（利用所有可以利用的自然和人文材料，制造可以安顿现实人生的生活世界）。

现实人文理想的落实，必须是各种纯粹精神文化的共同作用。现实人文理想的落实，不是某一个人或者某一个行业的人的任务。在现代的社会中，似乎科学家与政治家成为了社会的重心，而艺术家与哲学家则没有高的地位。相对来说，哲学家的心似乎太不实际，而艺术家的行为又太不实际；科学家会想出种种的方法，政治家则会运用这种种的方法。很显然，对于一个需要现实安顿的社会来说，科学家和政治家就变得更为实在和有用。但是，这并不表示这种状态就是理想的状态。因为，科学家的心实在是太冷漠，而政治家的行为又太冷漠。这种冷漠使得社会和人生都变得无情冷漠。相对来说，"心不太实际"的哲学家则可以供给人的理想，而"行为不太实际"的艺术家则可以表现人的理想。所以，唐君毅期望，在未来的社会中，哲学家与艺术家是社会的重心，科学家、政治家则没有什么高的地位。只不过，这个"未来"还太遥远，与现在相距"至少还有一千年"。

四、《柏溪随笔》的思想意义

通过对《柏溪随笔》生命学思想的梳理，我们可以看到唐君毅思想成熟前的萌芽形态。唐君毅思想成熟于30岁左右，标志性著作是《人生之体验》、《道德自我之建立》（准确地说是《人生之路》十部曲），核心思想是道德人生；核心问题是"人当是人"的问题；核心概念是"道德自我"；主题是"立人极"而建构人格。唐君毅中期思想的转折，是到香港后由关注人生问题过渡到关注普遍性的文化问题，标志性著作是《文化意识与道德理性》，核心思想是中国人文精神的重建；核心问题是"中国人当是中国人"；核心概念是"道德理性"；主题是"立皇极"而阐发人文。唐君毅晚期思想的总结，是其对中西印三大文化的最终判教，标志性著作是《生命存在与心灵境界》，核心思想是心灵九境；核心问题是"现代世界的中国人当是现代世界的中国人"；核心概念是"生命存在"；主题是"立太极"而梳理天地人伦。

如果我们对照成熟后的唐君毅著作，我们会发现，《柏溪随笔》中的"人生"思想与《人生之体验》和《道德自我之建立》的主题思想是相印证的，而《柏溪随笔》中的"人文"思想则开了《文化意识与道德理性》中对各种文化形式的讨论的先河。

《人生之体验》是《人生之路》十部中的五部合编而成，大多写于 30 岁左右，1943 年出版。不管是在内容上还是在形式上，不管是在思想上还是在生命情调上，《柏溪随笔》中关于"人"的生命学思想都可以看做是《人生之体验》的引子。

作为 20 世纪最大的人文主义者，唐君毅关于文化讨论的书很多，但最有代表性和最系统的则是《文化意识与道德理性》。该书第一章泛论人类创造文化之精神之自主自动性或自决性。末章总论人之文化之弊害之所以产生之故，及如何挽救之道，与人之精神与自然世界之万物之理则及自然进化之事实之关系。其余各章，皆是分论各种文化领域中之文化活动之依何种文化意识与道德理性而形成，与各种文化意识、文化活动、文化理想形成时，其中所实现之道德价值或所表现之道德理性 [①]。其中，第二、三、四章讨论家庭、经济、政治等实践性的社会文化形式，第五至九章则讨论纯粹的社会文化活动形式如科学、哲学、文学艺术、宗教、道德等等。这样的结构与《柏溪随笔》中的"文"是契合的。

唐先生的生命情调和学术智慧，使得他一直在用两个人写作：一是作为真实的人用生命在写作，目的是医治自己生命之病，犹如他在《人生之体验》自序中说的，这些文本写来自己看的，不是为了示人的，最后结集《人生之体验》《道德自我之建立》（也包括中晚年撰写的《人生之体验续编》《病

[①] 唐君毅：《文化意识与道德理性》自序，《唐君毅全集》卷二十，台北：学生书局，1991年版，第9—10页。

里乾坤》)，其中一个重要的形式就是日记。另一个是作为学者，撰写学术论文，表达自己的思想意见和呈现自己的学术研究成果，用以示人的写作，早期主要是对中西哲学思想的比较，而最后成书《中西哲学思想比较论文集》（1943 年）。现存唐先生文本中，比《柏溪随笔》更早的有 :《孟子言性新论》（1929 年 12 月）、《嘉陵江畔的哀歌》（1930 年 1 月）、《研究中国哲学所应注意之一点》（1930 年 6 月）、《博格孙奥倭铿哲学之比较》（1930 年 12 月）、《英法德哲学之比较观》（1932 年 4 月）、《中国哲学对于中国文学之一般的影响》（1932 年 5 月）、《真伪问题》（1933 年）、《评许思园著〈人性与人之使命〉》"（1933 年）、《治中国学术应改变之几种态度》（1934 年 2 月）、《诗人与词人——杜甫与李白》（1934 年 2 月）。这些文本，除了《嘉陵江畔的哀歌》充满生命情调，在格调上与《柏溪随笔》相近外，其他都是学术研究之作。

唐君毅自幼受家学熏陶，15 岁就立希圣希贤之志，20 岁身心痛苦几欲自杀，22 岁父亲去世就担当起全家之责，他根本上是一位靠生命体悟而不是靠理性思考的早慧思想者。其终身著述的核心，也在于立三极（人极、皇极、太极）。因此，真正可以代表他早期思想成果（而不是学术成果）的，不是那些"学术文本"，恰恰是这两篇总共三千余字的《柏溪随笔》。

死亡智慧、心灵超越与生命自觉

——以唐君毅的身心呼应与生死相依说为例

　　唐君毅作为"仁者型"现代新儒家，不仅是现代新儒家中对人生问题最为关切的哲学家，也是历代儒者中对死亡思考最多、阐释最透彻的儒者。早慧的唐君毅在年轻时并不宗儒。尽管十多岁在父亲的影响下就立下"希圣希贤"之志，但是二十岁左右的唐君毅曾经是一个自命不凡、愤世嫉俗、烦恼重重的青年，甚至曾经多次想到自杀。唐先生父亲的死，医治了唐君毅之"愤世嫉俗"之心，激发了他的内在心性。唐君毅自己说："吾年十四五时，即已有为学以希贤希圣之志。年二十岁左右，自负不凡，乃时叹人之不我知，恒不免归于愤世疾俗之心，故烦恼重重，屡欲自戕。然此时吾对人生之事之悟会，亦最多。吾二十二岁，先父逝世，吾更自念：吾身为长子，对吾家之责，更无旁贷，吾一身之病，乃自此而逐渐消失"。[①]

　　或许由于早慧而对生命有过多的体验性感受，或许是由于父亲的死带来巨大的生命力撞击，唐君毅在自己往后的思想创造中对生与死有特别的关注。从早年的《人生之体验》到中年的《人生之体验续编》，从早年的《道德自我之建立》到晚年的《生命存在与心灵境界》，从早年的《爱情之福音》到晚年的《病里乾坤》，唐君毅的著作无不充满对生命的体验性反思。与其他现代新儒家代表人物和大多数儒者讨论人生不同，唐君毅特别注重对死亡的省视。

一、死亡问题是人生必须面对的大问题

　　死亡作为现实人生的终结，本来是每一个人都必须面临的人生大问题。

---

　　① 唐君毅：《病里乾坤》，《唐君毅全集》第3卷，台湾：学生书局，1991年版，第10-11页。

但是，常人往往都将死看做似乎是与自己无关的，都是他人之死、旁人之死。由此，死亡所具有的对生命本身的那种"逼迫"意义也就无法在我们的现实生活中彰显出来。唐君毅则不然。在早年的著作《中西哲学思想之比较论文集》中，唐先生就提到："盖水火无知，人则有觉，水火可不问其始终，人则不能不问也。若谓人应求自然，不越自然所加于人之限制，则吾将曰：自然真加限制于吾人，则不应使吾人复生追索生前死后之心；吾人既有追索生前死后之心，则自然未尝藏加吾人以限制可知。若谓此追索生前死后之心亦即自然所赋与而加于吾人之限制，则吾人追索生前死后之心亦即自然限制中之正当活动，追索生前死后，正所以顺自然也"。[①] 唐先生认为，人非草木瓦石，是有知觉的，顺着觉知的发展，人们自然会探寻生前死后的始终问题，人能提问生死问题，则反见对于生死问题的讨论，并不受自然所限制。

在 1958 年系统探讨死亡问题时，唐先生明确的说："人死了，究竟其精神是否即莫有？如有，到何处去？此是古往今来，无论野蛮民族文明民族，无论智、愚、贤、不孝，同有之一疑问。[②]"死亡问题被唐先生作为一个每一个人都必须面对的人生大问题挑明。不管你信不信，不管你愿意不愿意，你都将遭遇到这一问题，这就是人生最大的现实。

他在《哲学概论》的《述海德格之存在哲学》一文中更强调："人生之全体，必须包含死来了解。最高的哲学智慧，必须包含死之智慧。希腊之柏拉图即曾说，哲学即学死……孔子说未知生焉知死。海氏则另说一相反相成的道理，即人如不真知死，则亦不能知生。海氏之说，可为基督教之由死以求生，作另一批注。我们说死是人生之终结，然而每一人亦正必须走向此终结，才成一段落的人生。一段落的人生，才是整个的人生。"[③] 海德格尔是现代西方哲学家中建构哲学死亡学的代表人物，其死亡哲学具有重要影响。唐先生作为一位对死亡具有特别深刻领悟的哲学家，对海德格尔的兴趣是当然

① 唐君毅：《论不朽》，《中西哲学思想之比较论文集》，《唐君毅全集》第11卷，台湾：学生书局，1991年版，第439-440页。

② 唐君毅："死生之说与幽明之际"，《人生之体验续编》，桂林：广西师范大学出版社，2005年版，第93页。

③ 唐君毅："述海德格尔之存在哲学"，《哲学概论》（下），桂林：广西师范大学出版社，2005年版，第897页。

的。不过，他根本上是要借阐释海德格尔以说明自己对死亡、对人生的理解。

唐先生认为，死生问题不只事实上是古往今来人类共同的疑问，从客观上说，人对终极问题之提出也有其正当性。因为人的理性不能不追求"常"，生命如果随死而消失，则为无常，也是违理。"吾人之思想行为盖皆在变中求常。一切科学艺术政治宗教之可能，无不本于此。吾人既无往不于变中有常，则吾人之求吾人人格之常于变中，亦有吾人理性上应有之权。吾人人格若果一死即烟落销沈，化伪异物，则实为有变无常也。故吾人求其不朽不堕断灭，实为论理上之应然。"① 因此，在唐先生的生死哲学思考中，死亡问题不仅是人生中必须面对的大问题，而且，关于死亡的智慧也是最高哲学智慧应有的成份。

二、获得死亡智慧的途径不是知识而是情志

对生命不朽的追问的正当合理性，并不能保证我们对这一问题有一合理的答案。因为生死两界如天人永隔。死的表象尽管可见，但死的本质却不可知，更何况死后种种，更不是我们生活于其中的现象界之事，所以我们这些生活于现象世界的人是不可能知道也没办法回答的。即使我们想象性地给出一些答案，所答者是否就是死亡的真相，也是令人怀疑的。

唐先生认为，如果纯粹从思想理论上求对死亡问题的解答，可能会有无数的答案，而且每一答案又都可以有各色各样的驳论。因为死后的世界，犹如一黑暗中无涯的大海，人在这大海边，可以凭借其心灵之光向任何方向照射去作自由的想像，或者也可以依据理智的思考加以推测，都可以有所见识。如此，如果只是把死亡问题当作一思想理论的问题来看，则此问题便可以人各一说。"因而纯从知识的立场，我们对此问题，最稳妥的办法，是自认无知，肯定死后世界是一不可知，或于此存疑，或只是静待此不可知之世界送来的消息。"②

所谓"此不可知之世界送来的消息"，只是一宗教上所说的"启示"，而

---

① 唐君毅：《论不朽》，《中西哲学思想之比较论文集》，《唐君毅全集》第11卷，台湾：学生书局，1991年版，第443-444页。

② 唐君毅："死生之说与幽明之际"，《人生之体验续编》，桂林：广西师范大学出版社，2005年版，第94页。

人对此"启示"则既可以信仰也可以不信。所以，它也不能保证我们获得真正的关于死亡的智慧。那么，人从什么渠道获得关于死亡的智慧呢？唐先生的方法是既用理性观察分辨也用真情去体证。用理性去了解全面人生，就会看到人生的多面性，除了构成人的身体之物质外，尚有精神、心或道德主体，后者在有生之年一直表现着超物质的能力，而且直通宇宙本心，所以不会随身体的毁损而消失。更为重要的是，唐先生没有自限于理性证明的知识论立场，而是强调人直接的真情实感的体证是我们通达死亡智慧的根本大道。唐先生说："我们在把由自由的想像思虑推测，及由启示来的信仰之门一齐关闭，以求解决此问题的时候；我们却可说，人对于人生之真了解，与对死者之真情实感，却展露出一条由生之世界通到死之世界、由现实世界通到超现实世界，由生的光明通到死之黑暗的大路。此之谓通幽明的大路。"①

在谈及如何证明可以彻通幽明等问题时，唐先生又说："然此幽明之际，将何由而证其必实可彻通？人何由确知他人之精神之尚在，且可存在于后死者之心灵精神之前？则此非世间之一切思虑推测与想像之所及，而仍唯有由自人之所以生此大哀大惑中之深情厚意中领取。此所领取者，即吾可以吾之超出吾个人之生之深情厚意，以与死者之超出其个人之生之深情厚意，直接相感此即可实彻通幽明之际矣"。② 在这里，最值得我们留意的，是所谓在"深情厚意中领取"，这是重视情意上感受，而不是从认知上论证。实际上，唐先生谈到感情与意志两面，我们可以合称为情志。唐先生从情志上着眼，认为死者虽往，但其精神情志长垂于世；同时，生者又能上接死者遗留于世间的种种，于是形成在精神世界中生者与死者的相接相感。

三、从心灵的超越性筹划看心不会随身死而死

一般人常会设想身心是相互依存的，所以身死则心灭。在这一问题上，唐先生对朴素唯物论的观点作了明确的批驳。他说："除了唯物论，莫有人

---

① 唐君毅："死生之说与幽明之际"，《人生之体验续编》，桂林：广西师范大学出版社，2005年版，第94页。

② 唐君毅："死生之说与幽明之际"，《人生之体验续编》，桂林：广西师范大学出版社，2005年版，第99页。

类之任何思想能证明，人之身体之停止呼吸与肉骨朽坏后，人之精神即一无复余。但是唯物论是绝对错误的。其所以是绝对错误，是由人在生前，已在其生活中先已处处加以证明。此证明是：人在生前，即从来不曾成为一只顾念、要求其自己身体的存在之人。人一直向往着、思维着在其自己身体之外之上之种种物事。人在生前，人之精神实早已时时处处超越过其自己身体存在之问题去用心。"① 我们要实现理想以报效国家，我们要奉养双亲以尽孝道，我们要恋爱结婚以回报人类，我们所做的一切，确确实实是在超越我们的身体，尽管我们也在使用我们的身体。

唐先生认为，人对身后能够有种种规划，可见"此心思与精神，即是已超出其生前的身体的心思与精神了"。既然心对外界能有所认识，则心灵必然不限于肉身之中，因此他认为将心灵限于肉身实在是自小之说。既然心思精神可以超出身体，则心思精神亦应不随肉身之死亡而消灭。"在生前已超乎生死之上的精神，是断然不能有死的。"② 因为它本身已经超越了身体自身，不可能随身体之死亡而死亡。

为了说明心灵不会随肉身之死亡而消灭，唐先生在《心物与人生》一书中，曾以登山作譬，他说："生命的活动虽似乎消灭了，然而他会转化为其它将来之生命活动。犹如我们远远看见一人在绕山走，渐渐看不见，这只因为他转了弯，暂向另一进向走去，如果我们只以山之横面为唯一真实，我们会以为他已死了。"③ 登山客因为转弯而我们不能再见到，我们只能说他在另一段路途之上，但我们并不能因为我不能再看见他而就说登山客已经消灭。依唐先生之见，人的死亡只是生命"转化为其它将来之生命活动"，不能说消逝无存。所谓生物死时，生命力离开其身体中之物质活动，其实并非离开其身体中之物质活动，他只是离开以后之"代替其原来身体中之物质活动"之"另一时候之物质世界之物质活动"。所以生命力之离开物质世界，并不是只成为一空洞的生命力，以归到其自身，而是包含其丰富生命活动的形式（其

---

① 唐君毅："死生之说与幽明之际"，《人生之体验续编》，桂林：广西师范大学出版社，2005年版，第94-95页。参《唐君毅全集》第3卷《人生之体验续编》第103页。

② 唐君毅："死生之说与幽明之际"，《人生之体验续编》，桂林：广西师范大学出版社，2005年版，第96页。

③ 唐君毅：《心物与人生》，《唐君毅全集》第2卷，台湾：学生书局，1991年版，第88页。

中即包含物质活动的形式），以归到其自身，以成一更丰富之生命。①

身体中的物质性受物质定律的管辖，因此会衰弱与僵化。身体之惰性增加时，生命力之表现就受影响，但生命本身并未衰弱。到物质的表现能力完全消失时，生命就跃出物质之外，转化成另一种生命活动。

四、生命的双向活动及生与死的相依

心灵不但不随肉身之消逝而消灭，唐先生更认为心灵的发展与成就恰好是建立在肉身的消耗上。"人在生前，要求其身体的存在，是一事实。但人之所以要身体存在，是为的人要生活，然而人不只生活在身体中，而通常是生活在身体之外之自然世界、家庭国家之人群世界、历史文化之世界中。在此生活中，人之精神是处处向着在其自己的身体之上之外的物事，而不是只向着其自己的身体的。"②

在日常生活中，我们可以看到，年轻小姐出门与戏子上舞台，要化妆半天，但她们并不是只想她的身体，她们所想的实际上是在他人心中留下好的印象。现实生活中，人除了在病中或其生活的行为受了阻碍，比如走路跌了跤，人的精神实际上从未真正想着或向着他自己的身体。而人之所以怕病、怕身体不健康、怕受伤、怕身体失去自由等等，实则只是为成就我们的生活。在生活中，我们的精神只向着园中的花、天上的云彩、街道的清洁、剧场中的戏、我之事业的成就、我在他人心中名位的增高、我家庭中子女的教育、夫妇的和睦、朋友的交游、国家之富强、人类的和平康乐、历史文化的发展与悠久以及各种真善美的价值，甚或古往今来的人物及天上的神灵等等。总之，"我们之精神，通常只向着我们之身体以外的东西，而后成就我们的生活，而后我们希望我们之身体存在。我们从来不曾为身体存在而求身体存在。我们只是凭藉身体之存在，以成就我们之生活，与我们之精神之活动。然而我们多活一天，我们之依于物质的身体之自然生命的力量，即多用一分。每一种生活之成就，都依于物质身体中之能力之耗费，即自然生命力之耗费。每一耗费，

---

① 唐君毅：《心物与人生》，《唐君毅全集》第2卷，台湾：学生书局，1991年版，第86页。

② 唐君毅："死生之说与幽明之际"，《人生之体验续编》，桂林：广西师范大学出版社，2005年版，第96页。

即使我们更进一步迫近死亡。我们一天一天的生，即一天一天的迫近死亡"。①

可见，在唐先生看来，我们精神活动而来之生活成就，实际上是建立在形躯之死亡上的，也就是说人藉肉身之存在，以成就精神活动。唐先生实际上是将精神发展与形体延续视为一组此消彼长的活动的。"我们可以说，人的生活与精神活动之逐渐成就，而由不存在走向存在；即依于人的身体与自然生命，由存在以走向不存在之上。此二者是一切人生所同时具备，而方向相反，并相依并进的二种存在动向。"在这两种存在动向中，人以其身体之走向不存在，成就其生活与精神活动之走向存在。是即人之生活与精神活动，由人之不断去迎接"其身体之不存在"以存在之直接的证明。亦即"人之有生之日，皆生于死之上之直接的证明。生于死之上的生，乃以最后之死，成就其一段最大之生，亦成就其生活与精神活动之最大存在"。②换言之，精神世界的从无到有的创造，是依靠自然生命从有到无之消耗。再顺这条思路往前推进一步，假定精神或心灵是人生或人生的一部份，而精神或心灵又可以离开肉身而存在，则肉身的消灭，不代表精神消灭，因此人生也没有消灭。唐先生导出这样的结论："死非人生之消灭，而只是人生之暂终。"③

人生之暂终是生命现象之暂终而非生命本身及精神之暂终。生命只转了一个弯，看不见了，但继续在山间行走。唐先生肯定人"死"后精神不死，此不死不是立功立德立言之不朽，而是人本身之不死。没有物质身体之精神体称为"鬼神"。鬼神有别于人，已入幽冥黄泉，但其精神之超越性未曾失去，其"在"仍可被感受：洋洋乎如在其上，如在其左右。

五、身心之呼应关系及身心皆不死

既然肯定人之精神不会随肉身之死亡而消灭，那么何以人又会惧怕死亡呢？唐先生认为这是"因人之欲留此身体，以更成就其生活与精神活动"。

---

① 唐君毅："死生之说与幽明之际"，《人生之体验续编》，桂林：广西师范大学出版社，2005年版，第97页。

② 唐君毅："死生之说与幽明之际"，《人生之体验续编》，桂林：广西师范大学出版社，2005年版，第97页。

③ 唐君毅："死生之说与幽明之际"，《人生之体验续编》，桂林：广西师范大学出版社，2005年版，第97页。

唐先生认为："人之心灵何以必关心其身体之死之问题？此乃由人之心灵在其现实的存在上，乃恒是怀抱种种目的、理想、志愿，欲凭藉吾人之身体之动作，加以实现于客观世界者。吾人之身体若死，则吾将若无由得其凭藉，以实现吾心灵之目的、理想、志愿于客观世界，而使此目的等获得其真实存在意义，因而亦若即不能使吾怀此目的等之人生与心灵，获得其真实存在性。此盖即身体之死之所以为吾人所关心之故，而死之可悲可怖之故，亦似即在于此。"①

人的精神生活依靠形体才得以在客观世界实现，但肉身又不免死亡、这是永恒心灵与短暂的肉体的矛盾，是无限精神与有限人生的矛盾。唐先生说这是"吾之人生内部之大矛盾"②。而此矛盾如何解决呢？唐先生说："欲解决此问题，须先知吾人之志愿有二种。一为直接自吾人之超越的心灵之本性发出之无尽的成己兼成物之涵盖的志愿。……其另一种志愿，则为吾之心灵直接望吾之身体，就其力之所及，以作其理当由吾而作之事之个人的志愿。"③唐先生将前一志愿称为天下"公愿"，并认为就天下"公愿"的实践言，本来就不是一人一时所可完成的，所以一方面不必求长生不死，另一方面则可寄望他人完成。至于"望吾之身体，就其力之所及，以作其理当由吾而作之事"之志愿，当然是紧扣"依理尽分"的义旨来说的，人对依理而来的种种责任义务自然都应该义所当为、一一照应。但是肉身毕竟有限，于是，就出现了这种情形："在此，吾人通常乃视此身体为工具，以达吾之志愿中之目的理想。因而吾之目的理想一日未达，吾便自然欲继续执着此工具，而不忍舍离。于是其求达志愿之事，遂亦非随时可了者。"④唐先生认为，这才是"人之所以视死为可悲可怖"而对死"恒不免抱遗憾"之真正缘故。

如何在此种志愿前能使我们达成志愿之事，成为随时可了，而能不畏死

① 唐君毅："人生之虚妄与真实"，《人生之体验续编》，桂林：广西师范大学出版社，2005年版，第122页。

② 唐君毅："人生之虚妄与真实"，《人生之体验续编》，桂林：广西师范大学出版社，2005年版，第122页。

③ 唐君毅："人生之虚妄与真实"，《人生之体验续编》，桂林：广西师范大学出版社，2005年版，第122-123页。

④ 唐君毅："人生之虚妄与真实"，《人生之体验续编》，桂林：广西师范大学出版社，2005年版，第123页。

呢？唐先生担心人们将身体仅仅视为实现心灵之工具，则易生执著之心，唐先生以为釜底抽薪的关键在于不将身心关系视为工具关系，而转而看成一呼应关系。为此，唐先生提出了他的著名的"身心呼应"学说："人在生前，如要真能时时可死，而无所谓未完之愿，以使人生带缺漏而去，即当使人之心灵与身体之关系，如一呼一应，能直下圆成者。呼是心愿，应是身行。心所愿者，直下只是此身之行，另无外在目的。则心身之关系，才呼即应，才应即止。处处道成肉身，处处肉身即道。肉身化往，此心此道，即合为神明，存于天壤，寄于他生。唯如此而后人能在有生之时，不舍肉身，而肉身亦随时可死。"①"呼应"一语点出了身体的并非主客对待下的物质工具，而是能够主动响应的主体。这使身体由被动役使性的工具，转而成为能相呼应的主体。这其中根本的重要性在于点出了主体性，我既拥有身体，我也是这个身体。

在活人世界中，身体与人是绝对等同的，同人在一起便是同人的身体在一起。身体不单是人的表象，人的工具，也是人自己。更重要的是，身体与心灵合成主体，则身体的价值不应再仅仅被视为实现心灵的工具；反之，价值的实现就是身体的自我实现。因此，肉身的死亡并非破灭虚无，因为身体在自我实现中，创造价值而能长存于心，而心不灭，故身将与心永恒地共存。

唐先生将心与身的这种呼应关系比喻为乐器与乐曲的关系：不视身体为心灵达到其目的的理想工具，而是将其一切目的理想收归心灵自身，同时彻上彻下与身体行为相呼应，如古人所谓"心要在腔子里"。如此，身体不再只是被执着的工具，而是直接表现其心灵活动的一时之凭藉，如"弹奏心灵乐曲之乐器"。如此，此乐器经一番弹奏，便自有一番乐曲之声；若不弹奏，则乐曲与乐器，可同归于寂。如果人亡琴破，则乐曲自在天壤，另有他琴弹奏。这样，便使心身两无遗憾。身是用来弹奏乐曲的，既已弹奏，便与乐曲本身一并长存。当然，一定是所弹之乐曲本身足以值得让其他乐器去弹奏。

六、未知生，焉知死

总之，在唐先生看来，人的生活与精神活动是由人不断去耗费人的"身体"

① 唐君毅："人生之虚妄与真实"，《人生之体验续编》，桂林：广西师范大学出版社，2005年版，第123—124页。

而呈现的，而人的现实生活便是响应心的创造活动，不断谱写出人类精神生活和文化生活的新的乐曲。如此，人的身心都在"生"的过程中永生下去。

"死"并不是人生的"消灭"，而只是此一人生的"暂终"。"终"只是一线之线头，用以凸显人生整个线段之存在。人在有生之日，所以能只想其如何生活，如何运用其精神，而不想到死，正是由于人之"生"在死之上。人之精神本无死，人之所以会想到死而怕死，只是因为人渴望留此身体以与心共同成就其生活与精神活动，谱写"生"之伟大乐曲。唐先生说："此中之智慧，惟赖每一人之自思其所以生及如何生，以细心领取。人不能知生，即不能知死。故孔子说'未知生，焉知死'。"①

唐先生的生死哲学反映着儒家创生的哲学精神。孔子说"未知生，焉知死"，但这并不是教人不必探究死亡问题。"未能事人，焉能事鬼"，也并非说不必侍奉鬼神。孔子之意，他是要指出不了解生命，是无法了解死亡的，而连事人都无法做好，又何能事鬼神。这是一种积极的态度，他要将死亡摆在生命之中了解，将事鬼神之道转到事人之人伦大道中把握。唐先生的生死哲学本儒门大旨，从精神价值的创造、道德价值的成就中把握死亡对人生的意义。所以唐先生不认为人死如灯灭，一切复归于无；反之，死亡不但不是息止，而是上提到精神世界，以伟大的精神参与天地生生不息的创造力。心忧天下则感动寰宇，志存正道则启迪来兹。死亡不再是毁灭而是创生，个人生命形体虽然消灭，但精神人格与人类历史文化的大生命结合，小我消融于大我，而生生不已，创造不息。《周易》言："夫大人者，与天地合其德，与日月合其明，与四时合其序，与鬼神合其吉凶。"伟大的人格生命，是能与宇宙的生命结合，上下与天地同流。唐先生试图让我们看到死生大事那积极的、正面的教化功能，更要我们的个人生命接上历史文化精神的大流。

唐先生理解到形躯生命的有限性，所以能够彻底破除对小我的执着，并思以德性生命、精神生命的创造，奠立永恒和不朽。他是从精神生命、德性生命创生不已的义旨去面对死亡问题的。

---

① 唐君毅："死生之说与幽明之际"，《人生之体验续编》，桂林：广西师范大学出版社，2005年版，第98页。

儒学的生命修养与生命教育导向

——以马一浮的《复性书院学规》为例

　　一代大儒马一浮（1883—1967），其生命旨归和学术精神是以主办复性书院为基本标识的。复性书院的主旨在于恢复人的本性，回到人的真实生命本身。马一浮主办复性书院，就是要"以复性为纲领，以返求为功夫"。要求学生下一番反求诸己的功夫，将泥沙滤净，还其人性之原初状态。由是，马一浮以儒家六艺（六经）为一切学问之本根，亦为生命之本根，在复性书院的教学内容和教学形式中，坚持儒学教育的生命导向，落实复性之旨归。

　　《复性书院学规》是马一浮给复性书院诸生讲的开讲词。马一浮认为，复性书院的学规在于"示学者立心之本，用力之要。言下便可持循，终身以为轨范"[1]。因为学问之根本大道，不在于修业，而在于悟道，"在变化气质，去其习染而已矣"，在于"复性"以成长生命。在"学规"中，马一浮特别提到了四条基本要求，"一曰主敬，二曰穷理，三曰博文，四曰笃行。主敬为涵养之要，穷理为致知之要，博文为立事之要，笃行为进德之要。四者，内外交彻，体用全该。优入圣途，必从此始"[2]。马一浮的《复性书院学规》四条，既完整地展示了马一浮本人所主张和坚持的儒学教育的基本思想以及他所主张的"复性"教育的根本内容，同时也彰显了儒学教育的生命导向或者说儒学生命教育的基本导向。前两条重在强调"诚敬"的功夫学对于生命

---

[1] 马一浮：《复性书院讲录·卷一》，《学规》。见刘梦溪主编《中国现代学术经典——马一浮集》，石家庄：河北教育出版社，1996年版，第93页。此语乃开宗明义之语也。

[2] 马一浮：《复性书院讲录·卷一》，《学规》。见刘梦溪主编《中国现代学术经典——马一浮集》，石家庄：河北教育出版社，1996年版，第94页。

修为的根本意义；后两条则重在阐释"文行"的知行学对于生命成长的根本意义。

一、主敬以涵养：回归生命之本根

《学规》第一条为"主敬为涵养之要者"。这一条重在点明生命之本在其虚明而能润泽涵养，只有当我们以虔敬之心祛除心灵上的杂质，将我们的生命之树植于此深广涵润的根基上，我们才可能真正成长为顶天立地之大人。

1."涵养"即涵濡润泽、虚明照澈

《学规》引孟子语说："苟得其养，无物不长。苟失其养，无物不消。"强调万事万物都需要土壤雨露予以涵养，如果事物得不到相应的涵濡润泽，则不能生长。如草木无雨露，则渐就枯槁。这种养，是养其生机，养其本根，故曰涵养。涵，有"含容深广"之意，又有"虚明照澈"之意。所谓"含容深广"，即生命之本根在无中生有，只有涵容深广，所养之物才有充分成就自己生命之机缘；相反，如果涵容过分浅狭，不仅不利于所养之物涵润生长，还会阻碍其生机。所谓"虚明照澈"，即生命之根基在虚中成实，只有虚明照澈，才可彰显生命成长之实，如镜涵万象，镜子的虚明方能照澈万象之实在；如月印千江，江河的虚明，才能彰显月亮的实在。相反，如果生命之根浑浊不清，我们就不能见到生命之本相，如扑满灰尘的镜子是照不见自己的身影的，浑浊的河水中是见不到河底的。

作为一位深信儒家心性之学的儒者，马一浮认为，在现实生命存在中，构成生命流行运转之"气"往往会夺走主宰生命之"志"，使得生命之"天理"有时不能运行。这只是人受外感而非其本然状态。从"治病"来说，需先祛外感客邪，乃可培养元气。儒学教育作为治疗生命之病的教育，所需者，理当先打扫心灵上的灰尘，祛除"外感客邪"，持守住生命的元气。作为"病人"，在接受圣贤教育之时，当立定"治病"之志，以此"志"来统帅我们的生命之"气"的运转。有此"志"的统帅，"气"的运转便可顺于天理而流行，生命就可由"病态"进入"常态"。

2.敬则自然无妄、和乐虚静

如何才能当下立定此"治病"之志，让生命回到它的虚明照澈的涵养之境呢？马一浮认为，"持志主敬而已矣"①。伊川说"涵养须用敬"，此"用敬"的功夫，在马一浮看来可以从不同层面说。从统帅主宰而言，即所谓"主敬"；从持守不迁而言，即所谓"居敬"；从守之有恒而言，即所谓"持敬"。

"主敬"是就立心而论，强调我们必须凝聚精神心灵与生命本身之气，才能回归生命之本身的涵养状态。回归生命的元始虚明，首先必须让我们的精神凝聚起来，凝聚到生命本身、心本身，即所谓"主忠信"，亦即"主敬"。精神一旦摄聚起来，那么照澈之用就会从生命本身自然流出，生命就会回归到自己元始的虚明照澈的涵养状态。

"居敬"是就存心而论，强调我们必须对精神心灵本身持守不迁，才能让我们的生命有真实的安顿之处。孔子教导人，居处恭，执事敬，与人忠。在程子看来，这是"彻上彻下语"，乃"圣人无二语"。礼仪三百，威仪三千，一言以蔽之曰：毋不敬。就外在而言，礼以敬为本，人有礼则安，无礼则危。就内在而言，敬义立而德不孤。敬以直内，义以方外。未有敬而不能为义者，即未有忠信而不能为礼者。

"持敬"是就恒心而论，强调我们"以志帅气"凝聚精神必须持之以恒，这样才能保证我们的生命心灵不受浑浊之气的污染，而保持生命心灵的涵养虚明。因为"一有不敬，则日用之间动静云为皆妄也。居处不恭，执事不敬，与人不忠，则本心汩没，万事堕坏，安在其能致思穷理邪"②？在马一浮看来，敬以摄心，则心即会收敛向内，如此，攀缘驰骛之患便可祛除；敬以摄身，则百体皆会从命，如此，威仪动作之度便可没有闪失。

总之，马一浮认为，敬就可以让我们的身心精神全部凝聚，即可达致自然无妄、和乐虚静的生命的原初虚明照澈状态。他说："敬，则此心常存，义理昭著。不敬，则此心放失，私欲萌生。敬，则气之昏者可明，浊者可清。气既清明，义理自显，自心能为主宰。不敬，则昏浊之气展转增上，通体染污，蔽于习俗，流于非僻，而不自知，终为小人之归而已矣。外貌斯须不庄不敬，

---

① 马一浮：《复性书院讲录·卷一》，《学规》。见刘梦溪主编《中国现代学术经典——马一浮集》，石家庄：河北教育出版社，1996年版，第95页。

② 马一浮：《复性书院讲录·卷一》，《学规》。见刘梦溪主编《中国现代学术经典——马一浮集》，石家庄：河北教育出版社，1996年版，第96页。

则慢易之心入之。心中斯须不和不乐，则鄙诈之心入之。"① 可见，在马一浮看来，"敬"乃是我们进入生命之本根的命脉。

3.敬乃生命之本、入德之门

针对现代学者"为人"而非"为己"的学习和致知态度，马一浮特别强调，主敬，反求诸己，乃我们生命之本根，是我们入德之大门。我们须时刻念兹在兹。

"今时学者通病，唯务向外求知，以多闻多见为事，以记览杂博相高，以驰骋辩说为能，以批评攻难自贵，而不肯阙疑阙殆。此皆胜心私见。欲以矜名哗众，而不知其徇物忘己。堕于肆慢，戕贼自心。"② 为避免复性书院诸生堕入时代之病，在开学第一日，马一浮便特别将时人病根所在昭示学生，目的是要让所有学生自己勘验，猛力省察，有则改之无则加勉，无使疮疣在身留为后患。防患于未然，助人胜于救人，让每个生命自己立定志向统帅身心，此乃儒学教育的治疗意义之所在，也是儒学教育根本性的生命导向。

马一浮指出，"敬之一字，实为入德之门"。而且强调这是"圣贤血脉所系"。从生命的本根上说，人人自己本就具有德性之知，因此，在求知的道路上，切不可囿于闻见之知以为满足，而置德性之知任其隐覆，进而孤负自己的德性。程子曾有破屋御寇的比喻，来说明我们的生命之本根在我们之敬，在我们对自己精神的凝聚："前后左右，驱去还来，只缘空虚，作不得主。中有主，则外患自不能入。"③ 马一浮认为，"此喻最切"。破屋要抵御贼寇，靠破屋本身是不可能的；但若屋中有主人，贼寇自然不敢来侵犯了。我们被污染的生命，要靠自然的气质之性抵御社会习气的浸染，是不可能的；但若以虔敬之心凝聚精神本身，便可百病不入了。因为："唯敬可以胜私，唯敬可以息妄。私欲尽则天理纯全。妄心息，则真心显现。"④

---

① 马一浮：《复性书院讲录·卷一》，《学规》。见刘梦溪主编《中国现代学术经典——马一浮集》，石家庄：河北教育出版社，1996年版，第96页。

② 马一浮：《复性书院讲录·卷一》，《学规》。见刘梦溪主编《中国现代学术经典——马一浮集》，石家庄：河北教育出版社，1996年版，第96页。

③ 马一浮：《复性书院讲录·卷一》，《学规》。见刘梦溪主编《中国现代学术经典——马一浮集》，石家庄：河北教育出版社，1996年版，第96—97页。

④ 马一浮：《复性书院讲录·卷一》，《学规》。见刘梦溪主编《中国现代学术经典——马一浮集》，石家庄：河北教育出版社，1996年版，第97页。

总之，在马一浮看来，敬，是生命德性的起点、根基，也是成就生命之目标和意义的本根。"尊德性而道问学，必先以涵养为始基。从其成德，亦只是一敬，别无他道。敬也者，所以成始而成终也。"[①] 马一浮用"敬"来作为儒学式生命教育的开示词，表面看只是在端正一种生命态度，实际上是在表达一种生命立场，或者说确立一种生命信念，那就是虔敬地对待自己的生命，亦即真诚的对待自己的生命，对生命本身持一种敬畏之心。诚者成也。至诚之心，便可修成至诚之命。可以说，马一浮的这一立论，既体现了儒学教育的根本生命精神，对于现代生命教育也具有主要启发与指导意义。

二、穷理以致知：充养生命之主干

有了虔敬的态度、立场和信念，接下来需要的便是正确的生命修养的路径。《复性书院学规》第二条"穷理为致知之要者"便是对生命修为路径的开示。这一条重在点明，在主敬以达到心灵虚明照澈的状态后，我们如何调动我们生命本身的力量，通过内心的体悟和切己的思考，以通达内在于心中的事理，从而充养我们生命的虚灵明觉，实现成己成人成物的生命意义。

1.格物、穷理、致知

《大学》八目将"格物"放在最前面、最基层也是最艰难的位置，说明了其在生命意义实现中的前提性意义。

对"格物"的理解，基本上有朱子的"渐教"和阳明的"顿教"之别。"朱子释格物为穷至事物之理，致知为推极吾心之知。知者，知此理也。知具于心，则理不在心外明矣。""阳明释知善知恶是良知，为善去恶是格物。"马一浮认为："阳明是就自家得力处说。朱子即还他《大学》元来文义。论功夫造诣是同论。诠释经旨却是朱子较密。"[②] 尽管朱子和阳明在诠释经旨上有渐顿之别，但在功夫上，马一浮强调，二者别无二致，那就是都反对将"物"作为心外之"物"，将"格物"理解为研究"客观事物"，并进而将"穷理"理

---

① 马一浮：《复性书院讲录·卷一》，《学规》。见刘梦溪主编《中国现代学术经典——马一浮集》，石家庄：河北教育出版社，1996年版，第97页。

② 马一浮：《复性书院讲录·卷一》，《学规》。见刘梦溪主编《中国现代学术经典——马一浮集》，石家庄：河北教育出版社，1996年版，第97页。

解为获得"客观世界的规律",将"致知"解释为获取"关于客观世界的知识"。

马一浮认为,不管是朱子还是阳明,都没有将主客二分,没有将心物、事理打成两阙,而是主张心外无物,事外无理。由此,"格物"也好,"穷理"也好,"致知"也好,都是在自己心中做的,是同一个过程的不同称谓而已,或者说同一个事情的不同环节而已。既然明白"心外无物""事外无理",那么,"即物而穷其理",本质上也就是从"心之物"(因为心外无物)而穷其"本具之理"(因为心外无理),而不是在心外之物去穷心外之理。明白了这一点,方懂得生命修为路径的根本出发点,端在"反求诸己",向心内求而不是向心外求。

由于"心外无物""心外无理",因此"格物"和"穷理"实际上是同一个过程。马一浮说:"格物即是穷理,异名同实。"为了避免人们对"致知在格物"的偏颇错误理解,被"物"所碍,马一浮特别"穷理为致知之要"而不说"格物为致知之要"。他说:"今言穷理为致知之要者,亦即是致知在格物也。何以不言格物而言穷理,只为从来学者都被一个物字所碍。错认物为外因,而再误复认理为外。今明心外无物,事外无理。事虽万殊,不离一心。"①一心贯万事,亦即一心具众理。如此,即事即理,即理即心;事理合一、心理合一;理事双融,一心所摄。这便把个人生命修为的学养功夫直接放在了每个人自己的"心"上而不外求。这是儒学生命教育的真正出发点。

穷理以致知,功夫端在穷理上,也即在格物上。穷,就是究极的意思,即"圆满""无欠阙""无渗漏""无偏曲"之谓也。致,竭尽之称也。理在事中,理在心中,并非时常显现可见,只有理显现出来为我们把握、体悟到时,才名为知。因为理乃天理,天理本乎性命,理既在心中也在一切事中。"穷理"功夫的入手处,在于将他说反诸自心,仔细体究,并随事察识,不等闲放过。这是一个艰难长久的过程。一旦豁然贯通,表里洞然,不留余惑,也就是达到不疑之地,方可称作"致知"。

马一浮认为,大学功夫,只此"穷理"(即"格物")一关最为关键也最

---

① 马一浮:《复性书院讲录·卷一》,《学规》。见刘梦溪主编《中国现代学术经典——马一浮集》,石家庄:河北教育出版社,1996年版,第97—98页。

为艰难。"穷理功夫,直是费力,不是吃紧用力一番,不能致知。"① 要通过"穷理"达到"致知"的目的,非"尽心"不可。

2. 尽心、知性、知天

如果用现代哲学的话语来说,通过格物、穷理、致知的阐释,马一浮已经在认识论层面说明了致知在格物(穷理)的功夫。但是,从儒家心性学来说,这还不够,还没有触及到心性本体。所以,接下来,马一浮便转而以心性来说"理"与"知"的关系。

他引孟子和朱熹的话直指主题。孟子曰:"尽其心者,知其性也。知性则知天矣。"朱子《集注》则解释到:"心者人之神明,所以具众理而应万事者也。"马一浮进一步指出,心是人之神明主宰,而心所具有的就是理,而天又是理之所从出者。于是,马一浮得出结论:人有了这颗心,便有了全体,因为一切皆在心中。既然心是全体,理全在心中,理所从出的天也在心中,那么"穷理"也就是"尽心","穷理""尽心"也就是"知天"。如果不"穷理",则心必有所遮蔽,就不能尽其心量。所以,如果要极尽心之全体,就必能穷理。如此,便也没有不知者也。既知道了全部的理,则理所从出的天也就不外如此了。马一浮进一步指出,将孟子的"尽心知性知天"之论与《大学》所述的"格物致知"对应来看,"知性"便是格物之谓,而"尽心"则乃知至之谓也。

进一步,马一浮又对《易·系辞》"穷理尽性以至于命"的命题做了对应分析。在他看来,"穷理"即相当于孟子所说的"知性";"尽性"即相当于孟子所说的"尽心";"至命"即相当于孟子所说的"知天"。天也,命也,心也,性也,皆一理也,只是就不同角度言之,有了不同名谓。"就其普遍言之,谓之天。就其禀赋言之,谓之命。就其体用之全言之,谓之心。就其纯乎理者言之,谓之性。就其自然而有分理言之,谓之理。就其发用言之,谓之事。就其变化流形言之,谓之物。"② 这样,我们便发现,原来极为不同甚至被人们对立化的一些最重要的东西,天、命、心、性、理、事、物,其实是一个

---

① 马一浮:《复性书院讲录·卷一》,《学规》。见刘梦溪主编《中国现代学术经典——马一浮集》,石家庄:河北教育出版社,1996年版,第98页。

② 马一浮:《复性书院讲录·卷一》,《学规》。见刘梦溪主编《中国现代学术经典——马一浮集》,石家庄:河北教育出版社,1996年版,第99页。

东西。天下之道，一也。

如此，我们也就可以明白，生命修为的功夫，任何地方都可以作为开始。或者说，我们在生命活动中所用之力，是彼此贯通的；我们用于最普通的日常生活中的修行之力，是会贯通到天命心性之中的。如此我们便知，从修为上讲，事无所谓大小，关键在我们的用力。格物即是穷理，穷理即是知性，知性即是尽心，尽心即是致知，知天即是至命。

马一浮特别提醒，我们在理解和修为过程中，千万不能把这些合一的东西分出个先后彼此，把先贤阐述道理时所贯彻的逻辑上的先后关系转化为一种时间或者空间或者事实上的先后关系。比如，程子说："理穷则性尽，性尽则至命。"这实际上是讲的穷理尽性知命是一体的，不是说穷理了再去尽性，尽性了再至于命。他们其实只是一事，而不是有三件不同的事也。又如《大学》说："致知在格物"，并不是说欲"致其知"者先"格其物"，而是说"格物"也就是"致知"，"致知"的过程就是"格物"，他们是同一个过程。

马一浮特别提醒学生，要真懂得"穷理为致知之要者"这一条学规，必须懂得"合下用力"。这种"合下用力"的功夫即是《中庸》所谓的"诚"。《中庸》曰："唯天下至诚，为能尽其性，能尽其性，则能尽人之性。能尽人之性，则能尽物之性。能尽物之性，则可以赞天地之化育。可以赞天地之化育，则可以与天地参矣。"朱子《章句》解释说："尽其性者，德无不实。故无人欲之私，而天命之在我者。察之由之，巨细精粗，无毫发之不尽也。"马一浮进一步阐释到，他人之性，万物之性，亦我之性，只不过所赋形气不同而有表现形式的差异而已。只要能尽性，就可以"知之无不明""处之无不当"。此即是"一尽一切尽"，其间更无先后轻重彼此。

因此，就学问修为来说，成己即所以成物，成物乃所以成己。成己成人成物，原来是一体的。"夫子之道，忠恕而已矣。"尽己即谓忠，推己即谓恕。这两方面，我们都需要合下用力。"己所不欲，勿施于人"，推己之事也，恕道也；"行有不得，反求诸己"，尽己之事也，忠道也。马一浮将孔子的这一忠恕之道形容为"澈上澈下语"。为学之人，须对此信得亲切、行得真实，方可以言穷理，方可以言致知。"信得亲切、行得真实"，即要有澈入生命本身的切己之思。

3. 切己之思乃生命之思

依据心外无物、理在心中，我们便知，我们所要穷之理，是天下同具之理，个人不可独得；我们所要致之知，是本分之知，本人不假他求。所以象山才说："宇宙内事，即吾性分内事。吾性分内事，即宇宙内事。"

但是，现今很多求学之人、为学之人，每每以某种具体事物为研究对象，总是宣称要解决某种问题，而恰恰忘记了此实际上乃"尽自性份内之事"。马一浮明确指出，尽管我们探求真理也需要用我们的精神思想，但是，如果不明白这一过程同时也就是"分内事"，便是将宇宙人生看作心外之物，与己无关之事了。如果只是从研究对象来看，则我们自己的生命、甚至我们的心也可被当成与我无关的"纯粹""客观"的心。如此，"彼此相消，无主可得，而每矜为创获，岂非虚妄之中更增虚妄。以是为穷理，只是增长习气。以是为致知，只是用智自私"①。这不是真正意义上的"穷理致知"。

真正的穷理致知所用的"思"，不能是"客观化"了的、与自己生命无关的纯粹的"思"，而应该是从生命本根上流出的、关乎自己性命的"切己之思"。子曰："学而不思则罔。"程子曰："学原于思，不思则罔。"很显然，学的根本在思。如果读书只是匆匆涉猎、泛泛寻求、不加思考，便以为已经了解其中文义，已经明白其中事理，如此终其一身，也昏而无得。如何在学中进入思呢？首先必须虚其心，不用自以为是的先见隔膜自己之心进入思。马一浮说："欲入思惟，切忌自谓已瞭。若轻言易瞭，决定不思，是闭门而求入也。"读书之法，在于"字字要反之身心"。

首先，我们当知，天下之理是一理，是共理，圣贤书中所言之理，本来也存在于我自己的心里，只是我自己的心，平时多被蒙蔽而已。因此，当我们从书中看到圣贤所言之理时，我们就当反求诸己，追问自己："我的心现在何以不能敞现相应之理？如果我的心一念相应又将如何？平常动静云为之际我的心到底安置在何处？"如此，你才会"有体认之意"。

其次，我们当知，圣贤经籍所言之理，都是万事万物当然的法则。可是我们在日常事务中又经常发现，现实事物又往往并非按照圣贤经籍中所言之

---

① 马一浮：《复性书院讲录·卷一》，《学规》。见刘梦溪主编《中国现代学术经典——马一浮集》，石家庄：河北教育出版社，1996年版，第100页。

法则呈现。于是我们就当反求诸己，追问自己："现实事物何以应该如此存在而事实上却并未按照它所当处之位当处之势呈现？如果按照应然的法则，这件事本来应该是如何？平常我们应事接物之时，我的心应该如何照管这些事物？"如此，你才会"有察识之意"。

马一浮说："无事时体认自心是否在腔子里？有事时察识自心是否在事上？如此方是思。方能穷理。""体认亲切时，如观掌纹，如识痛痒。察识精到处，如权衡在手，铢两无差。明镜当台，豪发不爽。如此方有知至之分。"① 要做到这些，在散乱的心中是不可能的，因此，要以切己之思穷理致知，必须以主敬涵养为前提。换言之，生命之树干必须生长在生命之本根上。

三、博文以立事：丰硕生命的果实

《学规》第三条为"博文为立事之要者"。这一条重在点明，在主敬以达到心灵虚明照澈的状态的基础上，在穷理而致知的同时，特别从学的角度，如何在学习的过程中知类通达，明了事中之理，以成就人生实践中的事业，丰硕生命的果实。

1.思以穷理，学以博文

马一浮这里说"文"，是相对于"理"相对于"事"来说的。在马一浮看来，"文"并非单指文辞，也不限于典籍。"凡天地间一切事相，皆文也。"《论语》朱注曰："道之显者，谓之文。"马一浮补注曰："文之施于用者，谓之事。"如此，道外无事，亦即道外无文。

博文，意即通达一切事相。博，就是"通而不执"的意思。立事，即面对事情能够合乎当然之理地担当。立，就是"确乎不拔"之谓。要能够遇事合乎当然之理地担当，就必须能够对各种事相有通达的了解和理解，否则，可能遇此事可以担当，遇到彼事便茫然不知所措。此即谓"不能立事"。其根本原因在于不"学"，即未尝"博文"也，未尝"穷理"也。换言之，尽管学习是为了致用，但要致用首先必须学习。诚如《弟子规》规劝的，"但力行，不学文，任己见，昧理真"。不认真、细致、系统、深入地学，我们就可能

---

① 马一浮：《复性书院讲录·卷一》，《学规》。见刘梦溪主编《中国现代学术经典——马一浮集》，石家庄：河北教育出版社，1996年版，第100-101页。

被自己的主观偏见遮蔽住事物所显现的根本真理，如此我们也就不能在"立事"中随时"担当"。此即为"博文为立事之要"，或者说"通经为致用之要"。

马一浮认为，"学"的根本精神在"博达"，举一而反三，亦如"思"的根本道理在于"穷尽"。《中庸》曰："文理密察，足以有别也。"换言之，"文"和"理"是可以互相说明的。在心为理，见于事则为文；事有当然之则谓之理，行此当然之则即谓之文。体用不二，事理不离。所以，我们不仅需要懂得"心外无事、离体无用"，守住"体"这个根本；而且也须明白"因事显理、摄用归体"，充分发挥"用"的作用。"穷理致知"在由体显用；"博文立事"则在摄用归体。穷理之时，偏重于"思"；博文之处，则偏重于"学"。《论语》曰："学而不思则罔，思而不学则殆。"可见，思学并进，既无"无思之学"，亦无"不学之思"。思与学，犹如车的两轮、鸟的两翼，致力不同而为用则一，不可偏废。

2. 天下之事，六艺之文

既然学为不可偏废之事，"好学"便须"博文"，那么哪些是我们"博文"过程中最要紧应该学到的呢？作为现代新儒家中的"经学家"，马一浮以他"六艺"为学问之大本大根的基本学术立场，认为"天下之事，莫非六艺之文"。因此，立事之本，在通达"六艺"是也。换言之，为学者，紧要的是认真、系统、仔细地研学六艺之文，自然便可以通达天下之事。子曰："不学诗，无以言"；"不学礼，无以立"。"诗"和"礼"，文也；"言"和"立"，事也。只有"博文"，方可"立事"。

马一浮认为，六艺之文，尽显天下之道，是天下大道的集中体现。因此，明乎六艺之文，便可以应天下之事。马一浮对六艺之文何以即为天下之事做了如下界定：《诗》以道志而主言。在心为志，发言为诗。凡以达哀乐之感类万物之情，而出以至诚恻怛，不为肤泛伪饰之辞，皆《诗》之事也。《书》以道事。事之大者，经纶一国之政推之天下。凡施于有政，本诸身加诸庶民者，皆《书》之事也。《礼》以道行。凡人伦日用之间，履之不失其序，不违其节者，皆《礼》之事也。《乐》以道和。凡声音相感，心志相通，足以尽欢忻鼓舞之用，而不流于过者，皆《乐》之事也。《易》以道阴阳。凡万象森罗，观其消息盈虚变化流行之迹，皆《易》之事也。《春秋》以道名分。凡人群之伦纪大经大法至于一名一器,皆有分际,无相陵越,无相紊乱,各就其列,各严其序,各止其所,各得其正,皆《春秋》之事也。总之,在马一浮看来,六艺者,已经言尽天下大事;通此六艺,即可明天下之大道而立事。

马一浮对六艺之文所彰显大道的阐释,与孔子所述六艺之精神是一致的。孔子曰:"入其国,其教可知也。其为人也,温柔敦厚,《诗》教也;疏通知远,《书》教也;广博易良,《乐》教也;洁静精微,《易》教也;恭俭庄敬,《礼》教也;属辞比事,《春秋》教也。故《诗》之失,愚;《书》之失,诬;《失》乐之失,奢;《易》之失,贼;《礼》之失,烦;《春秋》之失,乱。其为人也,温柔敦厚而不愚,则深于《诗》者矣;疏通知远而不诬,则深于《书》者矣;广博易良而不奢,则深于《乐》者矣;洁静精微而不贼,则深于《易》者矣;恭俭庄敬而不烦,则深于《礼》者;属辞比事而不乱,则深于《春秋》者矣。"① 很显然,在孔子看来,六艺就是塑造人格、建立精神、立身处世的根本大学问。

当然,学"文"不只是为了"学"文,根本的是明"道"。马一浮强调,道本为一,道显即为文。所谓"天文"即天道流行之所呈现,而"文"所化者即为事。所以,我们说,"其事即其文也。其文即其道也"。为学之人如果能够于此而有所意会,那么也就可以明白六艺之文即天下之事了。孔子称尧"焕乎其有文章",此处之"文"指的是尧的功业;子贡称"夫子之文章可得而闻",此处之"文"指的是孔子的言行。所以,我们说到"文",并不只是指文章典籍,"不独前言往行,布在方策,有文史可稽者"。"一身之动作威仪行业有力用,莫非文也。天下万事万物之粲然并陈者,莫非文也。"至于说到"事",也并不是指"一材一艺一偏一曲"这等具体事件才是"事"。"自入孝出弟,爱众亲仁,立身行己,遇人接物,至于齐家治国平天下,开物成务,体国经野,大之礼乐刑政之本,小之名物度数之微,凡所以为因革损益裁成辅相之道者,莫非事也。"② 由此可见,"博文"也好"立事"也好,都直指我们生命中的全体,直指宇宙全体。

所以,对于马一浮甚至整个儒家传统来说,"学文"的本质是生命之学,

① 《孔子家语·问玉第三十六》。

② 马一浮:《复性书院讲录·卷一》,《学规》。见刘梦溪主编《中国现代学术经典——马一浮集》,石家庄:河北教育出版社,1996年版,第102页。

是全副生命在"文"中的熏陶、陶冶、塑造，而并非只是"文章之学"。那么，对于全体之宇宙、全幅之生命，我们到底如何去"学"、去"立"呢？马一浮强调，只要知类通达，便可贞固有成。

　　3.知类通达，贞固有成

　　知类通达，即会通。《易》曰："圣人有以观其会通而行其典礼。"《朱子语类》："会通，谓物之节角交加处。"也就是说，会通有如人的身体的关节，是筋脉活动之枢纽。就事相而言，能够尽天下之事相而无所执碍者，即可为知类通达，亦即博文也。相应的，如果能够"得举措之宜而不疑其所行者"，即可以称为贞固有成，可谓立事了。

　　马一浮举诗教为例说明博文立事的道理。孔子说"诵诗三百授之以政不达，使于四方不能专对，虽多亦奚以为"，"小子何莫学夫诗。诗可以兴观群怨。迩之事父，远之事君"，"人而不为周南召南，其犹正墙面而立也欤"。可见，诗教本应是涉及各方面事相的。可是，现代很多学《诗》之人，"能详其名物训诂"已经不错了；更进一步而"能言其义"，那就已经上乘了；可是却"不达于政，不能事父事君，其为面墙也如"。因此，就"博文"之知类通达而言，如此学《诗》，马一浮以为"谓之未尝学诗可也"。

　　由此可见，我们说"博文"，"决不是徒夸记览，徒骋辞说，以衒其多闻而不切于事，遂可以当之"。不切于事，即使博闻强记而学富五车，也不能算博文。博文，"必其闳通淹贯，畜德多而谨于察物者也"。相应的，所谓"立事"，也不只是单纯的"智效一官，行效一能，不该不遍，守其一曲，遂足以当之"。如果行此事可行效一能，行彼事却不能谨守而左右摇摆，纵然能"行"万事，也不能叫做"立事"。因为所谓"立事"，"必其可以大受当于物，而卓然不惑者也"。

　　"博文"属知，"立事"属能。尽管要知类通达并贞固有成，但是就知与能而言，没有人是无知无能，也没有人是全知全能的。一方面，匹夫匹妇之愚，也可以与知与能；另一方面，说到极端处，圣人亦有所不知不能。因此，为学之人，"切忌自谓已知已能，如此则是自画，而不可以进于博，不可以与于立矣"。此所彰显者，既是虚灵明觉之涵养，也是成己成物之圣人气象。因为只有让自己"虚灵明觉"得到充分的涵养，也才可能有通达圣贤人格的契机。

譬如孔子，达巷党人曰："大哉孔子，博学而无所成名。"子闻之曰："吾何执，执御乎，执射乎？"太宰问于子贡曰："夫子圣者欤？何其多能也。"子闻之曰："吾少也贱，故多能鄙事。君子多乎哉？不多也。"又曰："君子之道四，某未能一焉。"又曰："吾有知乎哉？无知也。有鄙夫问于我，空空如也。我叩其两端而竭焉。"可见，圣人即使知周万物而道济天下，却仍然自以为无知无能。圣人这样说，并非只是"谦辞"而已，而是他心里就是这样想的这样认为的。鄙夫执其一端之见而汰然自以为多，圣人则叩其两端而自以为空空如也。圣鄙之分，由此可见。这也正是为什么必须先穷理致知，然后才可以说博文立事的缘由。

很显然，在马一浮这里，"学"的根本只是生命之学，即使是学"文"，也不只是简单的文章之学，而必须是渗入生命之中、生命之根，以不断丰硕生命的果实，即接引人的人格生命的成长，以便可以迈向通达圣贤的成长之路。

四、笃行以进德：打通生命的血脉

《学规》第四条为"笃行为进德之要者"。这一条重在点明，有了心灵的虚明照澈，并能穷理致知、博文立事，还不能算生命意义的完整，真正人的生命的意义在于德性的建立，而德性的建立不是只靠穷理致知、博文立事可以达到的，而必须是笃行，必须靠没有欠缺、没有间断的个人修行，才能让一个人的生命德性日进、意义充实。

1.言、行、德

依儒家的理念，生命的意义和境界在其德行而非知识。因此，为学之人为学的最高目的和境界，当是落实到行动上的德性修为。马一浮秉持这样的教育理念，在学规中最后将教育目的落脚到生命的德行修为上。

德和行是一体两面的。马一浮说："德行为内外之名，在心为德，践之于身为行。德是其所存，行是其所发。自其得于理者言之，则谓之德。自其见于事者言之，则谓之行。非有二也。"充实而有恒才可称得上"笃"，日新而不已才算得上"进"；没有欠阙、没有间断方可言"笃"，没有限量、没有穷尽才可说"进"。所以,"行之未成,即德之未裕"。

按理,言和行,同为"中"以及人"心"之所发,为什么此处讲"进德"却专讲笃"行"而不讨论"言"呢?马一浮认为,这是因为言行有时会一致,有时却可能不一致;在不一致时,更应该看中其"行"而非"言"之于"进德"的意义。因此,"行"比"言"更重要,"身教"重于"言教"。《论语》曰:"有德者必有言,有言者不必有德。"孔子又说,"昔吾于人也,听其言而信其行。今吾于人也,听其言而观其行"。君子不以言举人,不以人废言。这些都是说,言行有不相应者,不可不察也。君子耻其言而过其行。"视其所以,观其所由,察其所安,人焉廋哉!"在现实生活中,"色取仁而行违者尽多"。所以,为学之人不可不知,应当"以此自观自儆,言顾行,行顾言",尽可能做到言行统一。

另一方面,从修为上说,"言亦行之所摄",言亦是行也。马一浮强调,《洪范》五事①(貌、言、视、听、思),《论语》九思②(视、听、色、貌、言、事、疑、忿、见得)、四勿③(视、听、言、动)、三贵④(容貌、颜色、辞气),"皆笃行之事"。在儒家理念中,德是一个内涵非常广义的词汇。"仁者,德之总相也。开而为二,曰仁智、仁义。开而为三,曰智仁勇。开而为四,曰仁义礼智。开而为五,则益之以信。开而为六,曰智仁圣义中和。如是广说,可名万德,皆统于仁。"所以,不管言行的内涵在具体境域下如何,不管是分而言之还是和而言之,都是个人进德之所需笃之行。

2.性德与修德

进德是"为学"之旨归,也是生命之旨归。不过,马一浮进一步提醒:"学者当知,有性德,有修德。"也就是说,德有根于人之天命本性的,有修为而得到;前者可谓"天德",后者可谓"人德"。不过,这种区分并不是

---

① 《尚书·洪范》:"一曰貌,二曰言,三曰视,四曰听,五曰思。貌曰恭,言曰从,视曰明,听曰聪,思曰睿。恭作肃,从作义,明作哲,聪作谋,睿作圣。"

② 《论语·季氏第十六》:"君子有九思,视思明,听思聪,色思温,貌思恭,言思忠,事思敬,疑思问,忿思难,见得思义。"

③ 《论语·颜渊第十二》:"非礼勿视,非礼勿听,非礼勿言,非礼勿动。"

④ 《论语·泰伯第八》:"君子所贵乎道者三:动容貌,斯远暴慢矣;正颜色,斯近信矣;出辞气,斯远鄙倍矣。"

说，每个人天生就必然是有德之人了，因为具有性德。相反，马一浮强调："性德虽是本具，不因修证，则不能显。故因修显性，即是笃行为进德之要。"这就是说，尽管德有性修之分，但事实上，所有的德都必须以修为彰显的起点。实际上，德是为一全体，从本体与功夫不同角度言之，才有性修之别。马一浮说："全性起修，即本体，即功夫。全修在性，即功夫，即本体。修此本体之功夫，证此功夫之本体，乃是笃行进德也。"

换言之，"天德"或者说"性德"只是自然之德，因此它也像自然一样容易消逝，它会伴随自然年龄的变化而改变其德性。"人德"或者说"修德"乃修为之德，一旦形成，便为永恒，因为它依于人的心性，依于人的意志，只要心性未毁，意志未灭，它就必然会散发出光辉。如果只是依据"天德"而行事不修为"德"，则人的生命将最终因为"天德"的自然流逝而陷于"无德"。诚如现代新儒家唐君毅在点明青年的天德与人德的修为时所指出的，"如果你只恃你青年的天德，以为由此可以傲视颓败的中年与老年，你便要知，青年转瞬即成壮年，成中年，成老年。青年的德性，随青年以俱来者，亦将随青年以俱去。'朱颜今日虽欺我，白发他年不让君。'你到中年老年时，你是不是亦会同你所厌恶之颓败的中年老年一样？'秦人不暇自哀而后人哀之。后人哀之而不监之，亦使后人而复哀后人也。'世界最大的悲剧，莫如'后之视今亦犹今之视昔'了。"[1]这样一种轮回的人生，既是人类社会文明的悲哀，更是个人人生的悲哀。因为它既不能利用青年所特有的德性而推动社会文明的进步，也没有体现出自己作为一个独特个体独特的人生意义。如此只有"天德"驱动的人生，在相当程度上便丧失了人生的真正意蕴。

对于儒家的教育理念来说，学问之道，在变化气质。变化气质即是"修"。汉儒每言才性，即指气质。被称作"才"的是气质之善。气质不善的，固然应当变化；即使善的气质，也只能叫做"才"，同样是需要变化才可进而为德。这也就是"依天德以立人德"的修德。

修德是需要学的，不学不能修。所以，前面所说的诸般功夫，主敬涵养、穷理致知、博文立事，都在于"学"，都在为修德进德做准备。同时，为学

---

① 唐君毅：《说青年之人生》，《青年与学问》，桂林：广西师范大学出版社，2005年版，第3页。

者也必须明白"性修不二"，并不是说我们在"性德"之外还另有一个所谓的"修德"。德只是一。"修德须进，性德亦有进。"按理，性德本无亏欠，自己圆满，何以还须进呢？马一浮指出，"天地之道，只是至诚无息"。"不息"，就是进。作为"三才"之一的人，要与天地合其德，其实就是以其生生不已为贵。"所谓不息则久，久则徵，徵则悠远，悠远则博厚，博厚则高明。"如此悠远不息，悠久无疆，便是进德之极致了。

"笃行"就是不间断、无亏欠的行，此之谓"诚"。"行之不笃，即是不诚。不诚则无物。"人的修德之行为一有欠阙，一有间断，便是不笃。因为行有欠阙，即德有欠阙；行有间断，即德有间断。所以，即使是性德本无亏欠，也必须笃行。所以言"笃行为进德之要也"。

3. 下学上达，为仁由己

对于我们的日常行为而言，笃行进德也就是践形尽性。"进德即尽性之事，践形即笃行之事。"我们的日常行为，视、听、言、动，皆有其理。"视极其明，听极其聪，言极其从，貌极其恭。"这才叫做尽了视听言动之理，也才叫做得了耳目口体之用。此即为"尽性"，即为"践形"。在我们常人的行为中，往往会"视有不明，听有不聪"，这就是"未能践其形"，即"未能尽其性"。视、听、言、动都是我们具体的行为，四者统一于特定的"礼"，就是"仁"，就是"德"了。在人生中日用不离的，最切近而最易体认的，莫过于这视、听、言、动这四样了。所以，颜渊问仁，孔子告以"克己复礼为仁"。颜子直下承当，便请问其目，子曰只此视、听、言、动四事。明白了这一点，我们便知笃行之道，"合下当从非礼勿视、听、言、动入手。才有非礼，即是不仁"。此即下学而上达也，即在日用不离的视听言动的日常人伦生活中，时刻不忘记由"仁"所规导的"礼"；并由日常人伦的践行学习中，通达依于天命人性的"仁心仁德"。

同时，为学者还必须明白，《中庸》曰："温故而知新，博文之事也。敦厚以崇礼，笃行之事也。"这就是为什么必须"继博文而言笃行"。主敬涵养、穷理致知、博文立事，乃知的最高境界和目标，与之相接续的，便只能是笃行进德。而且，笃行进德在相当程度上是总摄前三方面的。如，"主敬须实是主敬，穷理须实是穷理，博文须实是博文，此便是笃行。一有不实，只是空言。涵养得力，致知无尽，应事不惑，便是进德。若只言而不行，安能有得？行而不力，安望有进？"① 所以，主敬涵养、穷理致知、博文立事，言虽为三，事实唯一也。将四个方面综合在一起说，其实可以简约为一个字，那就是"行"。《论语》曰："博学于文，约之以礼，亦可以弗畔矣。"孟子曰："博学而详说之，将以反说约也。"前三方面是博，最后一条是约。"即知即行，全理是事。即博即约，全事是理。始终本末，一以贯之。"此是即下学即上达的学问与功夫。

"子以四教，文行忠信。"马一浮认为，"文即六艺之文，行即六艺之事。忠信则六艺之本。"② 学规的四条，马一浮认为，与孔子的四教是大体相同的。"全体起用，全用归体"，这是圣学之宗要，也是自明本性的法门。要识圣贤血脉，要体圣贤心性，舍此别无他道。"道为万行，德是一心。"马一浮要求他的学生，也是要求所有的为学之人，更进一步，是所有要体贴自己生命的本来意义的人，必须落实到自己的日常行为上，要自己体会、勤勉修为，方可有所心得、有所进德。"体之在己，乃可名知。勤而行之，斯可与适道。得之于心，斯可与入德。如此，则日进于高明光大之域，必可期也。为仁由己，而由人乎哉？"③

对于马一浮来说，"学规"其实并不只是简单的"学"的规矩，而是成就一个人的大生命的规矩，是为学者生命成长的规矩。正因为这样，"学规"最后才必须将所有的"学"落实在"行"上。因为生命是"活"的，是生生不已的；因此，关乎生命的学问就不只是拿来"说"的，而必须是拿来"做"的。而且，这个"做"并不一定是"建功立业"般的"大事"，同时也是，而且在根本意义上首先是"日用伦常"的视听言动诸般"小事"。马一浮的这样一种落实到生命的根本处的教育理念，是传统儒家教育理念的落实，也是现代生命教育所需要和所倡导的基本理念。

---

① 马一浮：《复性书院讲录·卷一》，《学规》。见刘梦溪主编《中国现代学术经典——马一浮集》，石家庄：河北教育出版社，1996年版，第102页。

② 马一浮：《复性书院讲录·卷一》，《学规》。见刘梦溪主编《中国现代学术经典——马一浮集》，石家庄：河北教育出版社，1996年版，第108页。

③ 马一浮：《复性书院讲录·卷一》，《学规》。见刘梦溪主编《中国现代学术经典——马一浮集》，石家庄：河北教育出版社，1996年版，第108页。

五、简短的结论

马一浮《复性书院学规》以"敬""诚"开始作为生命修为的前提，以"学""行"作为生命成长的修为课程，既强调以敬立志、以诚开路、反求诸己，又强调以学立事、以行进德、学以致用，如此不断修为生命、成长生命、日进无疆。《学规》所彰显的这一教育理念和教育思想，秉承了儒家教育一贯的生命导向，同时也为当下中国正蓬勃兴起的现代生命教育事业提供了一个宝贵的参照理念。

作为至圣先师的孔子，曾经在《论语》的《学而》篇中明确说到："弟子入则孝，出则悌，谨而信，泛爱众，而亲仁，行有余力，则以学文。"孔子强调生命的修为乃文化知识学习的前提，这是儒家教育生命导向或者说儒学生命教育的明确标示。对于生命修为本身，孔子则强调以"孝悌"为入门。同样在《论语》的《学而》篇中，这样的教导说到很清楚："君子务本，本立而道生"；"孝悌也者，其为仁之本与"。换言之，对于人来讲，生命修为是本，学问事业是末。就如《大学》所言，"自天子以至于庶人，一是皆以修身为本"。这个"本"立起来了，人生之大道乃至于天道便能自然敞现。如何立此修身之本呢？"孝""悌"之道是根本路径。这是儒学生命教育的基本立论。及至清代秀才李毓秀，更进一步以此为总纲，编撰出了著名的蒙学读物《弟子规》，今天仍然是生命教育的好教材。

马一浮的"敬诚"功夫，恰是对儒学生命教育"孝悌之道"的接引。"孝道"的基本精神便是对父母的"敬"，所谓"孝敬"是也。对自己生命之所从出的父母的"敬"，本质上即是对生命本身的敬。只有对生命有了这份敬意，或者甚至说敬畏，我们才可能从心中生出对生命的爱。因此，生命教育当从培养敬畏心开始。这在今天的生命教育中，仍然适用。

当然，"诚敬"功夫只是生命修为的"立本"之学。"本立而道生"，本既立，人生的方向就不会错。但是"道生"并不一定就"道成"。要成就生命之大道，除了以"诚敬"的功夫"立本"外，还必须"学而时习之""学以致用"，学用结合、知行合一。一方面，要以认真研学"六艺之文"，以虔敬之心"畏圣人之言"的态度，逐类旁通，以明乎天下之道；另一方面，还必须在日常的视听言动中不断地"时习之",下学而上达。如此不断地在自己的生命实践中,识体达用、以用显体,生命本身就会逐渐被点亮、被拓宽、被提升,生命的亮度、宽度、高度都可以得到拓展,生命的意义就会彰显出来。这也正是现代生命教育所需要的,因为现代生命教育根本上是要寻求化解生命困顿、提升生命品质、实现生命意义。

马一浮的《复性书院学规》虽只是个小文本,却是一篇大文章。说其是小文本,是因为它只是马一浮整个《复性书院讲录》的开讲词,在马一浮整个思想体系和学术体系中占不了大的位置;说其是大文章,是因为它是关乎生命本身的学问,是最切己、最实在、最根本的学问。因为读懂了生命,也就读懂了万物,也就读懂了天地宇宙。所以,笔者以为,马一浮的这篇《复性书院学规》万不可只当作一篇学术文本来阅读,而应该当作一篇生命学大文本阅读;其意义也不只是一般的校规校训,而根本的是其直透生命根底的生命教育意义。

下篇

生命教育实践

生命学问与生命教育

——浙江传媒学院推动生命教育的理论和实践探索

生命教育最近几年在中国的井喷式发展，是中国教育事业转型的重要表现。浙江传媒学院作为较早推动生命教育理论研究和教学实践的高校，在大学生命教育的实践和理论探索上，积累了丰富的成果，为中国大学生命教育事业的发展，做出了自己的尝试和努力。

一、生命教育实践

1.起点与开始

浙江传媒学院的生命教育事业的推动和发展，最初源于何仁富教授的个人感悟。2005 年底，在一次自我沉思中，他第一次想到了生命学与生命教育的问题，并拟就了一些研究和思考纲要。2006 年初，在社科部的学习讨论中，他向部门老师做了初次汇报。当时的基本想法是：我们在大学教育中应该积极关注学生的生命成长，进行生命教育；这种生命教育又应该基于比较综合性的生命学理论构建；生命学不仅仅是生命哲学，而是包括现代科学的生命观、传统宗教的生命观、哲学理论的生命观的一种整合，是一种包括形而上、形而中、形而下多层次的生命思考。但此时的思考更多的还是一种个人感悟。

基于对生命学和生命教育的个人感悟，他便开始从网络和其他渠道获取相关信息。网络上的最大收获便是对台湾地区推动生命教育的经验和理论思考的全面了解以及对国际上推动生命教育的历史的大致了解，同时也获得了国内推动生命教育的相关信息。

2007 年一次偶然的网络浏览，何仁富与汪丽华知道了 10 月将在湖北召开全国中小学生命教育会议的信息，并得知郑晓江先生将与会参加，奔着对郑先生《中国人生智慧》《西方人生智慧》两本书的体认（那时还不知道郑先生对生死哲学研究的众多著作），两位老师便直奔湖北潜江参加会议，并拜访郑先生；当月，邀请郑先生到浙江传媒学院做了两场生命教育与生死哲学方面的辅导，让浙江传媒学院更多师生了解了生命教育；11 月，到武汉参加了全国大学生生命教育高峰论坛，开始了解部分学者推动大学生生命教育的努力；12 月参加宋庆龄基金会主办的第三届中华青少年生命教育论坛（北京），有一种找到组织的感觉。随后，他们组织了社科部几位老师第一次造访郑晓江教授主持的江西师大道德与人生研究所。

2008 年 2 月，何仁富参加了在北京举行的第一届中日生死哲学研讨会，促使自己比较系统地阅读和思考了现代新儒家唐君毅丰富而深刻的生死哲学思想，并从会议上获得了更多理论启迪。

2.成长与发展

经过一年多的准备，浙江传媒学院的生命教育事业开始走向全面发展：

2008 年春，我们开设了全校公共选修课《生命学与生命教育》，2009 年本门课程进一步开设为下沙高教园区校际公选课，来自于大学城的 14 所高校学生选修了本门课程。

2008 年春，浙江传媒学院在国内高校中率先建立了专门的生命教育研究机构浙江传媒学院"生命学与生命教育研究所"，从事系统的生命学与生命教育理论研究和生命教育教学实践。

2008 年春，浙江传媒学院将生命教育理念融入心理健康教育与心理辅导和心理咨询中，在国内高校建立了第一家融心理健康教育与生命教育、心理咨询与生命辅导为一体的实践性机构——浙江传媒学院"大学生心理健康与生命教育中心"。

2008 年春,浙江传媒学院开始在公共理论课《思想道德修养与法律基础》的教学中全面融入生命教育,生命教育的理念、内容、方式都被引入课堂教学。

2008 年秋，"研究所"与"中心"骨干老师赴香港参加生命教育论坛。

2009 年 6 月初，研究所所长何仁富教授和中心主任汪丽华副教授受邀参加在北京人民大会堂举办的云南省"三生教育论坛"，何仁富教授受聘为云南省教育厅三生教育指导专家。

2009 年 6 月，"生命学与生命教育研究所"和社科部成功举办了由"生命学与生命教育研究所"与宋庆龄基金会联合主办的"第一届海峡两岸大学生命教育高峰论坛"暨"中华青少年生命教育师资培训班"。

2009 年 9 月，"生命学与生命教育研究所"和"心理健康与生命教育中心"联合主办的校内报纸《生命》报开始印刷发行。

2009 年 11 月，研究所成员于北京参加生命教育论坛。

2009 年 11 月，《思想道德修养与法律基础》融入生命教育的教改项目，被浙江传媒学院立项为重点教改项目。

2010 年 1 月，由"生命学与生命教育研究所"所长何仁富教授主编的"生命学与生命教育丛书"开始由中国广播电视出版社出版。

2010 年 5 月，受台湾周大观文教基金会的邀请，"生命学与生命教育研究所"所长何仁富教授和"心理健康与生命教育中心"主任汪丽华副教授作为颁奖嘉宾，前往台湾参加第十三届"全球热爱生命奖章"颁奖活动，参加生命教育国际学术会议，并多维度考察与学习台湾生命教育的现状。

2010 年 6 月下旬，"心理健康与生命教育中心"主办"心理健康与生命教育论坛"。

2010 年 7 月，《思想道德修养与法律基础》融入生命教育的教改项目，被浙江省教育厅立项为浙江省新世纪重点教改项目。

2010 年 7 月，"思化、德化、生命化——《思想道德修养与法律基础》全面融入生命教育的全程教案"被浙江省教育厅作为精彩教案推荐到教育部参加"两课"精彩教案评选。

2010 年 9 月，由"生命学与生命教育研究所"和"心理健康与生命教育中心"联合精心开发的，融心理健康教育与生命教育于一体的通识教育课程"大学生心理健康与生命成长"正式开课，由 5 位老师组成的课程组同时开设 5 个教学班，学生选课积极。

2011 年 10 月，第二届海峡两岸大学生命教育高峰论坛在浙江传媒学院召开。

2011 年，浙江传媒学院和杭州市第一劳教所正式在劳教所建立了"生命教育基地"，该基地将对第一劳教所的劳教人员和警务人员开展长期的、系统的生命教育培训。该项目同时被列入浙江省社科联科研课题。

2012 年，"用爱为生命的成长护航——何仁富、汪丽华老师以生命教育为理念的教书育人案例"获得浙江省高校教书育人典型案例。

2012 年，"《思想道德修养与法律基础》融入生命教育的实践与研究"获得浙江传媒学院优秀教学成果一等奖。

2013 年，"大学生命文化育人的理论与实践研究"被列入浙江省高校重大人文社科攻关项目。"思想政治教育与生命教育——以《思想道德修养与法律基础》为例"出版。

2014 年 9 月，第三届海峡两岸大学生命教育高峰论坛在浙江传媒学院顺利召开。

2014 年，"生命化、性情化的思想政治教育教学模式"获得浙江省教育厅课堂教学模式项目立项。

2015 年暑期，汪丽华、何仁富组队"残翼飞翔——汶川地震七周年残障青少年生命历程访谈"团队，指导和带领 17 位学生，历经 20 多天，采访 7 位汶川地震后的残障青少年，完成了以生命访谈、生命叙事为主要内容的社会生命教育。这一团队先后获得学校暑期社会实践十佳团队第一名、浙江省优秀团队以及团中央表彰的全国 2015 年大学生暑期社会实践"三下乡"优秀团队。

3. 教书与育人

在推进生命教育的实践过程中，我们结合实际，在"德育""心育""人育"三育结合的理念指导下，采取学科教学、咨询辅导、活动培训、理论研究多面结合的模式，推动生命教育的理论研究与教学实践。目前，《思想道德修养与法律基础》和《大学生心理健康与生命教育》两门课程，是我校推展大学生生命教育教学实践的最主要的两个平台。同时，还开设了《德音雅乐与生命教育》《〈论语〉生命学》《生命哲学与生命智慧》等多门生命教育特色的选修课。

《思想道德修养与法律基础》以"思化"、"德化"、"生命化"的三化教育模式，从教学内容的设定、教学实践的展开、课堂教学方式的运用、考试方式和考试内容的改革等多方面，建构了成型的创新型教学模式。

《大学生心理健康与生命教育》坚持生命教育将"心"引向"灵"，实现生命的健康美好，必须培养两种最重要的生命力，一是基于"情"和"意"相结合的，仁者爱人、己立立人、民胞物与、情义一体的仁爱力；一是基于"知"和"意"相结合的，一念翻转、洞察真理、自我抉择、知行合一的智慧力。《大学生心理健康与生命教育》课程及教材所贯穿的生命教育实践理念，便是"仁爱力""智慧力"这两种生命力的培育。

《德音雅乐与生命教育》结合音乐、生命教育、团体辅导、体验活动、叙事分享等，引导学生理解生命、体悟生命、珍爱生命、升华生命；同时，通过老师在课堂内与学生一起舞动生命，开发性情，实现个人生命的成长。该课程是主讲老师在经过近十年从事大学生心理健康教育、心理咨询和生命教育、生命辅导的经验总结与提升之后创新性开设的生命教育课程。

《〈论语〉生命学》立足于从生命学视野解读《论语》的生命精神，帮助学生一方面阅读儒学原典，一方面成长生命。它既是一门人文经典的导读课程，也是一门生命教育课程。

除了以上课程外，我校教师还分别开设了《影像中的生死智慧》《〈了凡四训〉的生命智慧》《大学生恋爱训练营》《影像中的法与情》《爱与生死》等生命教育类选修课。

在教书的同时，我们将心理咨询、生命辅导与教学实践相结合，既教书又育人，既成长学生生命，也成长老师自己的生命。

二、生命教育论坛

浙江传媒学院推展生命教育的一个重要平台，是"海峡两岸大学生命教育高峰论坛"。该论坛自 2009 年由浙江传媒学院"生命学与生命教育研究所"创办以来，先后于 2009 年（杭州）、2011 年（杭州）、2014 年（杭州）举办了三届。在 2014 年的会议上，经海峡两岸生命教育同仁的商议，基本同意该论坛由海峡两岸高校轮流主办。2015 年 5 月，由台北护理健康大学主办了"海峡两岸大专院校生命教育高峰论坛"。2016 年 4 月 15–17 日，由浙江传媒学院举办了"第四届海峡两岸大学生命教育高峰论坛"。

几届论坛的成功举办，凝聚了海峡两岸大学生命教育的主要力量，推动了两岸生命教育同仁的交流与合作，也为进一步推动两岸生命教育协同发展创造了条件。如今，该论坛已经真正走向两岸，成为中国大学生命教育的标志性论坛，成为海峡两岸大学生命教育同仁交流的重要平台。

1.第一届海峡两岸大学生命教育高峰论坛

2009 年 6 月 19-21 日，"第一届海峡两岸大学生命教育高峰论坛"在浙江传媒学院举行。来自台湾、江西、北京、上海、浙江、广东、广西、四川、云南、福建、山东、河南、山东、湖北、安徽等 10 多个地区、省、直辖市的 38 所大学、25 所中小学以及其他相关机构的专家、学者、从事生命教育的一线教育工作者 200 余人参加了此次论坛。

本次论坛实现了海峡两岸生命教育的专家学者和同仁的碰撞、交流和学习，尤其是从南华大学纪洁芳教授、台湾周大观文教基金会创办人周敬华先生、快乐博士黄俊铭先生和许素玉老师的言传身教中体会到了台湾的生命教育的独特智慧、独特心力和独特魅力。他们的爱心和细致、他们对生命的乐观和积极、他们对生命教育的思考与实践、他们个人的人格感染力，都给我们巨大影响。

本次论坛实现了不同生命教育理念、理论及模式的碰撞、交流和学习；同时，实现了多元话题的有机结合。本次会议，既有对生命教育的学理基础的原理论的讨论，也有对于生命教育的现实实践模式的探讨；既有对学校生命教育工作的讨论，也有对灾后重建中生命教育的探讨；既有对大学生命教育的讨论，也有对中小学生命教育的研讨；既有对生命教育所面对的生命困顿现象的分析，也有对生命教育实施方式和基本对策的多元探索。这彰显了生命教育本身的现实急迫性和实现方式的多元性。

本次论坛实现了生命教育者在的不同学科、不同类型的碰撞、交流与学习。本次会议上，不管是讲课者还是听课者，都具有多学科特点。有从事专门的理论研究的学者，也有一线的教师；有大学的教师，也有中学、小学、幼儿园的老师；有学校的教育工作者，也有社会慈善机构和培训机构的工作者;有从事思想政治教育的教师，也有从事心理健康教育的教师;有专业教师，也有管理者和学生辅导员。这样的多元学科和类型，彰显了生命教育真的是而且更应该是一个全民的、终身的教育。

本次论坛收到论文 50 余篇，会后正式出版论文集《大学生命教育论》。

2.第二届海峡两岸大学生命教育高峰论坛

2011 年 10 月 28 日—30 日，第二届海峡两岸大学生命教育高峰论坛在浙江传媒学院召开。此次论坛由浙江传媒学院主办，由浙江传媒学院社会科学教学部、生命学与生命教育研究所、心理健康与生命教育中心具体承办，同时得到了台湾周大观文教基金会、台湾快乐列车协会、台湾吴凤科技大学、台北教育大学生命教育研究所、香港孔教学院、江西师大道德与人生研究所的支持。来自台湾、香港、大陆的近 70 位专家、学者和从事生命教育理论研究和教育实践的一线教师以及下沙高教园区部分高校老师参加了此次论坛。

在论坛中，与会专家学者围绕"大学生命教育:理念与落实"的主题，就"大学生命教育的理论反思""大学生命教育的教学实践""大学生生命困顿与生命教育""经典教育与生命教育""生死学与生死教育"等展开了深入的讨论。

会议期间，还就生命教育的学理基础、生命教育中传统经典教育的重要性及实施方法、生命教育的多元开展方式、濒死经验与死亡教育以及大学老师的生命关怀等问题进行了讨论。会议期间还特地安排了一场非常精彩的"生命教育音乐课"，除了聆听德音雅乐，浙江传媒学院的部分老师、同学和会议志愿者还现场表演了手语舞《跪羊图》，与会者在艺术熏陶中感悟着生命的快乐和成长。

本次论坛是继浙江传媒学院 2009 年举办的第一届海峡两岸大学生命教育高峰论坛后，在"生命教育"被明确写进《国家中长期教育改革与发展纲要》的大背景下召开的一次云集两岸生命教育专家学者深入探讨生命教育的一次盛会。

本次论坛收到论文 50 余篇。会后正式出版论文集《大学生命教育的理论与实践》。

3.第三届海峡两岸大学生命教育高峰论坛

2014 年 9 月 26-28 日，第三届海峡两岸大学生命教育高峰论坛在浙江传媒学院顺利召开。来自台湾慈济大学、南华大学、台北护理健康大学等十一所台湾高校的二十多位专家学者及来自北京师范大学、首都师范大学、青海师范大学、东北农业大学、华中科技大学、江西师范大学、廊坊师范学院、临沂大学、广州大学、温州大学、温州医科大学、浙江传媒学院等六十多所大陆高校的一百多位学者，共计近两百名高校从事生命教育、思想政治教育、心理健康教育研究与教学的学者和教师参加了本次论坛。

本次论坛的主题为"大学生命教育的课程、师资、教学、资源"，旨在总结 2010 年《国家中长期教育改革与发展纲要》提出"重视生命教育"以来大学开展生命教育的现状，总结海峡两岸四地大学生命教育的经验，推进海峡两岸大学生命教育研究与教学的交流，推动大学生命教育的理论研究和教学实践，并以大学生命教育带动中小学及社会生命教育的发展。本次论坛参加高校遍及东、西、南、北、中各方，而且台湾地区第一次大规模组团参加。本次论坛既是大陆高校生命教育研究与教学成果的一次大展示，也是海峡两岸生命教育界最为集中的一次学术研讨。

论坛期间，台湾著名生命教育专家纪洁芳教授（南华大学）、林绮芸教授（台北护理健康大学）、尤惠贞教授（南华大学）、潘靖英教授（慈济大学），大陆生命教育的知名专家欧阳康教授（华中科技大学）、肖川教授（北京师范大学）、刘慧教授（首都师范大学）、胡宝忠教授（东北农业大学）、何仁富教授（浙江传媒学院）等做了主题演讲。

论坛期间，台湾慈济大学、东北农业大学、首都师范大学、青海师范大学、廊坊师范学院、北京社会职业管理学院、温州医科大学、浙江传媒学院等八所高校则以"生命教育团队"方式做了大会团队报告；林培龄总编辑（台湾三之三国际文教机构）、黄俊铭教授（台湾中山医学大学）、徐春林教授（江西师范大学）等做了大会报告。在团队报告、大会报告及分论坛报告中，学者们围绕大学生命教育的课程、教学、师资及资源建设等问题，一方面展示了各自学校的成果和自己的思考与研究，另一方面也展开了激烈的学术研讨。

论坛期间，利用晚上还举办了多场生命教育工作坊。南华大学的李燕蕙教授主持了两个晚上的"正念减压工作坊"，纪洁芳教授主持了"体验式生命教育工作坊"，林培龄总编辑主持了"绘本说故事生命教育工作坊"。这些工作坊展示了生命教育的不同内容、不同方式，带给与会者直观的生命教育教学体验。

论坛期间，还举办了"生命教育资源展"，浙江传媒学院生命学与生命教育研究所展出了台湾生命教育同仁赠送及自购的一百多种生命教育教材、专著、论文集、绘本等生命教育资源，同时展示了研究所近几年的研究成果，促进了生命教育资源交流和建设。论坛期间，适逢两岸生命教育最大推手纪洁芳教授的代表作《生命教育教学》大陆版首发，纪洁芳教授不辞辛劳举行了签售，满足了不少与会者的心愿。

本次论坛收到论文 70 余篇，会后正式出版论文集《大学生命教育的课程与教学》。

4. 第四届海峡两岸大学生命教育高峰论坛

在第三届论坛举办期间，有学者提出，为了进一步推动海峡两岸生命教育的交流与合作，促进华人生命教育事业的发展，"海峡两岸大学生命教育高峰论坛"可以由两岸高校轮流举办。台北护理健康大学积极响应这一倡议，并勇于承担责任。2015 年 5 月 1–2 日，海峡两岸大专院校生命教育高峰论坛（第四届海峡两岸大学生命教育高峰论坛）在台北护理健康大学召开。此次论坛由台湾教育行政部门主办，由台北护理健康大学具体承办，同时得到慈济大学、南华大学、高雄师范大学、文藻外语大学、高雄餐旅大学等多所大学的支持与协办。论坛主题为"生命教育的核心价值及意义"，由海峡两岸四地（台湾、中国大陆、香港及澳门）专家学者交流生命教育相关学术研究、政策实务与教学经验，了解各地生命教育发展历程，并拓展台湾生命教育特色经验。会议活动藉由主题演讲、研讨对话、经验交流和心得分享等方式，为生命教育教学研究与政策发展开启国际视野；并安排"主题论坛"的互动平台，提供各级学校交换生命教育教学与研究的经验或成果。

由于办理赴台手续等客观原因，导致此次赴台参加论坛的大陆学者并不多，但是却很有代表性和影响力。主要参加者有：北京师范大学的朱小蔓教授，她不仅在情感教育研究和陶行知研究方面是专家，而且曾经是南京师范大学副校长、中央教科所所长，现在仍然是全国初中品德课纲要及课程修改的专家召集人，也是陶行知研究会及陶研会全国生命教育专业委员会的会长，对于大陆中小学的品德教育、生命教育的推动具有重要影响力。华中科技大学的欧阳康教授，曾经是华中科技大学党委副书记，在他分管学生工作的多年经历中，对学生心理健康和生命教育都十分重视，而且作为哲学家，他对生存智慧与生命教育的思考非常具有理论说服力；同时，他还是教育部全国高校文化素质教育委员会的秘书长，对于大陆高校文化素质教育的推动具有相当的发言权。何仁富教授、汪丽华教授两位，作为浙江传媒学院生命教育研究与教学推动的代表，因为开创性地主办"海峡两岸大学生命教育高峰论坛"，促成了此次台湾生命教育论坛的举行，也使得浙江传媒学院的生命教育目前在全国大学生命教育研究与推动方面居于领先地位。首都师范大学刘慧教授，作为朱小蔓教授的学生，较早涉及生命德育的研究，近年更是在初等教育师资培育和儿童生命教育方面卓有成就，同时，她也是中陶会生命教育专业委员会的常务副会长，负责生命教育专委会的日常工作。韩似萍教授是杭州市教育科学研究所的所长，她不仅是青春期教育的专家，而且近年来，在杭州市中小学打理推进生命教育种子教师的培育，对杭州市中小学生命教育的开展影响巨大。

港澳学者方面，最有代表性的几位生命教育学者全部到会，他们分别是：香港教育学院宗教教育与心灵教育中心总监王秉豪教授，香港中文大学郑汉文教授，香港全人生命教育学会会长梁锦波校长，澳门大学知名学者、心理辅导专家金树人教授。

台湾学者方面，则是生命教育最著名的一线学者，几乎全部参加。包括：台湾生命教育的理论奠基者、台湾大学生命教育研发育成中心主任孙效智教授，台湾生命教育之母、两岸生命教育的最大推手、南华大学纪洁芳教授，生死学大家、南华大学副校长释慧开教授，南华大学学术副校长李坤崇教授，文藻外语大学校长周守民教授，文藻外语大学教务长陈立言教授，南华大学学务长尤惠贞教授，台北教育大学生命教育中心主任陈锡琪教授，台北护理健康大学人类发展与健康学院院长、"悲伤疗愈花园"创建人、悲伤辅导专家林绮芸教授，高雄师范大学生命教育专家张淑美教授，以及现教育行政部门次长、原文藻大学校长、辅仁大学副校长林思伶教授等。

两天论坛一共有五个"专题演讲"、五场"主题论坛"，四场"论文发表"，两场"综合座谈"，两堂生命教育示范课。除了代表两岸四地的学者的五场专题演讲外，主题讨论分为"台湾生命教育经验之分享"、"生命教育的灵性教育"、"生命教育与生活实践"、"探讨高校生命教育"、"活出生命价值与意义",每场讨论 3 篇左右论文报告,合计 14 篇。论文发表则分为口头发表和海报发表。口头发表四场分别为"生命教育教材教法相关专题"、"生命伦理相关专题"、"人格统整与灵性发展相关专题"、"其他",合计 13 篇论文。海报发表为张贴论文摘要,共有 20 篇论文。在专家发言和论文分享中,与会学者就生命教育的核心价值、生命教育的意义、主要机构和学校开展和推动生命教育的经验、生命教育的教学实践等展开了充分讨论,取得了丰硕成果。

尽管因为技术原因,不少大陆学者未能前往与会,但是,在纪洁芳教授、林绮芸教授的具体策划下,特地为参加论坛的部分大陆与香港学者安排了"台湾生命教育深度之旅"。这是与会大陆学者第一次亲临一线深入系统地了解和学习台湾生命教育的经验。此次台湾生命教育深度之旅,参访机构有幼儿园、中学、特殊学校、大学、社会团体,从台北到高雄,历时一周,不仅直观地了解了台湾生命教育的多个维度和层面,而且充分感受到了台湾生命教育工作者的满腔生命热忱,并建立了深厚的"生死之交"的生命情感。

2016 年 3 月,为了让此次台湾生命教育深度之旅的经历不至于只是沉积于参访者的个人生命,而是可以为更多人分享,在纪洁芳教授和林绮芸教授的倡议下,借"第五届海峡两岸大学生命教育高峰论坛"举办的东风,参与此次深度之旅的学者们,挤出宝贵时间,回味参访历程,畅谈参访感受,撰写参访体验,形成了 10 余万字的《2015 年两岸大专校院生命教育高峰论坛 / 第四届海峡两岸大学生命教育高峰论坛暨台湾生命教育深度之旅纪实》。

在"众手浇开生命教育之花——台湾生命教育学习心得"的文章中,中国陶行知研究会会长,中陶会生命教育专业委员会理事长朱小蔓教授特别提到台湾生命教育的三方面特色:一、台湾生命教育起步较早,行政出面,自上而下与自下而上结合、多方力量整体推展,品质比较均衡。二、台湾生命教育的孕育有自己的历史脉络,从以生死取向为主发展到内容上的更加全面、价值基础更为集中。三、生命教育之教学探索尤其突出,从教学理念、学理基础、到课程设置,针对大中小幼不同学段教学的教材、教学资源,尤其是教学方法等已相当成形。

在"两岸四地生命教育的探访"的文章中,华中科技大学前党委副书记、哲学教育家欧阳康教授提出"加强生命教育的八点建议":(1)将生命教育提升到惠国利民的战略高度。(2)将生命教育纳入教育主管部门和学校领导的重要工作计划和重点投入领域。(3)将生命教育贯穿在各级各类教育的全过程和各阶段。(4)将生命教育纳入教育体系和课程体系。(5)为生命教育培养大批优秀专业素养教师。(6)为生命教育编制系统性与多样化的高水平教材。(7)为生命教育构建丰富多彩的场景体验与生动活泼的教育形式。(8)为加强生命教育而推进两岸四地的学术交流与人员互动。

5.第五届海峡两岸大学生命教育高峰论坛

2016年4月16-17日,"第五届海峡两岸大学生命教育高峰论坛"在洛阳召开。"海峡两岸大学生命教育高峰论坛"是由浙江传媒学院"生命学与生命教育研究所"于2009年创建的一个海峡两生命教育学术交流平台。2015年5月,由台北护理健康大学主办了"2015年海峡两岸大专院校生命教育高峰论坛",也就是第四届海峡两岸大学生命教育高峰论坛。第五届海峡两岸大学生命教育高峰论坛,是第一次在大陆离开杭州、离开其创始地浙江传媒学院举办,这是海峡两岸生命教育高峰论坛的一个新起点,也是海峡两岸生命教育交流与合作的一个新的开始。

本次论坛由浙江传媒学院、洛阳师范学院、中国陶行知研究会生命教育专业委员会联合主办,南华大学、台北护理健康大学、高雄师范大学、河南大学、首都师范大学协办,洛阳师范学院教育科学学院、浙江传媒学院社科部、浙江传媒学院生命学与生命教育研究所、大学生心理健康与生命教育中心具体承办。

本次论坛有来自台湾、香港、大陆60多所高校和科研机构的专家学者100余人与会。其中,来自台湾地区的南华大学、台北护理健康大学、高雄师范大学、彰化师范大学、文藻外语大学、慈济大学、中山医科大学、经国管理及健康学院学院等8所高校的专家学者20余人,来自香港孔教学院、香港教育大学的香港专家学者3人,来自大陆东、西、南、北、中各方30多所高校及科研机构的专家学者80余人。与会的大陆高校和科研机构有:哈尔滨学院、东北农业大学、长春医学高等专科学校、社会科学战线杂志社、清华大学、北京师范大学、首都师范大学、北京社会管理职业学院、中国地质大学、廊坊师范学院、济南大学、山西省社会科学院、百色学院、广东女子学院、汕头大学、广州大学、韩山师范学院、深圳东方生命研究院、上海师范大学、浙江大学、宁波财经学院、温州医科大学、阜阳师范学院、淮北师范大学、华中科技大学、江汉大学、江西师范大学、河南大学、洛阳师范学院、西安电子科技大学、宜宾学院、浙江传媒学院。

本次论坛收到专家学者提交的论文 60 多篇，共计 60 多万字。作为主办和论坛创始院校，浙江传媒学院共有 10 位老师提交论文参加此次论坛。会议期间，除了开幕式和闭幕式，共举办了两场大会论坛和三场分论坛，50 多位专家学者在论坛上发表了论文，来自台湾的"故事妈妈"黄欣雯为与会学者和洛阳师范学院的师生举办了工作坊。

基于推进生命教育文化机理和学理基础的研究考虑，本次论坛主题设定，突破了前几届论坛重在生命教育教学实践的理论探讨，延展到生命哲学、生命文化的反思，定为"生命文化传播与生命教育"，希望能够从广义的文化和哲学层面，探索当代生命教育所应该有的学理基础和文化机理，探索如何在生命教育教学实践中充分整合和运用各种生命文化、生命学问、生命知识，使得生命教育的实践不仅可以有现实真生命的引领，也可以有更多值得体会的生命学问供生命教育工作者和学习者学习和反思，从而实现学习成就生命的人文理想。

围绕"生命文化传播与生命教育"的主题，与会者提交和发表的论文，集中探讨了如下几个方面的议题：（1）东西方生命文化与生命教育，涉及到东西方哲学、宗教学、伦理学、社会学、心理学、生命学等等，其中特别是对中国传统文化与现代生命教育的多方面关系展开了讨论；（2）生命教育实践与生命文化育人，涉及从不同方面、不同维度、如何充分利用积极的生命文化育人，开展不同层面的生命教育实践活动，特别是大学生命教育的实践；（3）生命文化的传播与生命教育，涉及从社会学、法学、教育学、哲学、传播学等学科出发，探讨在高校及不同社会群体开展生命文化传播与生命教育的内容、方式、成效等的探讨；（4）生命文化与生命教育工作者的生命修养。

本次论坛期间，还特别发布了 2015 年 5 月在台北护理健康大学举办的"第四届海峡两岸大学生命教育高峰论坛"及随后的台湾生命教育深度之旅纪实。

这是与会大陆学者第一次亲临一线深入系统地了解和学习台湾生命教育经验的结晶。此次台湾生命教育深度之旅，朱小蔓教授、欧阳康教授、何仁富教授、刘慧教授、汪丽华副教授等大陆学者，在台湾专家的精心安排下，历时一周，从台北到高雄，参访了三之三幼儿园、松山高中、诚正中学、台北护理健康大学、慈济大学、高雄师范大学、文藻外语大学、高雄餐旅大学、南华大学以及佛光山的生命教育，不仅直观地了解了台湾生命教育的多个维度和层面，而且充分感受到了台湾生命教育工作者的满腔生命热忱，并建立了深厚的"生死之交"的生命情感。在纪洁芳教授和林绮芸教授的倡议下，借"第五届海峡两岸大学生命教育高峰论坛"举办的东风，参与此次深度之旅的学者们，挤出宝贵时间，回味参访历程，畅谈参访感受，撰写参访体验，形成10余万字的宝贵资料，分享此次论坛。

本次论坛期间，经过充分讨论和交流，决定在中国陶行知研究会生命教育专业委员会下设立"海峡两岸生命教育促进会"，以推动海峡两岸生命教育交流与学习的常态化、持续化，同时推动各地高校轮流主办和承办"海峡两岸大学生命教育高峰论坛"。

"第六届海峡两岸大学生命教育高峰论坛"将于2017年5月在台湾南华大学举办。

三、生命教育研究

浙江传媒学院的生命教育推展，一直将教学和科研、理论与实务有机结合。在教学实践的同时，在为学校和社会服务的基础上，开展系统的生命教育学理和生命教育实践研究。2009年，我们主编出版"生命学与生命教育丛书"，至今已经正式出版《生命教育引论》《身心灵全人生命教育》《从心到灵的生命守护》《大学生命教育论》《大学生命教育的理论与实践》《大学生命教育的课程与教学》《希腊启蒙时期的生命觉醒》等近十种，《生命教育十五讲》《生命修养与生命教育》《生命智慧与生命教育》《生命之爱与生命教育》《德音雅乐与生命教育》等也即将出版，同时还出版《道德与生命》《爱与生死》等相关学术著作、《大学生心理健康与生命教育》教材，发表《身心灵全人生命教育的目标》《生命教育的核心价值与实践模式》《生命的自我敞现与生命教育的使命》《意义建构与生命教育》等有代表性的研究论文多篇。在理论思考上，主要有以下几方面的创建。

1.生命学与生命教育

我们认为，生命教育必须有生命学作为理论支撑，否则，它就会成为被"意见"所左右的实践活动。生命教育的学理基础可以叫做"生命学"。作为生命教育学理基础的"生命学"必须从两个层面来理解，即作为生命教育"学"的基础的"生命学"和作为生命教育的"理"的基础的"生命学"。前者是作为知识前提的生命教育的理论基础，后者是作为逻辑前提的生命教育的理论基础。作为生命教育知识前提的生命学，应该是包括所有类型的生命的学问，其中主要是三类学说：生命科学、心理学、生命哲学及宗教生命学。同时，生命学建构还必须依照生命自身的"历史逻辑"将这些不同的知识整合为可以作为生命教育的"理"的"生命学"，大体包括：生命起源学、生命诞生学、生命成长学、生命意义学、生命境遇学、生命死亡学。

生命起源学是从宇宙视域探索和思考生命尤其是人类生命的起源问题，可以将宗教对人类起源的神学性思考、现代宇宙学的基本理论、哲学家对宇宙起源及生命起源的思考进行知识学介绍与对比。这样的"生命学"可以在生命教育中培养人们对生命的敬畏感。

生命诞生学是从人类视域探索和思考生命尤其是个体生命的诞生问题。生命起源学解决的是天人关系，或者说个体生命与宇宙生命的关系。从生命教育视野说，生命诞生学的启示在于学会"感恩"，感恩天地（通常我们会说"谢天谢地"）、感恩父母（我们通常谓"孝敬父母"）、感念祖宗（我们通常会说"认祖归宗""光宗耀祖"）、感恩生命。

生命成长学是从个体生命的视域探索和思考生命尤其是个体生命的人格成长问题。从生命成长角度来说，生命教育就是领会到生命的历程就是一个不断实现自己潜能的历程，是一个不断填充自己生命括弧的过程。

生命意义学是从个体生命与世界的关系视域中的生命向度来探索和思考生命，尤其是个体生命在这个关系中的意义建构。生命意义学通过彰显个体生命"在世"的现象学呈现，考察获得生命意义建构的多元维度以及意义建构路径。

生命境遇学是从个体生命与世界的关系视域中的世界向度来探索和思考生命，尤其是个体生命在这个关系中的"遭遇"和现实"情境"。通过对生命实现中各种不同境遇的辨正，明晰这些境遇的不可回避性，学会承担生命，这也是生命教育的重要内容。

生命死亡学是从个体生命的生死视域来探索和思考生命，尤其是个体生命的死亡之于个体生命的现实人生的价值与意义。通过以生观死、以死观生，在生死互渗中更加深刻地理解生命的特征与意义，从而实现对当下现实生活的超越。

生命起源学、生命诞生学、生命成长学、生命意义学、生命境遇学、生命死亡学，可以构成一个具有内在逻辑又符合生命自身的历史逻辑的"生命学"理论构架，这一理论构架作为生命教育的学理基础，可以让生命教育不至于成为无本之木、无源之水。

2. 身心灵全人生命观与生命教育的三重目标

我们认为，人的生命作为一种实际存在，是身、心、灵的统一体。身、心、灵是我们生命存在的三个同时呈现的层次或者状态。"身"，即躯体或生理，是我们可以肉眼直观到的我们的生命存在，可名之为"自然生理生命"；"心"，即内心或心理，我们可以意识体验到的我们的生命存在，可名之为"个性心理生命"；"灵"，即灵性或精神，是我们可以直觉领悟到的我们的生命存在，可以名之为"灵性精神生命"。

身、心、灵是我们个体生命存在的三个层面，是相互贯通合为一体的生命存在整体。作为一个整体的生命存在，身、心、灵各自承担不同功能，其中"心"作为生命存在的"中枢"，是生命存在的动能系统，它是否接受"灵"的指引，对于生命活动的意义呈现具有决定性作用。"心"在现实的活动中，可以分别指向身、心、灵三个方向发展，由此就会形成不同的生存状态、生活态度及生命境界。如果"心"的发展方向为"身"，生命就会执著于以"身"为代表的"有形之物"，就会形成以物质性欲望的追求和满足为主要内容的生存状态、以追求"身外之物"为主要目的的生活态度以及绝对功利主义的生命境界。如果"心"的发展方向为"心"，生命就会执著于以"心"为代表的"自我自身"，就会形成以自我感受快乐为主要内容的生存状态、以追求自我快乐体验为主要目的的生活态度以及自我中心主义的生命境界。如果"心"的发展方向指向的是"灵",则会超越当下的一切执著,生命便有成长及超越的可能性,就会形成以意义获得为主要内容的生存状态、以坚定的信仰守持为主要目的的生活态度以及现实理想主义或理想现实主义的生命境界。

生命教育的根本目标就是要促进生命的美好,身心灵全人生命教育当然是要促进个体生命在身、心、灵各个层面都趋于美好并进而实现全人生命的美好。这种"美好",是尽可能让我们的"心"指向"灵",然后再以"灵"来引领我们的"身""心"。由此,我们可以将身心灵全人生命教育的目标具体分解为身、心、灵三个层面的具体目标。(1)"身"层面的生命教育目标,包括:健康地活着;快乐地活着;希望地活着。(2)"心"层面的生命教育目标,包括:实现自我同一;实现自我价值;实现人我和谐。(3)"灵"层面的生命教育目标,包括:通过知来接触灵,主要是学习人文经典;通过情接触灵,主要是将我们的情通达于他人及万物;通过意接触灵性,主要是学会"一念翻转"的意愿取舍;通过对他人生命的现实死亡和我们在意识中体验自己的死亡,我们可以领悟到死亡逼迫下的灵性觉醒。

3.四维敞现的生命价值观与生命教育的四重使命

生命价值的实现过程,也就是个体生命的自我敞现过程。在现实世界中,我们"生命"的自我敞现是有方向、有维度的,这方向和维度是由现实世界的维度以及人对现实世界的领悟所决定的。在我们生活的现实世界的三维空间中,任何一个点都可能向三个维度延伸,即前后(长)、左右(宽)、上下(高)。由此,个体生命的自我敞现有了三个基本向度。但是,人这种生命还具有一种独特的向度,即他从他自己内部不断向外在世界释放光明和热量,这个维度是内外向的,呈现的是生命自体的亮度。如此,个体生命自我敞现或者说自我呈现、自我实现,便有了四个维度,它们分别彰显着生命的长度、宽度、高度和亮度。

由于生命自我敞现、自我呈现有人生、人文、人格、人性或者说长度、宽度、高度、亮度四个维度,生命教育作为生命自我敞现、自我领会、自我觉悟的活动,也便有相应的四重使命,即在人生维度或者说生死维度上学会生死,领悟生命的长度；在人文维度或者说社会维度上拓展人文，开拓生命的宽度；在人格维度或者说精神维度上提升人格，实现生命的高度；在人性维度或者说性情维度上开发性情，增加生命的亮度。

学会生死，延展生命的长度。生和死实际上是互相说明、互相界定和互相规定的。我们可以通过在意识中的"先行"所领会到的自己的死与世界、与他人无关涉的状态，把自己真正的存在个别化到自己身上来，把个人从沉沦的异化状态拯救出来，从而积极地自我设计，进而使自己成为惟"这个人"所能是的真实的生命个体。包括：在宇宙视域中领会生死；在亲缘视域中领会生死；在生死视域中领会生死。

拓展人文，扩展生命的宽度。在人文拓展中，主要有两个具体的视域，一是以人文经典的学习为主要内容的感悟传统，以文化人；一是以孝敬父母为起点的社会关系建构，以人化人。当然，"以文化人""以人化人"二者是不可能截然分离的，甚至是同一个过程的两个方面。我们一方面在"以文化人"中感受到伟岸人格和大生命的熏陶，另一方面也在"以人化人"的社会关系中领受文化生命的实际影响。如此，我们的生命在不断地被"文"和"人"的"化"中拓展着宽度。

提升人格，增加生命的高度。个体生命在人格维度上的生命教育使命，是促进人格的成长，提升生命的高度。人的精神生命大体可以包括心、灵两个层次，对应的人格生命可以分别名之为心理人格生命和道德人格生命。因此，人格生命的提升也包括这样两个视域。首先是心理人格的健全和谐。其次是道德人格的塑造提升。

开发性情，增强生命的亮度。个体生命在人性维度或者说性情维度上的生命教育使命，主要是要让个体生命的天性得到真正开发，让自己内心天然具有的那份光明的德性激发和释放出来，从而达到个体生命与他人生命、社会生命乃至宇宙生命的辉煌和谐。开发性情的生命教育使命，可以从洞察人性、明察人道、体察人伦三个视域进行。

4. 六重境域的生命意义论与生命教育的六项任务

从生命学的视野来说，人的生命既是一种领受，也是一种创造。人的生命之别于一般生命者，就在于他自觉地实现着这种领受与创造的有机统一。

作为领受，人的生命是自然的、宇宙的、人伦的三重给予，是天、地、人的共同创造。人的生命是天、地、人三者共同创造的产物，是自然生命、精神生命、人伦生命的统一体。自然生命给我们以肉体存在的支撑；精神生命给我们以精神体验的超越；人伦生命则给我们以人伦情感的感通。

作为创造，人的生命又实现着人格、人文、人道的三重提升，是自我、社会、宇宙的三重创造。人的生命是自我、社会、宇宙三个层次的统一，是人格生命、人文生命、人道生命的三位一体。人格生命实现人的生命的个体意义；人文生命实现人的生命的社会意义；人道生命则实现人的生命的宇宙意义。

基于生命学视野对人的生命意义实现的六个取向的理解，生命教育的价值取向应该是包括人生教育、人伦教育、人性教育、人格教育、人文教育、人道教育在内的全人教育。

人生教育。作为自然生命，人应该知道自己所从出的自然过程，也应该知道自己所成长的基本历程，还应该知道自己所必去的自然归宿。因此，人生教育作为人的自然生命的教育，必然应该包括出生教育、养生教育和生死教育。

人伦教育。作为人伦生命，人应该知道自己的生命与父母生命关系的意义，与兄弟姐妹生命关系的意义，与其他人生命关系的意义，领悟和学习处理人伦关系的能力。因此，人伦教育作为人的人伦生命的教育，必然应该包括亲情教育、友情教育、爱情教育、人际教育。

人性教育。作为精神生命，人应该知道自己超越于万物的精神性的本质，领悟自己生命的神圣性，同时还应该对人之为人的"天性"具有辩证的领悟和分析。因此，人性教育作为人的精神生命的教育，必然应该包括信仰教育、善恶教育、真伪教育、美丑教育、利害教育。

人格教育。作为个体生命，人应该知道自己作为个体的独特性特征和使命，并着力实现"我之为我"的自己唯一无二的生命。因此，人格教育作为人的个体生命的教育，必然应该包括心理教育、个性教育、品格教育。

人文教育。作为社会生命，人应该知道自己生命的真正实现，必然是历史文化和现实社会共同塑造的，自己生命的价值和意义也正在于接受人文的洗礼并创造新的人文价值。因此，人文教育作为人的社会生命的教育，必然应该包括历史传统、哲学反思及社会关怀教育。

人道教育。作为宇宙生命，人应该知道和领悟自己生命的宇宙意义，这种领悟包括人的生命与宇宙万物的关系的意义，人的生命与其他生命的关系的意义，人如何实现"天人合一""民胞物与"的生命体验。因此，人道教育作为人的宇宙生命的教育，必然应该包括尊重生命的教育、爱护环境的教育、敬畏宇宙的教育。

5. 精神断奶与大学生生命教育的目标

人是一个独特的身、心、灵合一的生命存在，因而，人的生命成长就会有身体即生理生命的成长、心理即心理生命的成长以及灵性即精神生命的成长。因而，人的生命成长中也就必然有生理断奶、心理断奶和精神断奶这样三次的断奶运动。

生理断奶是人的身体生命获得独立的运动；心理断奶是人的心智生命获得独立的运动。到中学阶段，一个人基本完成这样两次生命成长中的断奶历程。但是，人不只是有心智生命和身体生命的生命存在。人还是一种可以为自己的生命与生活赋予意义的生命存在。这种赋予生活以意义的东西就是"精神"或者说"灵性"。"生理断奶"和"心理断奶"可以成长人的自然生理生命和心智生命，但是即使是知情意的发展也并不意味着人的灵性精神生命可以得到真正成长。这就有如，一个身体健康、心智正常的人，却可能会觉得生活毫无意义而陷入迷茫一样，比如我们的一些大学生。因此，就个体生命成长来说，还必须有第三次的断奶，即"精神断奶"。

大学生活阶段，正好是我们生命成长的精神断奶期。在大学以前，我们的自然生理生命和个性心智生命都还没有完全成长。此时，我们在父母的意见、社会的意见、老师的意见、长辈的意见、同辈的意见中寻找到自己生命的方向，安顿自己的生命。但是到了大学，一方面，我们的个性心智生命和自然生理生命更加成熟，能量更加强大，需要有释放和展示的方向；另一方面，原先提供意义支撑的那些"意见系统"或者因为外在机缘的变化不再能够支撑，或者因为自己心智生命的成长而受到怀疑。结果是：原来的假借的意义支撑系统，不再足以支撑自己的自然生理生命和个性心智生命；而自己的灵性生命又还没有得到开发，还没有获得新的自我支撑的意义系统。于是，茫然无措，无处"安身"，无法"安心"便成为大学生尤其是低年级大学生普遍面临的根本性生命困顿，也是我们心理疾病的重要根源。

因此，就生命使命而言，大学阶段的生活不管是就客观条件还是主观能力和需求来说，都必须完成精神断奶。这是大学生活的根本性生命使命。精神断奶的终极目标，是通过知、情、意、死等不同路径，促使自己的灵性觉醒，而建构起自己可以一以贯之的内在信仰、价值判断及意义赋予能力，从而实现精神成人。

生命文化育人与大学生命教育的实践

——浙江传媒学院的实践与探索

"生命文化育人与大学生命教育的实践"，是浙江传媒学院开展生命教育理论研究和教学实践、以生命教育促进学生思想政治教育和生命成长近十年的探索，特别是近五年的实践与研究的综合成果，是集教育教学理念、课程建设、教学建设、教材建设、课堂建设、实践辅导、科学研究、社会服务等于一体的综合性大学生命教育实践。

一、背景与立项情况

本实践与研究的基本背景，是为了改善学校思想政治教育的教育教学现状，落实《国家中长期教育改革与发展规划纲要》提出的"把育人为本作为教育工作的根本要求""把促进学生成长成才作为学校一切工作的出发点和落脚点；关心每个学生，促进每个学生主动地、生动活泼地发展"。力图通过生命教育的融入，通过生命文化的传播，帮助学生树立健康的生存观、生活观、生死观、生命观，帮助学生学会生存、懂得生活、明白生死、热爱生命，进而建构科学的人生观、价值观、世界观，实现《纲要》提出的"关心每个学生，促进每个学生主动地、生动活泼地发展"的教育目标。

浙江传媒学院的生命教育研究与实践，最早开始于 2005 年底，至今已经十年。从最初的个人兴趣与研究，到 2008 年全面启动研究与实践，标志事件有三：（1）建立国内高校第一家生命教育研究机构"生命学与生命教育研究所"（挂靠社科部）；（2）建立国内高校第一家融心理健康教育与生命教育及心理咨询与生命辅导于一体的学生辅导机构"大学生心理健康与生命教育中心"（挂靠学工部）；（3）开设校级及面向高教园区的校际公选课"生命学与生命教育"。之后，浙江传媒学院的大学生命教育研究与教学实践进入全面发展期。2009 年 6 月，主办"第一届海峡两岸大学生命教育高峰论坛"；2009 年 9 月，编辑印刷校内报纸《生命》报；2009 年 11 月，《思想道德修养与法律基础》融入生命教育的教改项目，被浙江传媒学院立项为重点教改项目；2010 年 1 月，何仁富教授主编的"生命学与生命教育丛书"开始由中国广播电视出版社出版。

近五年来，浙江传媒学院生命教育团队多维度、多层面开展生命文化育人与大学生命教育的理论研究和教学实践，先后主持和承担了多项相关教学和科研项目：（1）"思化、德化、生命化——《思想道德修养与法律基础》融入生命教育的实践与研究"（2010 年浙江省新世纪重点教改项目，何仁富主持。YB2010048）；（2）"融入生命教育理念，探索大学生心理健康教育新模式"（2010 年浙江省教育厅思政专项课题，汪丽华主持。Y201016032）；（3）"生命与道德"（2012 年浙江省社科联后期全额重点资助，何仁富主持。2012CBZ06）；（4）"生命教育对于特殊社会群体的教化实践与研究——以劳教人员为例"（2012 年浙江省社科联课题，何仁富主持。2012B022）；（5）"唐君毅生死学思想研究"（2012 年四川省人文社科重点基地重点课题，汪丽华主持。SXJZX2012–001）；（6）"融入生命教育教学模式创新实验区"（2012 年浙江传媒学院首批教学模式创新实验项目，何仁富主持。KCCX–201208）；（7）"生命化、性情化的思想政治理论课课堂教学模式"（2013 年浙江省教育厅高等教育课堂教学改革项目，何仁富主持。KG2013289）；（8）"大学生命文化育人的理论与实践研究"（2013 年浙江省高校重大人文社科项目攻关计划项目，何仁富主持。2013GH020）；（9）"细节中的生命教育"（2015 年浙江省社科普及项目，陶婷主持。15ZC10）；（10）"大学生心理健康与生命教育"（2015 年浙江传媒学院教材建设项目，汪丽华主持）。

经过近五年有规划和系统的理论研究和教学实践，在一系列课题研究的支撑下，浙江传媒学院的"生命文化育人与大学生命教育实践"已经形成了系列标志性的成果，在校内外、省内外甚至海峡两岸都产生了广泛的影响。

二、基本成果

几年来，在生命文化育人的大学生命教育实践中，我们积累了主要包括教育教学理念、教学课程建设、教学平台建设、科学理论研究等方面的系列成果。

1. 教育教学理念成果

"育人为本"的教育理念。依据《国家中长期教育改革与发展纲要》"育人为本"理念的基本精神，我们确立了教学改革的基本理念："育人为本：在社会主义核心价值观的指导下，将生命教育融入思政课程教学实践，通过思化、德化、生命化、性情化等教学方式的落实，促进学生自主思考人生重大问题、促进学生在生活实践和社会实践中进行德性培养、促进学生在思考与行动中实现生命成长。"

"新三好学生"的育人理念。基于"育人为本"的理念，我们明确提出"新三好学生"的育人理念，即教育和引导学生学习并学会："和自己好，热爱自己的生命；和别人好，尊重别人的生命；和地球好，维护地球的生命。"

"三育结合"的教学理念。基于目前大学教育的实际情况，在生命教育还没有而且短时间也还不太可能成为学生一门专门的必修课的情况下，我们将大学现有课程框架中的公共政治理论课《思想道德修养与法律基础》和面向全校学生的必修课《大学生心理健康教育》作为最重要的落实"育人为本""新三好学生"理念的课程平台。可以简略地将《思想道德修养与法律基础》称为"德育"，将"心理健康教育"及心理咨询简称为"心育"，而生命教育则要育的是"全人"，姑且可以直接称为"人育"。这"三育"在现有教学条件下的充分融合，可以实现让每个学生都有机会接受生命教育的目标。

2. 教学课程建设成果

两门必修课融入生命教育的建设。在《思想道德修养与法律基础》课程中融入生命教育，使德育现实化、生命化而得到落实；团队通过承担教学改革课题，形成了"思化、德化、生命化"的融入式生命教育模式。在心理健康教育中融入生命教育，可以使心理健康教育人性化，在同理的基础上同样可以保持价值引导；经过自主探索，结合心理健康教育与生命教育的课程《大学生心理健康与生命教育》已经发展为全校必修课，并出版了自主研发的特色校本教材。

生命教育选修课程群的研发。团队成员结合自己的专长，以生命教育为基本指导思想，研究和开发了多门深受学生欢迎的选修课。包括：《思考生命哲学》、探讨生命智慧的《生命哲学与生命智慧》；发掘经典生命智慧启发现代人生的《〈论语〉生命学》；以生命反思和生命自觉为特色的《〈了凡四训〉的生命智慧》；融音乐与体验活动于一体的《德音雅乐与生命教育》；以团体辅导为特色的《大学生恋爱成长训练》；结合法制教育与生命教育的《影视中的法与情》；以影视文化和生死教育为特色的《影视中的生死学》；在线视频开放性生命教育课《爱与生死》；等等。

3.教学平台建设成果

围绕生命文化育人和大学生命教育的主题，本成果建立了一系列有利于学生理解生命、珍爱生命、实现生命的教学平台。

"生命学与生命教育研究所"。2008年建立，是国内建立最早的研究生命学与生命教育的研究机构，挂靠社科部。研究所主编出版了"生命学与生命教育丛书"，开展了一些列生命教育和生命文化育人的教学与科研活动，成为全国知名的生命教育重镇，获得宋庆龄基金会颁发的"生命彩虹优秀组织奖"。

"大学生心理健康与生命教育中心"。2008年建立，是国内高校第一家融心理健康教育与生命教育、心理咨询与生命辅导于一体的实务机构，归口学工部。几年来，在学生心理危机预防与干预、生命困顿的化解、学生心灵成长上做了大量卓有成效的工作，并开发了全新的《大学生心理健康与生命教育》课程。

"海峡两岸大学生命教育高峰论坛"。由生命学与生命教育研究所创办并主办的学术交流平台，2009年主办第一届，至今已经成功主办四届论坛，集聚了海峡两岸生命教育最主要的人才资源，是目前海峡两岸生命教育交流最主要的平台。目前已经达成两岸轮流主办论坛、建立海峡两岸大学生命教育联盟的共识。

"华夏生命教育网"由生命学与生命教育研究所主办，是生命教育专业学术网站，在传播生命文化、促进生命教育研究、沟通两岸生命教育交流方面发挥了重要作用。

"心理健康与生命教育网"。由心理健康与生命教育中心主办，是主要面向全校学生的心理健康教育与生命辅导的专业网站，在学生心理测试、健康教育与生命辅导方面，发挥了不可替代的作用。

"生命报"。由生命学与生命教育研究所、心理健康与生命教育中心联合创办并主办的学生自发性报纸，主要刊登学生撰写的有关生命成长与心理健康及相关实践活动的文章及相关学习心得，是学生生命成长的重要阵地。

4.科学理论研究成果

在开展生命文化育人及生命教育教学实践的同时，团队成员注重理论研究，升华实践成果，同时以理论引领实践。几年来，团队成员出版相关专著近十种，发表论文十多篇，提出来一系列指导生命文化育人及大学生命教育的重要理论观点，产生了广泛的影响。

"生命学与生命教育丛书"。已经出版八种:《生命教育引论》《从心到灵的生命守护——大学生心理健康与生命教育融合的理论与实践》《大学生命教育论》《大学生命教育的理论与实践》《大学生命教育的课程与教学》《身心灵全人生命教育》《希腊启蒙时期的生命觉醒》《思想政治教育与生命教育》。

其他相关学术专著。《生命与道德》《爱与生死》《爱从生命里流出》及教材《大学生心理健康与生命教育》。

相关研究论文。发表《大学生的生命教育与灵性教育》《生命自我敞现的维度与生命教育的价值》《生命教育的学理基础、核心价值及实践模式》《生命教育与意义建构》等论文十余篇。

主要理论创新。提出"生命学""身心灵全人生命教育""四维敞现的生命价值观""六重境域的生命意义论""精神断奶与大学生精神成人""新三好学生"等具有现实指导意义的生命文化育人与大学生命教育的理论观点。

三、主要解决的问题

生命文化育人及大学生命教育的实践，主要要解决的教育教学问题，包括教育理念和教学实践两个层次。

就教育理念而言，本教学成果主要解决大学教育中普遍存在的工具主义、功利主义倾向，即过分关注学生的"成才"而忽视学生"成人"的教育思想和教育理念；试图通过生命教育对生命价值、生命意义的关注，倡导生命教育作为教师的基本素养，倡导生命教育作为大学生精神成人的自我修养，将生命教育作为素质教育、通识教育的基本载体和立足点，将教育的关注点转向真正的"以人为本""育人为本""立德树人"上来。

就教学实践而言，本教学成果主要解决大学思政教育教学中普遍存在的缺乏让书本上的理论知识转化为学生的现实行为的教学实效性问题。具体表现为：

1.表述方式过分宣教化，忽视学生独立自主思考能力的培养

在处理教学内容时，习惯于以各种正性动词强化所呈现的内容的绝对真理性，这在一定程度上缩小了学生自主思考与自己生命密切相关的人生观、价值观等重大问题的空间。教学过程中过多采取正性动词强化内容的真理性，一定程度上忽视了大学生生命成长状况的客观实际，也极其不利于思政课程教学目标的实现。这需要老师在教学中对教学内容的表达与诠释，进行符合大学生生命实际的处理，用尽可能中性化、描述性的语汇，以陈述的方式而不是教训的方式，潜移默化地达到让学生既接受真理又真正"思考"的教学目的。

2.教学实践过分说理化，忽视了学生日常行为实践的落实

就教学形式来说，以讲授为主要形式的教学模式，对于思政课程的教学来说，容易走向空洞说教。因为世界观、人生观、价值观、生命观、道德观等人生根本问题，是一些很大的问题，同时又是大学生自己正在深刻体验和思考的问题，他们有诸多现实体验，这些体验并不一定与教学内容所呈现的主流观点完全和谐一致。仅仅是"讲理"，即使在认知上知道是那样，但在情感上接纳、在意念上持守却并不完全能够同步。这需要我们更多关注教学内容和教学过程的实践化。

3.内容呈现过分知识化，忽视了学生整体生命成长的关照

作为"育人"课程，思政教育应该是将教育对象视为真实的活生生的现实生命，应该正确对待他们的真情实感、生活状态、生命困顿及心理困惑等。

但在传统的教学过程中，往往以理论自身的自洽性为主，而不太关心学生的当下生命实际及其情意体验，或者说，理论的阐释没有有机地结合大学生的现实生命存在。这就导致学生不认为这些课程对他们的生命有直接的作用和现实的意义，因而缺少学习的主动性。这需要我们在教学内容的落实和教学形式的设计上，更加有意识地"生命化"，更加强调生命意识、更加关注个体生命。

为了解决我们在教育理念和教学实践上所面临的问题，我们选择的方法、途径和措施是：全方位地在教学中开展生命教育，推进教学改革；针对独特个体生命开展辅导与陪伴，让学生学会生存、懂得生活、明白生死、提升生命，促进学生生命的健康和谐成长；通过学术研究和社会实践促进老师自己生命的成长。

四、解决问题的方法之一：课程建设

以必修课、选修课为载体推进生命文化育人，是我们开展大学生命教育实践的最主要的方法。几年来，我们在《思想道德修养与法律基础》必修课中开展融入式生命教育的教学改革，在研发的《大学生心理健康与生命教育》必修课中开展结合式的生命教育教学改革，并开发了一系列选修课组成的生命教育课程群。

1.《思想道德修养与法律基础》融入式生命教育教学

以"思化""德化""生命化"的三化教育模式，从教学内容的设定、教学实践的展开、课堂教学方式的运用、考试方式和考试内容的改革等多方面，建构了成型的创新型教学模式。第一，"融入生命教育"的生命化专题教学模式。主要通过以大学生生命存在状况为依据、以促进大学生生命健康和谐成长为目标的教学专题的设计与教学来实现。专题设计以教学大纲和教材为基础，紧扣学生生命成长的实际需要和现实困惑，将教材内容适当重新组合，融入生命教育理念。语言表述尽可能中性化、事实化，直观呈现生命化的特征。第二，"自主学习"的思化互动学习模式。以自主学习题目的设计、自主学习过程的引导、自主学习成果的分享为基本路径，通过学生自主思考一些重大人生与社会问题，将知识转化为智慧，将知识增加提升为智慧成长，提升

学生发现和解决相关问题的能力与智慧。第三,"以生命影响生命"的课堂师生互动模式。在教学改革实践中,逐步形成了一套"开放生命"的教学方法,包括"礼"(老师带头对学生以礼相待)、"乐"(结合教学内容的手语歌曲学唱)、"画"(通过绘画方式展示对生命的理解)、"话"(通过叙述和分享自己的生命故事建立生命连接)等多方面内容。

2.《大学生心理健康与生命教育》结合式生命教育教学

将生命教育的理念和内容与心理健康教育有机融合,以生命的成长引领心理的健康。《大学生心理健康与生命教育》是由汪丽华、何仁富老师带领团队,经过近五年的实践自主研发的创新性课程。课程及教材所贯穿的生命教育实践理念,是"仁爱力""智慧力"两种生命力的培育,以"人生五情"展开情义人生,以"人生五慧"开启智慧生命。人生五情与仁者爱人、己立立人、民胞物与、情义一体的仁爱力培育,以"亲情"为始点,然后拓展至友情、爱情、人情、物情,层层推扩,每一环节都通过情感激发与求诸己的反思,找到自己作为个体生命的"义所当为"的责任担当。该部分的内容是基于"人活在爱的关系中"的基本生命理念,将"情"这一"协调性"的最内在的心理功能升华为生命能力,将个体生命放入最基本的情感关系中,即亲子关系、朋友关系、男女关系、陌生人关系及人与万物的关系,分别讨论我们面对亲情、友情、爱情、人情、物情所应该有的"道义",即自己的生命责任。该部分内容重点在扩展我们生命的宽度。人生五慧与一念翻转、洞察真理、自我抉择、知行合一的智慧力培育,由生存延展到生活、生成、生境及生死,促进个体生命的生命自觉和自我生命管理。生存智慧的根本,是要培养一种合理的利用厚生、爱物惜物的生存智慧。生活智慧的根本,是培养一种积极面对生活、热爱生命的生活智慧。生成智慧的根本,是培养一种自信、自主的,不断自我塑造、自我超越的人生态度。生境智慧的根本,是要培养一种接受、接纳的宽容宽恕精神和"求诸人不如求诸己""求诸外不如求诸内"的生境智慧。生死智慧的根本,是培养一种不畏死、不偷生亦不轻生、枉死的"生死两安"的生死智慧。

3.《德音雅乐与生命教育》体验式生命教育教学

《德音雅乐与生命教育》是由汪丽华老师研发设计的一门结合音乐、生命教育、团体辅导、体验活动、叙事分享等设计的体验式生命教育课程，初为公共选修课，现已由学校建设为校级通识课。课程是依据生命教育的基本理念，充分运用歌曲的学唱及歌词生命意境的展示，结合恰当的体验活动的一门独特的生命教育课程。本课程作为全校通识课，课程内容包括对 10 首左右生命教育歌曲进行手语舞学习、歌词的生命内涵解读、师生感悟分享、生命教育体验活动等，以此引导学生理解生命、体悟生命、珍爱生命、升华生命；同时，通过老师在课堂内与学生一起舞动生命，开发性情，实现个人生命的成长。目前，该门课程经学生口碑传颂，已经成为学生最难抢到的通识课之一。

4.《〈论语〉生命学》经典解读式生命教育教学

《〈论语〉生命学》是由何仁富老师开发的一门融经典阐释与生命教育于一体的选修课，课程立足于从生命学视野解读《论语》的生命精神，帮助学生一方面阅读儒学原典，一方面成长生命。它既是一门人文经典的导读课程，也是一门生命教育课程。就内容而言，是立足于孔子"志于道，据于德，依于仁，游于艺"的生命理念，将《论语》文本按照生命学的理念重新分类解读。通过教学，让学生了解和理解儒家经典《论语》所确立的人生哲学，并对自己的生命作相应的反省和成长。课程核心内容，包括涉及生命成长不同维度的六大专题十二个主题：生命的应然方向及其笃定、生命的实然境遇及其超克、生命的现实根基及其充养、生命的可能样态及其丰盈、生命的意义境域及其拓展、生命的价值依托及其建构。

5.《爱与生死》在线开放视频生命教育教学

《爱与生命》是将我校生命教育类课程多年实践的成果集中起来以专题呈现的一门公共选修课。课程分为六讲，以"爱与生命成熟"为理念，从亲爱、友爱、情爱、仁爱、自爱五个方面培育学生爱的能力，促进个体生命超越自己，与自己以外的其他存在者建立和谐愉快的关系，实现真正的生命成熟。课程将爱的培育作为主轴，将个体生命放入爱的生命关系中来理解和阐释，从哲学、伦理学的维度，整合中国优秀传统文化和西方思想的资源，开展现代生命教育。2015 年底，浙江省开展在线视频开放精品课建设，本课程被列入首批建设课程。

6.《影像中的生死学》影像阅读式生命教育教学

《影像中的生死学》是由马九福老师研发的以生死学、生死教育为主题的融影视文化与生命教育于一体的生命教育课程。该课程力图通过观影、阅读、讨论、心理活动等综合性手段，形成一个对话的平台，激发学生对生命意义的思考；希望用学生更容易接受的方式去碰触"生命""死亡"等沉重的话题，来带动大家思考生命的意义和价值。主要内容包括：生死智慧概述、生命的神圣性、生命的尊严、生命的所有权与使用权、生死互相渗透、超越死亡恐惧、活着就是王道、生命的内涵、悲伤辅导、丧葬仪式、生命的尊严与死亡的尊严。

五、解决问题的方法之二：教学改革

以生命化、性情化为主轴推进课程教学改革，是我们以课堂建设为核心的解决问题的措施。通过主持和完成校级、省级教学改革课题和课堂教学模式改革课题，我们提出并实施了一系列教学内容、教学方式的改革，形成了一系列卓有成效的教学改革成果。所主持的省新世纪教育改革项目、省课堂教学模式改革项目都以优秀成绩结题，相关成果获得学校优秀教学成果一等奖。

1.教学内容的"生命化"教学改革

在教学改革中，结合教材内容和大学生生命实际，努力寻找"教材"与"教学对象"之间的合理结合点，将教材内容进行生命化叙述：将一般意义上的"世界观""价值观""人生观"向个体生命的"生存观""生活观""生死观""生命观"延展，让一般性的理论表述更加具有个体化的生命色彩，使学生绝不只是接受到"理论引领"，同时也享受到"生命观照"；结合教材内容进一步拓展与生命成长密切相关的"生命化课题"，让学生分组自主研究和思考，并引发课堂讨论，使理论不只是"灰色"的，也是富含生命色彩的；结合不同专业学生的生命特质开展生命化的自主学习与讨论，充分尊重并发挥学生的专业特长和生命个性。

2.教学形式的"性情化"教学改革

在教学形式与方法上，本成果强调，教师以真实而开放的生命面对学生，

228

并以此启发学生也能够以真实开放的生命自我呈现以实现教学过程中生命的相互碰撞和影响，此之谓"性情化教学"。主要形式包括：第一，"以礼相待"。老师尝试每次上课前，主动给学生行鞠躬礼。鞠躬作为一种人际交往的礼仪，是典型的"自卑而尊人"的生命形态表示。当我鞠躬时，我的头低下，我们的傲慢心也就放下了，教师和学生的人格平等在那一刹那也就建立起来了。第二，"乐在其中"。老师尝试将音乐、歌曲，尤其是手语歌曲引入课堂教学，将抽象的"理"和"礼"转化为形象的艺术形式，取得了非常好的课堂教学效果。第三，"我画我说"。生命的真实，有时在直观中更能够体会和把握。老师尝试做"绘画"教学：让学生在纸上画出自己的"过去、现在、未来"，再分享绘画作品的生命内涵。第四，"游戏体验"。在不同课程，不同老师结合不同主题，开展相应的游戏体验活动，让学生在当下的实践体验中领会相应人生道理。第五，"生命叙事"。布置与自己相关的生命事件的作业："我写家史六十年"或者"献给挚爱亲人的礼物""我的亲人我的爱"等。从提交的作业看，绝大多数同学收获颇丰。

3. 考试方式的"生成化"教学改革

结合课程教学内容、教学方式、教学方法等的改革，推进了考试内容和考试形式的改革。从"一页开卷"到机考结合随堂考，都特别强调学平时积累和生命感受的重要性。在内容上，紧扣学生的生命体验与生命成长，设计生命成长反思题目，依据课程的基本理念、精神，反思自己的现实生活，并据此作出调整设计。这样的考试形式和内容的改革，一方面，减轻了学生纯粹抽象知识方面的压力，加强了对课程全部知识结构的系统掌握；另一方面，减少了答题中的伪装，增加了学生检讨自己、反省自己说真话的空间。

4. 学生学习的"思化"教学改革

"思化"是以自主学习题目的设计、自主学习过程的引导、自主学习成果的分享为基本路径，让学生直接从问题切入进行自主性思考，老师引导学生思考的方向和范围。通过学生自主思考课程所涉及的一些重大人生与社会问题，将知识转化为智慧，将知识增加提升为智慧成长，提升学生发现和解决相关问题的能力与智慧。这是真正的启发式育人，是"授人以渔"而不只是"授人以鱼"。通过自主学习模式的建立和实践，逐步帮助学生学习并学会提出问题、发现问题、思考问题，以提高思考的主动性和自觉性；帮助学生学习并学会面对自己现实人生中的一些重大问题，诸如死亡、爱情、亲情、友情、生涯规划等等；帮助学生学习并学会自己查找资料、阅读资料、整理资料、提炼资料、使用资料，提高独立思考和研究问题的能力；帮助学生学习并学会充分运用成熟的理性思考并解决问题；帮助学生学习并学会遵守公共秩序、社会公德及其他相关的规范；帮助学生学习并学会运用法律保护自己的合法权益。

5.学生行为的"德化"教学改革

"德化"主要是通过将学生的日常行为表现纳入课程的考核内容，以此督促学生在日常行为中，将人生观、价值观及相关道德规范、法律修养落实在日常生活中来实现的。本成果坚持以学生日常行为表现的自我评价、同学评价、老师评价为载体，以暑期社会实践和日常社会活动为依托，以传统优良道德的学习与领会为契机，让学生在做中学，在实践中去做道德，而不只是在口头上说道德，以提升道德认知和抉择的能力，同时全面提升道德素养和法律素养。通过日常考察机制的建立及相应的教学实践，帮助学生学习并学会懂得道德、法律这些社会规范是要通过自己的日常行为呈现出来的，是要不断修养的；帮助学生学习并学会孝敬父母、珍爱亲情；帮助学生学习并学会从身边做起、从小事做起，积善成德；帮助学生学习并学会积极奉献社会、真诚对待他人；帮助学生学习并学会诚实面对自己、诚信对待他人、真诚对待生活；帮助学生学习并学会在做事中、在与人的交往中、在学习中发现生命的意义，找到生活的价值；帮助学生学习并学会慎独，能够严格要求自己；帮助学生学习并学会勇敢并真诚地面对自己的过错，并知过改过。

六、解决问题的方法之三：教书育人

以课内教、课外辅为方式引导学生生命成长，将教书落实到育人上，是我们在教学实践中解决问题的方法。生命文化育人的落脚点是学生的生命成长。因此，团队成员除了充分利用课堂进行生命教育外，同时还展开多元的课外活动，辅导、帮助和引领学生建构正向的价值观和积极的人生观。

1.课内外一体化教学改革中的自主学习引导

首先，团队老师通过布置、引导学生思考一些人生重大问题，促使学生生命自觉。比如，让学生自主研究与思考如下问题："生命、死亡与人生""反对与防止自杀""人之别于禽兽者""宽恕就是爱""环境保护与低碳生活""三纲五常的现代反思""自媒体时代的道德检视""大学生婚恋中的道德自觉""学业、职业与事业、志业""现代社会的孝道"。这样的思考，实际上就是在引导学生开展自我生命教育。其次，通过布置"我写家史六十年"、"献给挚爱亲人的礼物"等作业，引导学生探寻自我生命之根，觉悟关系中的生命。学生直言："终于搞清楚为什么要写家史，因为家是人之根本，而家族的历史则是人生存的信念根基，因为了解家族的历史，才会懂得延续与继承。""家史可以让我们经历一遍人生，这些体悟，也会变成我们接下来人生的启示。""写着这些历史我的心真的想哭，谢谢妈妈多年的付出，但现在的她，早已累得千疮百孔，还在担心我这个儿子。我感觉自己有点不孝啊。"再次，老师们通过撰写教学笔记，回复学生作业、邮件或微信、QQ 等方式，建立与学生的日常联系，并通过这些联系引导学生生命成长。

2.兼职课外心理咨询和生命辅导

团队成员中，汪丽华老师、张方圆老师、马九福老师都具有国家二级心理咨询师资格。汪丽华老师是学校心理健康与生命教育中心的开创者和首任主任，现在是中心的名誉主任和高级督导；张方圆老师是中心现任主任；马九福老师是中心的兼职咨询师；何仁富老师是中心的兼职生命辅导师。团队主要成员长期坚持课外兼做心理咨询与生命辅导个案，帮助了大量有生命困顿或心理困惑的同学。

3.通过带队暑期社会实践团队的引导

团队成员几乎每个暑期都组织和带领学生开展相关主题的社会实践活动，包括到贫困山区支教、到传统文化机构调研、采访特殊生命等。2015 年，团队成员汪丽华、何仁富组队并带队"残翼·飞翔——汶川地震七年残障青少年生命访谈"团队，两位老师带领十七位学生，行程数千公里，历时二十余天，采访了七位因汶川地震而高位截肢的青少年，拍摄了专题片，制作了画册。团队成员获得了巨大的自我成长，也获得了极高的社会声誉，先后获得学校优秀团队、省优秀团队，及团中央表彰的"三下乡"优秀团队。汪丽华老师获得优秀指导老师的称号。

4.通过指导学生社团活动的引导

汪丽华老师和张方圆老师先后指导学校心理健康协会，开展心理健康和生命教育宣传，并指导团队参加相关比赛，多次获奖。何仁富老师指导学生社团"国学社"，带领学生阅读经典、体悟人生，并指导主办《生命》报，开展相关思考与研究，引导学生生命成长。

5.对心理危机个案的处理和对有生命或心理困惑学生的陪伴

对处于特别生命困顿或心理困惑中的学生进行帮助和陪伴，是本成果强调生命文化育人的重要内容。汪丽华、何仁富、张方圆等老师，先后多次协助学校有关部门，成功处理危机个案；帮助多位学生走出生命困顿，重获新生；帮助多位处于困顿中的学生寻找到人生方向，并实现理想。其中，汪丽华、何仁富两位老师对一位自杀未遂同学长达四年无私陪伴与辅导的事迹，在校内外引起广泛影响，并成为浙江省高校教书育人的典型案例。

七、解决问题的方法之四：教师成长

以学术化、实践化为途径促进教师生命成长，让教师在与学生的生命互动中自我成长，是我们生命文化育人解决问题的重要方法。要成功开展生命文化育人，实现生命教育的目标，最重要的是老师自己的生命状态和自我生命成长。只有老师的价值观是正向的，人生观是积极的，并勇于知行合一，才可能真正做到以生命引领生命、以生命教育生命；只有老师的生命状态是美好的、开放的、宽容的，才可能真正做到以生命感动生命、以生命影响生命。为此，我们特别注重老师个人生命的自我成长。

1.以学术研究引领个人生命的理性成长

生命本身是道，生命教育只是术。生命教育的术要能够用好，必须首先在生命之道上有体悟。团队成员通过认真学习、研读古今中外有关生命的各种知识，包括科学、哲学、伦理学宗教学、心理学甚至社会学、神话学等等，并从生命起源学、生命成长学、生命价值学、生命境界学、生命死亡学等多个维度获取生命智慧，指导自己对生命的理解，形成自己教育和引领学生生命的基本知识储备和智慧引擎。近年来，团队成员通过承担课题、发表论文、出版专著、开发课程，既在生命学与生命教育的理论研究方面获得了长足的进步，也在个人生命成长方面得到了巨大的提高。如此，我们在从事生命文化育人与大学生命教育工作时，就更有生命底气。

2. 以生命实践催化个人生命的性情成长

纸上得来终觉浅。生命的成长必须在实践中得到落实，才是真正意义上的成长。基于对生命引领生命的期许，团队成员坚持以身示范，坚持言教与身教相结合，在做"经师"的同时更做"人师"。团队成员不管是在教学中还是在生活中，在学校内还是在社会里，都以自己倡导的"新三好"为基本行事原则，严于律己，努力做热爱自己生命、尊重他人生命、维护地球生命的带头人。团队老师所获得的多项学校和社会荣誉，获得的学生称赞，便是对他们生命状态的最好肯定。

近年来，团队主要成员因为在生命文化育人及大学生命教育方面的成绩，获得了学校、社会多项荣誉。何仁富、汪丽华的"以爱成就生命"被列为浙江省高校教书育人典型案例；汪丽华获得"三育人先进个人""师德标兵""我心目中的好老师"等称号，2015 年获得我校第一位"浙江省三八红旗手"。团队的部分成果获得 2012 年浙江传媒学院"优秀教学成果一等奖"。何仁富教授受聘为全国生命教育专委会常务理事、云南省三生教育指导专家、香港全人生命教育学会指导专家。何仁富老师、汪丽华老师都获得全国"生命彩虹先进个人""三生教育优秀个人"等称号。"生命学与生命教育研究所"和"大学生心理健康与生命教育中心"先后获得全国"生命彩虹先进组织"奖。何仁富教授获得浙江省教学名师称号，主讲的课程获得教育部马工程重点教材"精彩一课"，主讲的生命教育课程《爱与生命》被列为浙江省首批建设的"在线精品开放视频课程"。

八、主要特色与意义

经过近十年的摸索和实践，浙江传媒学院在"生命文化育人和大学生命教育实践"方面走出了一条自己的路子，这条路立足于教学，服务于育人，拓展于交流与服务，将思想政治教育、心理健康教育、生命教育有机整合，为学生的生命成长提供了自我觉悟与自我成长的重要平台。

1.将生命教育全方位融入学生的思想教育、政治教育、法制教育、心理教育，充分实现了"育人为本"的教育理念

"育人为本"是本成果的基本理念，也是开展生命文化育人与大学生命教育的目标。通过必修课融入生命教育和生命教育选修课程群的建设，将生命教育的理念和内容，贯穿于思想政治教育和心理健康教育的主干课程中，让学生在接受相应的思想教育、政治教育、道德教育、法制教育、心理教育过程中，同时关注到个人生命的成长，学会生存，懂得生活，明白生死，提升生命。从而，将"育人"的工作潜移默化地实现在"教书"的过程中。

2.提出了一整套以思想政治教育为平台和载体的生命文化育人模式，促进了思想政治教育在新形势下的新发展

思想政治教育如何可以更加有效率，如何可以让学生喜欢而且终身受益，是思想政治教育教学中必须面对的普遍问题。通过将生命教育融入思想政治教育，在完成思想政治教育教学的同时，关照学生个人生命的自我觉醒和自我成长，并提出了新形势下，以生命教育为理念的思想政治教育"志于道、据于德、依于仁、游于艺"的育人模式。

"志于道"，即将思政理论课的世界观、人生观、道德观、价值观、法治观教育，落实到学生的生命成长上，让学生建构正确的生命观、生活观、生存观、生死观，让思政课的教学内容不只是普遍真理，同时也是关乎学生自己性命的"大事"，让学生在接受"理论引领"的同时也享受到"生命观照"。"据于德"，即坚持知行统一，坚持做道德而不只是学道德，既做"经师"更做"人师"，以自己的生命直接落实自己讲授的内容，并以此引领学生的生命成长，使学生所受教益不只是来自教材和教学，更来自于老师的生命实践。"依于仁"，即坚持以学生为中心，让学生在思考中学习、在行动中成长，通过教和学的实践，激发学生内在的仁心德性，通过学生自主思考，将知识转化为智慧和能力，将知识增加转化为智慧成长与能力提升。"游于艺"，即教师通过自己的生命状态及相应的教学形式，在植入教学内容的同时，打开学生的生命，调动学生的学习兴趣和生命力，激发学生的学习热情和行动力，使思想政治教育成为学生喜闻乐见的内容，从而实现以生命影响生命、以生

命感染生命、以生命感动生命、以生命引领生命。

3. 坚持理论研究与教学实践并重，教师成长与学生成长同行，充分彰显了素质教育中教学相长的魅力

作为浙江传媒学院开展生命教育多年来的综合成果，本成果是在扎实的理论研究和教学实践基础上取得的。既具有丰硕的理论研究成果，又具有扎实的教学实践成果，与此同时，团队成员作为生命教育的实践者，在开展生命文化育人工作的过程中，通过理论学习、教学实践、性情开发，自己的生命也得到了成长。而且，成果尽管不关乎学生的专业知识学习与专业能力成长，但是，生命的自觉却是学生最为根本最为重要的素质基础。因此，本成果所展现的，恰是当代中国素质教育中最为重要最为核心的内容，因而具有重要的推广价值。

4. 注重创新和运用，并在创新中不断运用，又在运用中不断创新，促进了生命教育的不断发展

生命文化育人的相关成果，是在一系列的不断创新和不断运用的实践与理论的交错中升华和提炼出来的。几年前，生命教育对于中国教育界来说，还是一个新鲜事物；即使在《国家中长期教育改革与发展纲要》提出"重视生命教育"的背景下，在广大中小学如火如荼开展生命教育实践的潮流中，大学生命教育仍然是不受重视的。本团队坚守大学生命教育的阵地，坚持推进大学生命教育的理论研究、教学实践和运用推广，通过"海峡两岸大学生命教育高峰论坛"充分实现了两岸生命教育的交流；通过"华夏生命教育网"等网路建设充分实现了生命教育的社会运用；通过承担一些列生命教育类的研究课题，实现了生命教育理论研究的不断创新；通过出版丛书、专著和发表论文、演讲，促进了生命教育研究成果的社会推广。正是由于这样坚持不懈的创新与运用，才使得浙江传媒学院成为目前海峡两岸生命教育的重镇，使得本成果具有了今天的成绩。

5. 既具有理论上的系统性又具有实践上的操作性，既具有理念上的先进性又具有效果上的广泛性

生命文化育人与大学生命教育实践，是一项系统工程，包括一系列理论研究成果、课程教学成果、教学平台成果，从教学内容设计、教学实践模式、

教学方式和方法、考试形式等等，形成了完整的系统，具有理论上的系统性；同时，专题设计、自主学习、撰写家史、诵读经典、手语歌曲等等一整套教学方式，又具有极强的可操作性。本成果理念先进，紧紧扣住"育人为本"和学生生命成长，符合时代潮流和学生需要；同时，本成果含括两门必修课和系列选修课，具有高校课程教学最大的受益面，因而具有效果上的广泛性。

浙江传媒学院的生命文化育人与大学生命教育，在平台建设、教学建设、理论研究等方面取得了一定的成果，已经成为全国及两岸生命教育的重镇。几年来，全国多所高校前来交流学习。一些成果，被编入浙江省统编教材，推广到浙江省大多数高校。通过与监狱系统合作建立生命教育实践基地，一些成果推广到社会。同时，团队成员和学生，积极开展生命教育讲座和义工活动，让"生命文化育人"走出学校，走向社会，真正促使生命教育成为全民终身教育。

危机干预与生命辅导

——大学生心理危机干预中的生命教育实践

　　浙江传媒学院生命教育实践的一个重要特色便是融心理健康教育与生命教育于一体，融心理咨询与生命辅导实践为一体，并成立了全国高校独特的"大学生心理健康与生命教育"实践辅导机构。在多年的实践中，我们成功处理了若干起心理危机事件，引导若干处于心理危机和生命困顿中的大学生走出困境，走向新的人生。本文所呈现的是我们对心理危机干预与生命辅导的实践思考，而不是具体的实践个案。（因为保密原则，也不适宜呈现个案，尽管我们积累了大量成功的个案资料。）

一、生命教育视域下的青少年心理危机反思

　　对大学生的心理危机的讨论，以往多侧重在心理学与心理健康教育的维度。随着近年生命教育的提倡与发展，人们开始尝试从价值观维度来探讨大学生心理危机的成因与干预策略，甚至提出"价值观冲突是引发大学生心理危机的根本原因"[1]的观点。但是，直接从生命教育的理念出发，将心理危机纳入生命和生命教育的视域来系统探讨，并就大学生心理危机的本质、成因、识别以及干预提出解释和策略，还未见相应研究成果。本文拟从生命教育的视域对大学生心理危机的成因做深层次的反思。

　　（一）作为生命成长转折点的大学生心理危机

　　大学生并不仅仅只是一种身份，也是一个阶段的生命状态。大学生有大学生阶段承担的生命使命及遭遇的生命难题。大学生的心理危机也并不只是

---

　　① 李峰：《价值观视域下的大学生心理危机及其干预》，《理论导刊》，2011年第2期，第100页。

"心理"的危机，因为"心理"毕竟只是生命的一个部分，所以"心理"危机本质上具有生命的意义，是生命成长和发展中的某种艰难困苦和无力应对，当然也可能是生命进一步成长和升华的一个契机。

"危机"一词本就蕴含辩证思维：一方面是危，指生命危险；一方面是机，指挽救生命的机会或契机。危机的危险性体现在，如果心理危机过分严重，威胁到一个人的生活，个体可能采用不恰当的方法应对问题，会导致心理社会功能的下降，甚至出现精神崩溃、自杀或他杀。危机的机遇性则在于，如在危机状况下，个体成功地把握心理危机或及时得到适当有效的干预，个体可能学会了新的应对技能，不但重新得到了心理平衡，还获得了心理的进一步成熟和发展。

依据不同的标准，大学生心理危机可以分为不同的类型。布拉默把危机分为发展性危机、境遇性危机、存在性危机[1]。鲍尔温根据心理病态程度将心理危机分为六种类型[2]：倾向性危机、过渡期危机、创伤性危机、发展性危机、精神病理性危机、精神科急症。黄希庭等则根据大学生心理危机的来源和表现，将心理危机分为五类[3]：成长危机、人际关系危机、就业危机、学业与经济危机、情感危机。综合起来，大学生心理危机主要可以分为四大类，即发展性危机、境遇性危机、存在性危机、病理性危机。

发展性危机：是指在正常成长和发展过程中，急剧的变化或转变所导致的异常反应。例如，孩子出生、大学毕业、中年生活改变或退休等生活结构的重大转变都可能导致发展性危机。对大学生来说，如大一新生的"适应期心理综合征"、大四毕业生的"职场适应心理综合征"等，就属于发展性危机。发展性危机被认为是正常的，但是，所有的人和所有的发展性危机都是独特的，因此必须以独特的方式进行评价和处理。

境遇性危机：是指当出现罕见或超常事件，且个人无法预测和控制时出现的危机称为境遇性危机。交通意外、被绑架、被强奸、失业、突然的疾病

---

[1] （美）B.E.Gilliland、R.K.James：《危机干预策略》，肖水源等译，北京：中国轻工业出版社，2000年版，第22–23页。

[2] 段鑫星、程婧：《大学生心理危机干预》，北京：科学出版社，2006年5月版，第13页。

[3] 黄希庭主编：《大学生心理健康教育》，上海：华东师范大学出版社，2004年4月版，第245–246页。

和死亡都可以导致境遇性危机。对大学生来说，失恋、被强暴、突然的疾病、亲人死亡、父母离异、遭遇交通事故等等导致的心理危机就属于境遇性危机。境遇性危机具有随机性、突发性、震撼性、强烈性、灾难性和不可预见性。

病理性危机：是指由于某些严重的心理疾病而致的心理危机，如因人格障碍、抑郁症和精神分裂症而引发的心理危机等。某些心理障碍或心理疾病本身可能就是一种心理危机，也有些失调的行为引发危机，如品行障碍或违法犯罪等。

存在性危机：是指伴随着重要的人生问题，如关于人生目的、人生意义、人生责任、独立性、自由和承诺等出现的内部冲突和焦虑。这些问题可以是伴随人的一生的，因此，存在性危机也是最深层的心理危机。存在性危机可以是基于现实的，比如一个大一新生，当大学成为现实时，目标的丧失便带来了新的困惑，这就容易出现人生目标丧失的存在性危机；也可以是基于深层次的关于人生意义的追问与思考，比如一个沉溺于网络的大学生，他自己也知道这样浪费时间没有任何意义，但就是不能自拔，无力改变现实，于是产生深深的焦虑与自责，从而导致存在性危机；也可以是基于一种压倒性的、持续性的感觉，如一位失恋的男生，会觉得自己的生活毫无意义，这种空虚无法以有意义的东西来弥补。

不管是哪一种心理危机，对于大学生的实际生活来说都会产生重要影响，都可能成为其生命成长中的一个重要转折点。当然，这个转折点到底会向哪个方向"转折"，在相当程度上既取决于危机当事人的自我意识和调整，也取决于外在力量的危机干预。

对心理危机的正确自我意识和调整以及干预，都建立在对心理危机成因的准确认知上。1954年，美国心理学家卡普兰（Caplan）首次提出心理危机的概念并对其进行了系统研究。他提出，心理危机是当个体面临突然或重大生活逆遇或者说"困难情境"时所出现的心理失衡状态。"心理危机需要同时具备几个要素：客观事件、主观感受、个体无法应对以及心理失衡。"[1] 产生心理危机的客观事件属于心理危机产生的"应激源因素"，而个体对相关

---

[1] 马建青等：《大学生心理危机干预的理论与实务》，杭州：杭州出版社，2011年10月版，第6页。

客观事件的主观感受，则属于心理危机产生的"易感性因素"。当这两项因素产生的独特结合，导致个体觉得无法应对"客观事件"带来的结果，并最终导致心理失衡，心理危机就产生了。

在卡普兰看来，个体赖以生存和发展的基本供给包括三个方面：（1）生理供给，即衣食住行的物质条件；（2）心理供给，即安全感、归属感、被人喜欢、得到承认等；（3）文化供给，即参与社会生活、群体交往和家庭生活。这几方面的供给出现问题，都有可能形成心理危机的"应激源"。美国华盛顿大学医院精神病学家霍尔姆斯等则把人类社会生活中遭受到的生活危机归纳并划分等级，编制了一张生活事件心理应激评定表。尽管霍尔姆斯的量表所列举的生活事件是以西方成人的生活为背景的，但从一些生活事件对个人健康的影响来看还是具有参考意义的。大学生作为一特定群体，在成长过程中面临着许多特定的生活事件，如升学、考试失利、失恋、生病、家人亡故等。当一个人在一定时期内连续遭遇多种生活事件，即使是中等水平的应激事件，也往往会形成累加效应，对个体健康造成严重损害。

从生命教育视域来说，心理危机的成因尽管有"生活事件"的主要因素，但是，危机毕竟是个体的一种主观感受，因此，某一事件是否会让我们陷入危机，并不是由这个事件直接决定的，而是主要取决于我们对事件的认知。认知在很大程度上则受到人格特质、个人经验、受教育程度等的影响，这就是个人的生命特质了。因此，对于心理危机个案，或者为了预防心理危机的发生，我们都必须认真了解当事人的生命特质。

首先是人格特质，主要包括气质和性格两部分。气质有四种类型：胆汁质、多血质、黏液质、抑郁质，这四种类型之间本身并没有优劣之分，但每种气质都有其自身的弱点，其中胆汁质和抑郁质这两种气质的人较易感染心理危机。胆汁质的人往往性情急躁、情绪易于激动、做事冲动欠思考，容易走极端发生过激行为；而抑郁质的人比较敏感、孤僻、不善与人交流，情感体验深刻，厌恶强烈刺激，在困难面前常常怯懦、自卑、优柔寡断，挫折承受力低，容易走进死胡同。就性格而言，情绪型性格的人情绪体验比较深刻，行为容易受情绪所左右；内倾型性格的人感情含蓄、处事谨慎，但交际面窄，适应性不强。顺从型性格的人独立性较差，在紧急情况下容易惊慌失措。相对来讲，这些类型性格的人都较易感染心理危机。

其次是认知方式。对事件的不同认知会产生不同的反应。应激源能否对个体构成危机主要取决于个体的认知，如果一个人的认知习惯失当，罹患心理危机的可能性就较大。大学生正处在心理走向成熟的阶段，在认知方式上，抽象逻辑思维得到迅速发展但是容易带主观片面性。这就导致大学生思考问题时，多遵循的是形式逻辑的思维，而缺少辩证逻辑的思维。形式逻辑的思维容易导致片面化、极端化、两极化、绝对化等思维模式，这是心理危机产生的重要主观易感因素。

再次是应对机制。人们在危机情境中会采用各种各样的应对机制，包括逃避、合理化、退缩、攻击、升华、表同、转移、投射、压抑等。这些防御机制中有建设性的，如升华、表同等，它可以帮助个体解决困难，顺利渡过危机；有消极的，如攻击、压抑、退缩等，这些消极的防御机制虽然暂时从表面上缓和了个体的内心冲突，但并没有从根本上解决问题，反而为心理危机埋下隐患。心理健康者在遇到应激源时更多地是采用合理化、解决问题的应付方式，很少用退避、幻想等不成熟的应付方式[1]。与此同时，虽然大学生对于心理咨询在理念上持肯定态度，但当自己面临心理困惑时，出于不愿暴露隐私或害怕被贴上"精神病人"标签等方面的顾虑，往往对心理咨询持否定态度，不愿寻求心理咨询、不愿寻求专业人员的帮助，他们往往更崇尚"自己的问题自己解决"。正是由于心理求助方式的片面化，致使长期的心理矛盾和冲突则很可能导致心理危机的产生。

最后是社会支持系统。社会支持系统是指个人可用于整合以应对危机的社会联系。大学生的社会支持系统包括家庭、同学、老师、邻居、朋辈群体、学校各级组织、环境氛围等。个体如果没有一个密度较高的社会支持网络，容易陷入心理危机而难以自拔。这里特别重要的是家庭的影响。家庭是大学生心理危机主体的精神运动和心理活动的自始成长环境，也是心理危机一般性原理形成和发展的初始社会环境。因此，家庭的普遍生活方式是危机原理的初始社会环境；家庭的具体生活内容是危机主体的情感文化环境，对于危

---

[1]　张艳霞：《大学生心理危机的成因分析与研究》，长沙理工大学硕士论文，2008年，第22页。

机主体的性格形成有着非常深刻地影响。一些研究者指出，家庭因素对大学生心理危机的影响主要表现在：第一，家庭教育方法和教养方式存在问题；第二，父母的处事态度、生活方式、家庭氛围等对孩子的健康成长的影响；第三，家庭问题造成的心理创伤；第四，忽视大学生的家庭教育①。

当我们将大学生心理危机看做个体生命成长的转折点时，我们就必须将心理危机作为一个综合性的生命事件来对待，要从个体生命的内在特质、成长环境、家庭模式等多维度进行分析、思考。而这，需要全方位的生命教育。

（二）作为生命困顿的大学生心理危机

心理危机本质上是一种生命困顿，是生命自我危害的危机，是个体生命面对生活事件或者外在遭遇，自己生命内在缺乏协调性应对机制，转而危害自己现实生活和生命存在。这种危机根本上是由于对生命缺少认识、敬畏与尊重导致的，是生命意识的缺乏导致的。

在大学校园中，生命意识的缺失是一种不可忽视的异常心理现象，而且是众多心理困惑和心理危机的重要根源。王晓刚等人通过对自杀、校园暴力、杀人、伤人、残害动物以及颓废消极、虚度年华等现象的分析，将大学生生命意识缺失的现象主要归纳为漠视生命、否定生命、暴虐生命、游戏生命、丧失生命成就感等几种表现类型②。

漠视生命就是对自己或者他人的生命采取冷漠和轻视的态度，这必然会带来个人情感经验的缺失，造成人格的扭曲和人性的缺陷，严重的甚至会发展到采取极端的方式去否定生命。大学生选择自杀往往有一些所谓的"理由"，而这些理由中，有的是因为觉得活着没意思，有些是因为失恋，有些是因为成绩不好，有的是因为考试失败，有的是因为和同学闹矛盾等。对于这些大学生来说，生命本身不是目的，而是达到其他目的的工具，当其他目的达不到的时候，他们宁愿选择毁灭生命来表达一种最强烈的抗争。此外，还存在诸如吸毒、酗酒、药物滥用等直接危害自身生命健康的行为。

---

① 张艳霞：《大学生心理危机的成因分析与研究》，长沙理工大学硕士论文，2008年，第18-19页。

② 王晓刚主编：《大学生心理健康》，北京：清华大学出版社，2008年2月版，第223-224页。

暴虐生命是指对自己以外的其他生命采取的暴力态度。诸如"伤熊事件""虐猫事件""杀人事件",这些无端剥夺其他生命的暴力事件,凸显了一些大学生对生命的残忍与冷酷。另外,人际交往中的谩骂或冷落,同学之间的讽刺挖苦,对残疾人、心理疾病患者的歧视,对动物的虐待等行为,都是对生命权利和尊严的轻视和践踏。

此外,一些大学生进入大学后,不是努力学习知识充实自己,不是积极参加社团活动去锻炼和超越自己,而是不思进取,游戏生命。或者把大量时间浪费在上网聊天;或者感叹"生命中不能承受之轻"而沉沦;或者为了摆脱空虚而沉醉于爱情的美梦;或者整天无所事事,东游西荡,消磨时光。游戏生命表明大学生迷失了生命的本质和超越性,是对生命的一种不负责任。与此同时,作为独生子女的一代大学生,一般习惯了被安排、被给予的生活模式,生命对于他们来说更多的是从他人和社会去获得。生命成就感的迷失导致他们对生命的本质、价值和意义缺乏深刻的认识,从一定意义上说使大学生生命质量有下降的趋势。

生命意识欠缺的普遍性,既催生了大学生心理危机,也折射出大学生生命教育缺位的严重性。生命教育的缺位导致大学生对生命、死亡等缺乏正确的、本质的认知,或者说只有错误的、表面的认知,由此导致无法正确面对生活中所遭遇到的诸多事件或者现象。不同类型和不同个体的心理危机所呈现的生命困顿可能是不一样的。比如,存在性心理危机呈现的生命困顿在于,无法找到他所希望的关于生命意义的终极答案,多是生死问题上的混沌;境遇性心理危机的生命困顿在于,无法以全身心正常面对生活事件,多是生活与生命的混淆;发展性心理危机的生命困顿在于,无法认清不同阶段的生命任务并着力完成,多是身心灵内在的混乱。

首先,缺乏对生命的神圣性的认知,形成泛科学主义的纯粹生物学生命观,导致生命神圣性的解魅。当人类由生物学而遗传学而基因改良,由生殖探讨而对生命本身作越来越深入分析研究时,生命的神圣性便逐渐地解魅。当生命的里里外外都像一张白纸一般袒露在每一个人的面前时,当生命似乎也能像我们制造其他商品一般可以任意设计并从工厂的流水线上大批量地生产出来时,生命的神圣性便荡然无存了。当生命丧失其神圣性后,对待生命的态度也就不再可能是敬畏和尊重了，于是便可以随随便便对待他人的生命（杀人）或者自己的生命（自杀）。

根本上，个体生命不只是一团肉体的自然生命，还是具有精神信念的精神生命，是具有社会关系的社会生命，是自然宇宙创生的宇宙生命。作为精神生命所具有的创造性和超越性，作为宇宙生命所具有的唯一性和绝对性，作为社会生命所具有的历史性和亲缘性，都彰显了人的生命所具有的神圣性。

其次，缺乏对生命与死亡相互渗透的辩证认知，形成对死亡缺乏自觉的盲目主义生死观，导致对死亡和生命的双重无知。由于缺乏生命教育和死亡教育，现代大学生对于生死互渗的辩证关系缺乏认知，由此导致两种极端：或者以为死亡是解决生命问题的最后答案，以为死亡可以让生命问题"一了百了"；或者以为死亡只不过是肉体生命的暂时消失，生命可以简单轮回，"脑袋掉了碗口那么大个疤""十八年后我又是一条好汉"。这样的生死观将生命与死亡完全对立，不能在生命与死亡之间建立起辩证的渗透，活着还是死去，成立一个类似莎士比亚"be or not to be"的绝对化选择，这是当下大学生心理危机极端表现的深层次根源。

对于生命来说，生与死是其两面。在根本上，人生问题的解决必须求之于对死亡问题的体认，而死亡问题的解决又必须求之于对人生问题的化解。因此，对死亡的切己的思考与体认，实际上是人生真相彰显的最大契机。

再次，缺乏对生命与生活的辩证关系的认知，形成缺少生命根底和片面追责生命的错误生活态度，导致由生活困惑演化为生命困顿并形成危机。许多现代的青少年大多倾向于、埋首于、专注于物质性的感性生活而忘怀了生命的层面，从而常常出现生活的意义与生命价值的危机。"一些走极端者，他们只知生活而不知生命，以为生活就是生命，以至于生活感受不好就放弃生命存在。他们往往把生活的感受视为人生的全部，所以，生活中的不顺心、不如意、不高兴等等，皆可以成为走向自杀的理由。"①

生死哲学专家郑晓江教授提出"生命与生活的紧张"原理来解释生命困

---

① 郑晓江：《生命教育演讲录》，南昌：江西人民出版社，2008年12月版，第37页。

顿①。他认为，本来，生命是生活的基础，生活是生命的体现，两者应该完全合一于人生，但是，在人们现实的人生中，生命表现为内在的，而生活是外在的；生命求的是稳定，生活求的是变化；生命是有机体的成长，而生活则是各种人生滋味的总和。于是，人之生命与生活实际上形成了一种内在紧张，两者经常发生矛盾、磨擦、不一致，等等。

最后，缺乏对生命内部身心灵关系的辩证认知，从而形成忽视灵性精神生命的片面的躯体主义或者心理主义的生命观，导致人的身、心缺少灵的引导而失去生命方向。人的生命作为一种实际存在，是身、心、灵的统一体。由于人的生命的三重性，人的生命成长就会分别有自然生理生命的成长、个性心理生命的成长和灵性精神生命的成长②，每一次成长实际上都是一次"断奶"。大学生正处在灵性精神生命自我觉醒的"精神断奶"阶段，需要自己建构信念信仰、人生价值观和人生态度，以安顿能量强大的身、心，实现"精神成人"。

大学生精神成人实质上就是自己灵性的觉醒，以引导身心能量。但是，灵的获得又不能离开心的运作。心是我们生命存在的中枢，心可以指向身、心、灵。心如果指向身，就会固着于有形之物；心如果指向心，就会固着于自我；心如果指向灵，就可以获得灵性实现超越。化解生命困顿必须将"心"引到"灵"的方向。

从生命教育视域反思大学生心理危机的成因，我们发现，大学生心理危机的产生，不管是就外在生活事件而言，还是就内在生命特质而言，都显现为大学生的生命处于困苦劳累状态，本质上是一种生命困顿。而生命困顿产生的深层次原因则是生命意识的缺乏和生命教育（包括死亡教育）的缺位。因此，大学生心理危机的应对不仅要对已经产生危机的同学进行干预，更重要的是要对所有同学进行生命教育、死亡教育，树立科学的生命意识，确立正确的生命态度。

---

① 郑晓江：《生命教育演讲录》，南昌：江西人民出版社，2008年12月版，第34-41页。

② 何仁富、汪丽华：《生命教育的学理基础、核心价值及实践模式》，《福建论坛》，2009年第4期。

二、生命教育视域下的青少年心理危机干预策略

心理危机是青少年心理困惑和心理问题的极端表现。青少年的心理健康和生命成长，除了积极的心理健康知识教育外，在相当程度上依赖于对心理危机尤其是极端心理危机的科学应对与合理干预，充分利用"危"背后的"机"，促进个体自我生命获得成长。生命教育强调生命的价值建构与自我成长，强调生命之间的连接与意义支撑。从生命教育的视角看青少年心理危机的干预策略，更加看重的不是心理危机的事实，而是心理危机本身所标示的生命价值破产与危机干预目标的生命意义重建。

（一）生命教育视域下的心理危机干预基本原则：生命高于一切

心理危机尤其是心理危机的极端表现，往往是人命关天的。因此，青少年心理危机干预，应该以保证学生生命安全为首要目标。这是"以人为本"理念在危机干预中的体现，也是处理学生危机事件的基本原则。自伤或伤人事件一旦发生，对于一个家庭来说就是一场巨大的灾难；对于学生本人来说，可能断送生命；对于他的同学来说，是一种强烈的应激刺激；对于学校和社会来说，造成的损失和影响也是巨大的。因此，心理危机干预必须树立"生命高于一切"的基本原则。它包括：生命安全高于一切、生命价值高于一切、生命成长高于一切。

第一，危机干预立足点上的"生命安全高于一切"。每一个人的生命只有一次，每一个人的生命存在是从事其他一切人生活动的基本前提。没有人，没有构成人的个体生命，就没有价值的世界。这决定了我们面对心理危机事件时，必须首先、及时地保护危机当事人及相关人的生命安全。

心理危机是不良情绪积累到超过心理防御临界点而发生的。因此危机发生时，多伴有极端情绪的呈现与表达。因此，如何及时疏导和处理危机当事人的消极极端情绪，是落实生命安全高于一切、及时干预危机原则的重要手段和措施。处在危机中的人，理性的压力和潜意识的驱力经常出现相互倾轧，即使理性偶有获胜，个体也会产生强烈的抑郁或焦虑。及时恰当地释放不良情绪或冲动，便可以较好地减轻危机当事人的心理压力。

第二，危机干预过程中的"生命价值高于一切"。心理危机干预必须坚

持价值中立与价值引导相结合。处于心理危机中的当事人，大多处在极端情绪之中，很难理性地接受"道理"，更需要的是安抚情绪。这就决定了在心理危机干预中，必须首先尊重危机当事人对事情的认知及其背后的价值观，不做价值评判，这就是"价值中立原则"。但是，心理危机之所以成为危机并不是当事人遭遇的事情本身，而是当事人对所遭遇的事情的认知和判断，根本上是特定的价值观。因此，深层次上说，要真正让危机当事人彻底度过危机，必须进行价值引导，帮助其改变错误的价值观和认知态度。

青少年心理危机，除了病理性危机外，大多数境遇性危机、发展性危机、尤其是存在性危机，都与个人人生观、价值观密切相关。比如，青少年因学业受挫、恋爱失败、人际冲突等原因导致心理危机时，原因多与个人对人生的看法、对学习、爱情等的价值理解有非常密切的关系。对于处在危机中的青少年进行心理危机干预时，干预人员首先应该遵循"价值中立"原则，在尊重、理解、共情的基础上，避免以任何个人或社会的价值规范来影响来访者，不对来访者的经验作价值判断。也就是说，教育者需要超然于双方价值观念的冲突，采取中立的态度，创造一种和谐、轻松的氛围，从而使来访者能够充分展示自己的思想、情感和行为。因此，对于处在危机状态中的青少年主要是启动社会、学校和家庭的心理支持系统，暂不对导致危机的原因、危机行为等进行道德、情感或法律等方面的评判，只给予危机青少年一些关爱和帮助，使他们找回生存的勇气和信心，迅速脱离危机。

第三，危机干预目标上的"生命成长高于一切"。心理危机干预必须治标兼治本，促进当事人生命成长。心理危机干预并不只是将危机当事人从"危险"中拉过来就结束，心理危机干预应把"促进当事人和当事人所在团体的发展"作为基本原则。

青少年心理危机干预不能只是头痛医头脚疼医脚，就事论事，仅仅停留在缓解症状上。危机干预的最终目标应该是转"危险"为"机会"，通过危机干预，充分调动当事人的积极资源，在有效应对当前危机的基础上，从中获得新的经验，重整认知结构，从绝望中看到希望，从危机中看到生机，使自己变得坚强和自信，全面提高应对未来的心理素质和能力。要实现这样的危机干预目标，就需要价值引导。心理危机干预最核心、最本质的问题，应该是如何引导危机当事人形成一个与文化环境相协调的价值观念体系，使他们在面对现实生活冲突的时候，能够对自己的所作所为、所思所想有一个自评、自控的价值坐标，而这个价值坐标与现实社会文化所提供的价值坐标是基本协调一致的。

（二）生命教育视域下的心理危机干预基本技巧：建立生命连接

心理危机机干预可以通过多种方式来开展，如个别干预、团体干预、网络干预、电话干预等。各种干预形式各有利弊，应探寻各种形式的有效结合，以期达到最佳的干预效果。不同的干预形式当然也需要不同的技巧，包括技术和方法。不过，不管哪一种干预形式，与危机当事人建立生命连接、进行有效交流，始终是最重要也是最基本的技巧。

首先，完全接纳并密切关注危机当事人的当下生命状态。

完全的接纳和密切的关注主要包括：（1）理解当事人的情绪和行为。危机干预工作者要保持始终如一，平静地面对当事人表现出的绝望、焦虑甚至敌意，为他们营造安全和信任的氛围，建立信任。（2）尊重当事人的个人观念和境遇。危机干预工作者在这个阶段要保持价值中立，不对危机当事人此时此地的看法和行为做出简单评判，使当事人感到自己受尊重、被接纳，获得一种自我价值感。（3）使当事人意识到自己被密切关注，而不是被忽视。在当事人叙述的过程中，危机干预工作者应保持全身心地倾听与关注，与当事人保持适度接近的距离，呈一定度角，不要面对面，以免让当事人感到紧张和不安。危机干预工作者要通过点头、保持眼神接触、微笑、给予适当的言语反馈（包括恰当的语调和措辞）等，向当事人传达关心、参与和信任的态度。

其次，认真倾听和充分共情当事人所表达的和呈现的各种生命信息。

在基本信任和生命连接建立的基础上，危机当事人会以语言和非语言的方式呈现和表达出各种生命信息，此时，危机干预者的倾听和共情就显得特别重要。倾听不是仅仅用耳朵听，更需要用心去设身处地的感受。倾听技能包括观察当事人的非言语行为，如姿势、表情、举动、语调等；理解当事人言语所传达的信息；注意当事人叙述的前后连接，并与其生活的社会环境相关联等等。在倾听过程中，倾听者可以通过澄清、释义、情感反馈和归纳总结等倾听技术，加深对当事人的了解与认识。危机干预者要通过语言和动作等方式向当事人表达理解，并能够立足于当事人的情感立场，用当事人的眼睛看世界，并用自己的方式表达其内心体验。例如，某自杀未遂同学向干预人员叙述他在得知女友要与他分手的消息后，一个人失魂落魄地跑到山上，干预人员可以趁机表示对他的理解："你当时感到很绝望、很无助、很愤怒，对吗？要是我，可能也会有这样的感觉。"

再次，恰当使用提问和适当沉默，领会危机当事人的生命意愿。

在危机干预中，恰当的提问可以彰显危机问题的本质。提问可以是封闭式也可以是开放式，要视情况而用。封闭式提问用于向当事人了解特别的或具体的资料，对某些特别行为资料进行确认，以"是"或"否"来回答。封闭式提问的常用词有"是否""有没有""能否""对不对"等等。封闭式提问常在危机干预的初期阶段使用，用来确定某些特殊资料，帮助危机干预者快速判断正在发生什么。在交流过程中，当事人很可能出现长时间的沉默，这时危机干预者不要认为是自己交流能力不足，也不要试图发表意见来打破这段沉默，更不要随便催促当事人做出回答。因为危机当事人需要时间进行思考，连珠炮式的提问和无休止的说教无助于解决危机，反而会使当事人产生厌烦。而适当保持沉默，则可以加深理解和达到双方的共情。双方的沉默可以给当事人传达出这样的信息："我知道你现在很难用言语表达你的苦衷，我理解你，并且随时都会帮助你。"一段长长的沉默之后，往往会出现有价值的信息。在这段时间内，危机干预者也可以对自己的问题以及当事人的表现进行消化和理解，给自己充裕的时间来思考如何更好地掌控局面，建立彼此生命的连接。

最后，做好适度引导，促进危机当事人的危机转化。

在心理危机干预中，一般来说我们要对当事人的人格、观念和境遇保持尊重，不加入价值评判，保持价值中立。但在操作中，根据实际情况，危机干预者有时必须对当事人的有关行为做出判断，特别是要控制事态发展时，常常应该给予当事人一些直接、明确和适度的指导。"适度"表现在：不对当事人的人格进行评判；不能通过情绪反应等流露出对当事人的好恶感情；

对于当事人的行为做出合理而有力的价值引导；适当使用表扬、鼓励等正强化来表达对当事人良好表现的赞赏。

（三）生命教育视域下的心理危机干预目标达成：生命意义重建

长期以来，我们对心理危机根源的理解一直存在着一个认识上的误区，那就是将导致心理危机的事实本身看成是心理危机的根源，进而又把人在社会生活中所遭遇的困难、挫折和冲突等同于心理危机本身。这种对心理危机产生根源认识上的局限，导致我们在危机干预实践中对那些长期存在的危机源，很难找到根本的解决办法，当相似的危机再次出现时，当事人便会重新陷入危机之中，甚至导致危机状态的加深。从生命教育视域来说，心理危机干预的最终和最重要的目标，应该是帮助危机当事人走出意义困境，重建生命意义。

人的存在及其一切心理、行为本身都可以从倾注着人类本质力量的对"有意义"的生活追求的角度去理解和把握。意义治疗大师弗兰克尔甚至认为，真正的危机其实就是意义的危机。因为一个意识到他对于一位正热切地等待着他，或者对一项未完成的工作，所担负着职责的人，将永远不会抛弃他的生命。他知道了它的存在的"为什么"，他将能够承担起几乎所有的"如何"。

人的生命是一个身、心、灵的统一体。身是生命的物质能量系统，心是生命的心理能量系统，但生命的方向盘却掌握在灵性精神手里。人的灵性精神生命最内在的是信念信仰，其次是由信念信仰系统建构的价值等级序列即价值观，最外层的是基于个人价值观系统的意义赋予方式或者说意义建构方式。三者作为一个统一体掌控着生命的方向，决定一个人做什么或不做什么，怎么做或不怎么做。当一个人自己的价值观和意义生产方式与社会的价值观和意义生产方式产生了巨大冲突，而自己又无法调和时，就容易产生心理危机。从心理危机的实际表现来说，几乎所有的危机当事人尤其是自杀心理危机当事人，无不表现出人生的无意义感或者说意义赋予能力偏低。这彰显出危机当事人的价值观和意义赋予模式与现实社会或者微环境的价值观与意义赋予模式发生了巨大冲突。

从生命教育视域看，价值观是人的心理建构的基石，心理危机的产生往往与人的价值观冲突有着密不可分的联系。价值观冲突是引发青少年心理危机的主要原因，而价值观引导则是青少年心理危机干预的"关节点"所在。因此，青少年心理危机的干预，最终需要通过教育来完成，包括心理健康教育，尤其是涉及价值观内化、人生观深化、生死观建构的生命教育（包括死亡教育）。

由此，青少年心理危机干预必须改变以"病理心理学"为基础的危机干预观念，建构新的以生命成长为主要价值取向的危机干预观念。首先，防患于未然。要通过引导青少年形成正确的价值观念来对潜在的以及即将产生的心理危机起到免疫作用。其次，统揽大局。要通过对当事人进行全面深入分析，挖掘、总结出其价值观中的偏离及错误之处，帮助找到心理危机产生的深层次生命根源。再次，授之以渔。针对当事人价值观的偏差采取治疗措施，通过引导、重塑其价值观，使其对心理危机具有防御性，并在面对心理危机问题时，可以进行自我控制和调节，进而达到彻底解决其心理危机问题的目的。

三、生命教育视域下青少年心理辅导的新人本原则

心理健康教育是大学"立德树人"功能的重要载体，而心理健康教育中的实务性心理辅导则是这种载体的一个主要实施渠道。在"消极心理学"占主导地位的传统心理咨询和心理辅导工作中，往往将"来访者"直接定位为"有一定程度的心理疾病"或者"心理困惑"的"病人"，因此，心理辅导或者心理咨询师面对的是如何"救病治人"的问题。尽管在这种心理咨询和心理辅导过程中，要强调人本原则，但是此时此地的"人本"的特定含义是"以来访者为中心"，而来访者首先是被当做"病人"的，而不是一个真实的完整意义上的人。伴随"积极心理学"和"生命教育"理念逐步成为学校心理健康教育和心理辅导以及生命辅导工作的主要理念，这种"以来访者为中心"的人本原则，必须进一步转变为"把人当人看"的人本原则，如此才能真正实现"立德树人"的目标。

（一）把人当人看，拒绝把人当神看、当物看，学会倾听和尊重

心理咨询和心理治疗尽管是一项十分专业的工作，有理论和技术的要求，

但是，一般性的心理辅导却未必一定要有专业训练的人才有可能做。事实上，在辅导员的日常工作中，经常会出现心理辅导或者类心理辅导的"辅导"工作。

在日常性的心理辅导中，由于我们面对的是一个处在现实生活中的个体生命。这些个体生命都有自己的受限的现实生活场景，受限的生命经历，受限的知识和智慧，以及其他诸多受限的因素，因此，这些鲜活的生命个体事实上是可能因为这些自己都不一定意识到的"局限性"而犯错、受困的。因此，当我们遇到需要辅导的对象，或者说有学生向我们寻求辅导时，不管遭遇到的是一个什么样的学生，处于什么样的状况，犯了什么样的"错误"，我们首先应该确立的信念都应该是，他确实面临困难了！或者说，他可能面临困境了！他需要我们的帮助，以渡过难关。因为他们也都只是常人，不是神，不是可以自己解决所有问题的全知全能的神。

基于此，我们应该做的，当然不是"批评""教育""吃惊""怀疑"，而应该是耐心地倾听，就像倾听一个要向你唠家常的朋友一样，不作任何怀疑地倾听。在倾听过程中，倾听者可以通过澄清、释义、情感反馈和归纳总结等倾听技术，加深对当事人的了解与认识。"澄清"，就是当事人发出模棱两可的信息后，倾听者可以就有关信息向当事人提问，以鼓励当事人更详细地叙述，检查内容的准确性。"释义"，就是将当事人信息中与情境、事件、人物和想法有关的内容进行重新编排，实际上是对当事人信息内容的再解释，以帮助当事人注意到自己表达信息的内容，甚至可以促使问题的实质显现出来。"情感反馈"，就是对当事人的感受或当事人表达信息中的情感内容重新组织，以鼓励当事人更多地倾诉其内心感受，帮助当事人支配、认识和管理自己的情绪。"归纳总结"，是释义和情感反馈两个过程的进一步延伸，是将信息的不同内容或多个不同信息加以连接，并重新编排，以帮助当事人连接多个元素、确定共同的主题、回顾相关事情的完整过程。

需要注意的是，在倾听过程中，当不能确定是否完全领会了当事人所要表达的意思时，切不可不懂装懂，而是要向当事人确认，以便让当事人知道你正在准确地领会其所描述的事实和情绪体验。

"倾听"是要让当事人"真实地"自我敞现其现实生活状态，包括生活矛盾、生活感受等等，其根本的精神意义在于，我们将每一个现实生活中的个体生命不当做一个"完美者"，不当做"神圣者"，不当做"绝对理性者"，而是当做一个现实的具有七情六欲，具有各种局限性的常人，以便帮助发现他所处的困境、困顿的真实性。

与此相对应的是，我们不能因此走向反面，用想象性的方式将"这个"活生生的人抽象化、物化。因为，心理辅导的对象是人，心理辅导者也是人。因此，"辅导关系"本质上是两个都具有主体性和独立人格的人的一种对话和交流，并通过这种对话与交流，帮助当事人理清思绪和事件，调整情绪和信念，以便以健康和谐的身心状态去面对现实生活。因此，在心理辅导工作中，坚持"把人当人看"的人本原则还意味着，我们不能将当事人随意"标签化""工具化""器物化"，因为这样的方式都是将"这个"活生生的当事人"物化"，从而缺少了对"这个"真实生命的尊重。

所谓"标签化"，是指将日常生活中耳闻目睹或者"道听途说"的一些简单化的"特质"当做"这个"活生生的随时都可以改变自己的个体生命的"标签"，并以此"标签"等同于他这个人本身，从而以某种或者甚至是事实上的"偏见"去面对这个当事人。所谓"工具化"，是指将现实中的个体生命纯粹"身份化"，以其所具有的某种身份作为身份关系中的某种特定"功能"。

（二）把人当人看，是要把人当身心灵全人看，学会以"灵"引导"心"

当我们不是把现实中的真实的个体生命"神化"或者"物化"，我们就需要回归到"人之为人"本身的意义上去看待我们辅导的对象。由此，我们首先需要确立一个"整体人"的理念，更具体地说是"身心灵全人"的理念。

人的生命作为一种实际存在，既不只是功利主义眼里的身体欲望，也不只是心理主义眼里的心理原子，同时也不只是哲学和宗教眼里的精神孤岛。现实的人的生命存在实际上是身、心、灵的统一体。身、心、灵是我们生命存在的三个同时呈现的层次或者状态。"身"，即躯体或生理，对应于英文中的 body，是我们可以肉眼直观到的我们的生命存在，可名之为"自然生理生命"；"心"，即内心或心理，对应于英文中的 mind，是我们可以意识体验到的我们的生命存在，可名之为"个性心理生命"；"灵"，即灵性或精神，对应于英文中的 spirit，是我们可以直觉领悟到的我们的生命存在，可以名之为"灵性精神生命"。因为生命存在是这样一个全人的多层面存在，相应地，生命教育也便有身、心、灵不同层次的目标，以实现全人生命的和谐成长。

身体是每一个人最直接当下的生命存在。但是，当我们用"身体"来说我们的生命存在时，并不只是指称生理层面的血肉形躯（肉体），更是表明，它是一个由历史、社会、文化所建构而成的存在。身体既是我们了解和理即自我的起点，又是我们作为个体生命与社会、自然沟通交往的存在支点甚至价值支点。因此，无论是勘察人的生命本质，还是究诘人的现实处境，都不能不将身体作为一个重要的起点和条件。作为生命存在的我们的"身体"，也可以叫做"生理生命""自然生命"或者"自然生理生命"等等，它包括不同方面的"身体性"存在，凡是我们的生命存在中可以用物质形态来标示的东西，都可以涵盖于"身"之中。

心理活动是人类生活与活动中最普遍最广泛的活动，"心"是我们生命存在的活动中枢。在通常的意义上，作为我们"个性心理生命"的"心"有三种功能，分别指向不同的时间流程，这就是我们的知、情、意。"知"是对世界、自我以及世界与自我关系的认知和理解，其侧重点在于对已经存在的、过去的资源的知性整理，尽管也有"预知"，但是这种"预知"是根据已有的知逻辑地推演出来的，而不是直接针对未来的知。"情"是对自己内在身心存在的各个方面以及自己生命与外在他人和世界关系的当下协调，侧重于对当下感受的调整。"意"是对自己生命所面对的未来处境以及自己所将要采取的生命活动的抉择和决心，其侧重在对将要发生但还没有发生的事情的一种把握和选择。我们的"心"在现实的生命活动中，往往分别用知、情、意不同的活动方式指向不同的生命存在，同时也自我协调。

"灵"是我们生命存在最高最重要的部分，但也是最说不清楚的部分。中国人所说的"精气神"的"神"、"人总得有点精神"的"精神"、"人总要有良心"的"良心"等等，都是在描述我们生命存在中的"灵"。一个人的"灵性精神生命"展现出来时，它就能够指引和界定我们的"身"所进行的有形的生活，也能够指引和界定我们的"心"所进行的各种无形的生活，使其具有各自的意义。灵性是我们生命最内在的真正的自我，是生命的核心。

大多数现实的心理困惑并不单纯是"心"自身出了问题，总是与"身"

或者"灵"密切相关,而且更为根本的是缺少"灵"的引导,缺少与自己"灵"的交往和面对。因此,心理辅导必须学会"灵性"引导,即切入意义层面,以信念的重构、价值的探寻、意义的植入为目标。因为,生命存在的根本目标是寻求生命存在的意义,为生命活动找寻理由。对生命意义的寻求是由"心"这个中枢具体实施的,但又只有"灵"才具有发现和赋予意义的能力。

"心"是一个人生命活动的"中枢"。"心"在现实的活动中,可以分别指向身、心、灵三个方向发展,由此就会形成不同的生存状态、生活态度及生命境界。如果"心"的发展方向为"身",生命就会执著于以"身"为代表的"有形之物",就会形成以物质性欲望的追求和满足为主要内容的生存状态、以追求"身外之物"为主要目的的生活态度以及绝对功利主义的生命境界。如果"心"的发展方向为"心",生命就会执著于以"心"为代表的"自我自身",就会形成以自我感受快乐为主要内容的生存状态、以追求自我快乐体验为主要目的的生活态度以及自我中心主义的生命境界。当一个人的"心"的发展方向指向的是"灵",他便会超越当下的一切执著,生命便有成长及超越的可能性,就会形成以意义获得为主要内容的生存状态、以坚定的信仰守持为主要目的的生活态度以及现实理想主义或理想现实主义的生命境界。

因此,从生命教育视域来说,我们的辅导工作根本的是要"立德树人",也就是要促进生命的美好。这种"美好",便是尽可能让我们的"心"指向"灵",然后再以"灵"来引领我们的"身""心"。从生命教育视域看,价值观是人的心理建构的基石,心理困惑甚至心理危机的产生,往往与人的价值观冲突有着密不可分的联系。因此,以价值观为核心的灵性引导,应该是大学生心理辅导的"关节点"所在。从这个角度说,大学生心理辅导,最终需要通过教育来完成,包括心理健康教育,尤其是涉及价值观内化、人生观深化、生死观建构的生命教育(包括死亡教育)。

(三)把人当人看,是要把人当作真实、自由的人看,学会觉察与关爱

把人当作身心灵全人看待,并以"灵"引导"心",以实现心理辅导的最终和最高目标,这是从"结构 – 要素"角度对"人"的理解的必然结论,

也是我们"辅导"工作应该有的基本信念和人本立场。但是,仅有这一方面的立场还不够,还必须尊重"人"在功能性方面的特点,确立我们辅导工作的基本信念。

所谓"功能性"视野,是指"人"在现实生活环境的表现形态。就功能性而言,一方面,人和万物一样,都在世界中存在,是一个实实在在的"存在者";另一方面,人又和万物不一样,作为一个"存在者",他不是如同一块石头、一棵树子、一张桌子一般的存在者。如果用两个英语动词来表达人与万物"存在"之不同的话,我们可以说,人以外的所有万物的"存在"都是"Been",即是一个完成时态的、固化的存在者,除非人参与其中,"该物"便总是以"该物"自然的方式一直存在。但是"人"的"存在"不是一个完成时态,而是一个进行时态,每一个人的存在都是一个"Bing",是一个正在进行着的、随时都可以发生改变甚至是根本性改变的存在者。

作为一个以进行时态存在着的个人,是随时随地以自己的完全的生命特性与他的周遭世界相遇并做出自己独特反应的存在者。也就是说,现实生活中的人,作为一种"在世"的"在",他总是用自己的身体、心理和灵性同时与他所遭遇到的人、物、事建立连接并做出反应的。由此,他的身体反应,他的心理状态,他的情绪感受,他的灵性境界,他的精神状态,等等,都是"鲜活"的"Bing",是在随时发生改变的,是在随时做出调整的。

这就意味着,我们在辅导工作中,绝对不能用"固化"的眼光看待每一个人,不能用"固化"的眼光看待一个人的不同阶段。尤其是就心理状态而言,更是如此。具体说,每年新生入学时的心理普测,的确为我们掌握入学阶段的新生的基本心理状态提供了一个重要的参照,如果结合人格测量,就可以大致了解和判断在入学适应阶段可能发生心理困惑、生命困顿甚至心理危机的所谓"高危人群",并有针对性地进行相关的心理辅导和生命辅导,以减少危机事件的发生。但是,这个普测结果不能作为长时期的甚至整个大学阶段心理辅导和应对心理危机事件的依据。因为,这个普测结果只代表入学那一段时间每个学生的心理状况。而进入学校后,由于每一个个体生命的生命特质、家庭背景、朋友关系等等的不同,他作为一个"Bing"的存在者,会不断调整自己以适应新的学习环境、生活环境以及人际环境。这种调整意味着，每一个个体生命的心理状态也是处在不断变动中的。这就意味着，开学心理普测时所"界定"和"筛选"出来的"高危人群"未必一定会是真正的"高危人群"；而开学普测中未"筛选"出来的个体，未必不会进入"高危"状态。事实上，从发生的一些心理危机事件中，也可以印证这一点。

因此，"辅导"工作，尤其是"心理辅导"，不能从既有的现成"结论"出发，而应该基于日常的观察和警觉，基于当下交流和观察甚至量表测量。这样，才不至于将一个随时都在改变着的动态的人"固化"，才可以真正做到"从实际出发""实事求是"地展开辅导和"立德树人"。

当然，要做到这一点，需要我们付出真诚的爱心。因为，只有爱心真诚，我们才会尊重一个人的个性与自由，将他看作是在随时改变的个体生命；因为爱心真诚，我们才会去随时关注"这个"个体生命的日常表现，关注他的生活行为、人际应对，才可能觉察他所遭遇的问题和困境；因为爱心真诚，我们才不会给任何一个处于"Bing"状态的个体生命贴上任意的标签，然后按照"标签"去从事想象化的"辅导"或者"教化"。生命是流动的，爱心作为生命最内在最真实的原动力，也必然是流动的。随时随地将爱心播撒出去，关注身边的鲜活的个体生命，"把人当人看"，我们便会有对"人"的真正的信心。这也是我们做心理辅导工作的人应有的"德性"和生命状态。

灾难中的生命觉醒与灾难后的生命关怀

——有关汶川大地震的生命教育行动

题记：2008 年 5 月 12 日，四川汶川发生了 8 级特大地震。地震之时，何仁富正在英国访学，而汪丽华则很快参加了浙江省教育厅组织的支教团，赴灾区进行心理援助。大地震在制造了灾难的同时也彰显了人性，彰显了生命的活力，并提供了生命教育的契机。面对灾难，我们在感受生命、感动生命、感通生命、感格生命、感激生命中释放了生命之爱，并在中华人文精神的凝聚中，以仁爱的大胸怀彰显了生命的崇高。而这将成为我们的生命接受洗礼和教育的重要资源。何仁富在英国撰写了两篇短文，对此略有思考。汪丽华在灾区的心理援助和生命辅导的相关成果，后来在《爱，从生命里流出》中有所展示。如今，汶川地震已经过去七年多。2015 年暑期，汪丽华与何仁富又组织暑期社会实践团队，对地震中致残的七位青少年进行了访谈，延伸灾难的生命教育意义。团队获得了共青团表彰的全国先进团队。今收录何仁富的两篇思考文字、汪丽华在 2008 年从灾区前线回校后的汇报和何仁富、汪丽华撰写的 2015 年暑期社会实践感悟，构成一篇独特的生命教育实践报告。

一、面对灾难的生命思考

——5·12大地震的生命教育（1）

何仁富

亲爱的人死亡，是你永不能补偿的悲痛。这没有哲学能安慰你，也不必要哲学来安慰你。因为这是你应有的悲痛。但是你当知道，这悲痛之最深处，不只是你在茫茫宇宙间无处觅他的音容。同时是你觉得你对他处处都是罪过，你对他有无穷的咎心。你觉得他一切都是对的，都是好的，错失都在你自己。这时是你道德的自我开始真正呈露的时候。你将从此更对于尚生存的亲爱的人，表现你更深厚的爱，你将从此更认识你对于人生应尽之责任。你觉唯有如此，才能挽救你的罪过于万一。如是你的悲痛，同时帮助你有更多的人格之实现了。

——唐君毅

在我们举国同哀 5·12 汶川大地震遇难同胞时，我们除了对死难者寄予深切的哀思和永远的纪念、对幸存者寄予深厚的同情和现实的帮助外，我们还需要用我们自己的心去深情领会生命本身，不管是他人的生命还是自己的生命，不管是已逝者的生命还是仍健在者的生命。

面对灾难，我们的生命不会无动于衷，我们生命中的爱不会不被激发。这一深情领会就是生命教育，就是我们自己的生命接受的洗礼。因为在"日常"中，我们的生命往往会被"琐碎"遮蔽而显得晦暗无明，这一领会可将我们的生命从"晦暗"引入"澄明"。

对生命的这种领会是从外向内的，是从人向己的，是从低向高的，是从心到行的。大抵可以从当下直接的"感受"，进而"感动"，再经过"感通""感格"而达至对生命的"感激"与"感恩"。

感受生命。面对大灾难带来的巨大的生命冲击，我们首先是感受生命——用心感受。感受是我们的心接收到外界信息而受到影响，这是最直观、最直接的体验。面对电视、网络、报纸各种媒体所呈现的灾区各种生命故事，我们会动用我们的心去直观而直接地感受那些受到灾难威胁和毁灭的生命以及生命场景。这些感受会进一步激发起我们自己内在生命的原动力，包括我们的情感、意识、无意识、意志等等，尤其是情感。从生命教育角度说，我们首先必须有意识地去感受生命，感受他人的生命。只有充分直接而强烈的感受，才可能激发出我们自己生命的力量而进入生命的感动。

感动生命。感受的强烈程度直接影响我们自己生命所受到的感动的程度。感动不再只是一种直观体验，而是我们自己生命更为深层次的情感体验，是我们的思想感情受外界事物的影响而激动，并引起同情或向慕。当我们看到一个个舍己救人的场景时，我们会为生命的博大而感动；当我们看到那么多无辜的生命在瞬间被抛入另一个世界时，我们会为生命的脆弱而感动；当我们看到经历 100 多个小时奇迹般活下来的生命奇迹时，我们会为生命的强大而感动；当我们看到举国同哀已逝生命时，我们会为生命的感通而感动。感动之情，会将我们因于日常生活的平淡而沉寂的生命意识搅动，会让我们生命的血流更加奔腾，会让我们的生命力量更加积极地勃发。

感通生命。当我们的生命被感动激发出强大力量时，我们生命的能量就会被敞现出来，我们生命的力量就会被延伸出去，于是我们生命的宽度就会在瞬间被大大延展。由是，我们的生命与他人的生命就会出现交集、关联、作用，甚至重叠。此时，他人的痛就会成为我们心中的痛；他人的哀就会成为我们自己的哀；他人的苦就会成为我们自己的苦。我们就会用我们的心去触摸他人受伤的心。此所谓感同身受是也。感通是基于人之为人的基本生命意识，所谓路人见孺子将入于井而必生恻隐之心。因为感通，所以我们会有感通的情感体验，共同的情感激发。因为感通，逝者不再是孤寂的逝者，而是可以寄托深情厚意的逝者。全国哀悼日的举国同哀遇难同胞，是这种生命感通的最好呈现，也是生命教育的独特形式。

感格生命。感通生命是生命与生命的情感碰撞，是生命宽度的增加。但是，在灾难面前，特别是在大灾难面前，只有这种生命的感通还是不够的。尽管我可以感同身受地体验他人生命的痛苦，可是如果只是我们自己去体验，那么他人生命的痛苦就不会因为我们的这种感通而有丝毫减少。因此，在感通基础上，我们还需要进 步提升，感格生命。感格者，谓感于此而达于彼也。我们的生命因此而感动，并同样体验到其他生命的痛苦而有感通，我们还必须通达于他人的生命，将我们的感同身受、将我们的关切、将我们的语言和行动，传递给那些苦痛的生命，这就是"达于彼"。从感格生命来说，重要的不是我们为那些痛苦和灾难流了多少泪，而是出了多少力。捐钱捐物，做志愿者，就是我们在感格生命处的生命意识的直接彰显。

感激生命。如果说感受、感动、感通、感格都更多是着眼于自己生命与他人生命的关联，那么感激生命则更加强调我们如何从这种关联中寻找自己生命的力量依据，着眼于我们自己生命的拓展与跃升。因为有生命的消逝，所以我们感激我们还活着；因为有他人生命的伤残，我们当感激我们生命的健康；因为有他人生命的苦难，我们当感激我们自己生命的自如。此感激，当然不是自鸣得意，不是自以为是。因为，所有你生命的外在和内在的东西都不是你自己单独获得的，即使是，那也是生命本身而不是你，你必须感激那些赋予你生命的所有。感激天地，赋予你生命的可能与现实；感激父母，给予你生命的延绵；感激先贤，给予你生命以灵魂粮食；感激老师，给予你生命以飞翔的翅膀。感激亲情友情爱情；感激天地圣贤父母；感激兄弟姐妹朋友；感激路人与仇敌；感激苍生万物！在这些感激中，你突然发现，你的生命不再单单只属于你自己的，你属于所有。你珍惜你的生命，就是珍惜宇宙一切；你实践你的生命就是创造一切。在感激中生活，你的生命不再孤单，你的生命不再弱小，你的生命也不再枯萎。

二、用仁爱铸就中华大生命

——5·12大地震的生命教育（2）

何仁富

每一场灾难都是上帝给仍能思考的人类的一道强烈闪电，将早已偏离生命轨道、充满杂质的心烤得更糊涂，与此同时，也为自我修炼的心灵照进极地之光。在这人类必须共同面对的灾难前，人们纷纷以此验证自己对待生命的态度。

5月12日的汶川大地震，令每一个对此关注的人都不得不重新面对生死的命题：生命如此脆弱，死亡如此不可抗拒，我们要怎样消解对于死亡的强大焦虑，又如何能从容而有尊严地生活？这次抗灾，最为响亮、最激动人心，也最具有凝聚力的口号，大概就是"人的生命重于一切"。这句简单的口号实际上是提出了一个"生命至上"的理念，强调的是人的生命价值的至高性与普世性。这里所说的"至高性"，就是认定人的生命的价值具有绝对性，它高于一切价值，它本身就是目的，而不是手段。

这里所说的"生命"，就是具体的一个一个的"生命个体"。我们说"只要有一线希望，就要付出百分之百的努力"，指的也是一个一个的具体的生命；我们说"为人的生命负责"，就是为"每一个个体生命负责"。这一次救灾的一个最大特点，就是"在灾难面前人人平等"。人们在这次救灾中的共同感受，形成了"生命共同体"的概念。其背后是一个普世价值观念："每一个人的不幸都与我们有关，每一个地方的不公正都是对我们的羞辱，每一次对别人苦难的冷漠都是我们为命运自挖的墓地。"这样的普世价值观念，也同时存在于中国的传统观念之中。这就是"爱"与"仁爱"。

一场突如其来的天灾，不可预警地终止了几万人的生命，也终止了几万个生命的思考。大自然愿意仁慈地给予我们一切，也能够无情地夺走一切。天灾面前，人类可能很脆弱，但是因为同情和关爱，因为坚强和抗争，就有了战胜苦难的勇气和力量。携手并肩，人类就不再是弱者；相互温暖，恐惧将不再。我们都没有资格轻视生命，包括自己的。

家园失去了，尚可重建。生命失去了，却永远不能生还。生命，在灾难面前，是这样的脆弱，就这样瞬间消失。生命，在灾难面前，又是如此的宝贵，只要有一丝希望，就要尽百倍的努力。在为那些遇难的人感到悲哀，为那些救援的人表示敬意时，我们能为这场灾难做的，也许只是捐点款、献点血。只是，活着的我们，应该学会珍惜生命。把每一天都当作生命中的最后一天来过，并不是一种悲观，而是对生命的一种珍惜。

爱是生命的原动力，也是成就和支撑生命的根本力量。但只是关注当下的、直接的生命个体的爱，还不是最高境界的爱，只有"泛爱众"之爱才是大爱、仁爱。大灾难往往就是扫掉心灵灰尘而敞现仁爱的契机。因为每一场灾难都是大自然给能思考的人类的一道强烈闪电，它将早已偏离生命轨道、充满杂质的心烤得更糊涂，与此同时，也为自我修炼的心灵照进极地之光。

亚里士多德说，人之所以对别人的悲惨遭遇产生同情，是因为这些悲惨遭遇也有可能会落在自己身上。我们很多人，可能一生都不会遇上大地震，不会因为地震而失去自己的生命或者亲人、爱人的生命，也不会目睹与自己血相连、心相连的人因地震而遭遇苦难。但是我们和我们的亲人、爱人却都会失去生命，都可能遭遇各种身心的痛楚，不管是因为什么原因。当我们在离四川很远的、安全的其他地方，从电视、报纸上看到那些死去的、未死去的、受伤的、未受伤的粘血带泪的人们，我们真的无法不同情；我们的仁爱之心真的无法不被激发、被扩充。

孟子说："无恻隐之心，非人也；无羞恶之心，非人也；无辞让之心，非人也；无是非之心，非人也。"人之为人，人的生命的真正意义所在，就在于人能够感通他人的生命，面对他人之陷于不测能产生"不忍人之心"，并由此而生"仁"之端。在大灾难面前，人的生命所具有的恻隐之心、羞恶之心、辞让之心、是非之心及其扩充生养出的中华民族优良的仁、义、礼、智之德，皆得以彰显和澄明。

中华民族素有"泛爱众"的仁爱情怀，有"济世兼爱"的悯爱品德，这便是由恻隐之心扩展而出的仁德。在汶川大地震的抗震救灾中，我们进一步深刻地体会到、全面而无遮拦地领略到了以人为本、关爱生命的仁爱精神。从"只要有一线希望，我们都要千方百计地抢救"的话语，到无数各行各业的救援人员视灾民如亲人、待罹患者如至爱的情愫，从失去生命时的无比悲痛到救出被掩埋在废墟中的灾民时的无比喜悦，以人为本、生命至上，关爱生命、生存万岁成了一条牵引和沟通灾患内外人们的重要神经线。

中华民族素有"仁以为己任"的义勇精神，这是由羞恶之心扩充而发展出的义德。面对灾难，如果不是站起来，就必然会被压下去。灾难来临后，中华民族强忍着悲痛，以镇静的心理、坚强的毅力、果敢的行动迎战灾难，抗击不测，不仅没有被灾难吓倒，不仅没有屈服于灾难，反而大胆地站起来，走上去，勇敢顽强地与灾难对抗，与死神赛跑，既不放弃一丝一毫获得生命的希望，也尽最大努力摆脱灾难带来的危险和威胁，力争早日消除灾难的破坏性后果，这种抗争精神无论是在灾民身上，还是在救援者身上都得到了最大限度的体现。

中华民族素有"先人后己""先公后私"的礼仪品行，这是由辞让之心扩充生长而来的礼德。中华民族向来葆有团结统一的优良传统，信奉天下一家，相信互依共存。灾难虽然发生在一时一域，但全民族人民却感同身受，视若己身。灾难降临后，整个中国动员了起来，全体人民行动了起来，地不分南北，人无论老幼，上下归心、全民一愿，一方有难、八方支援，万众一心、同舟共济，在哀悼中彰显情之相连，在捐款中体现爱之绵延。在一定意义上说，这次抗震救灾无疑创造了一次全中国人团结动员的最佳范例，也为中华民族团结一心、共克时艰的互助精神提供了最好的证明。

中华民族素有"识大体"的智慧之德，这是由是非之心扩充培育出的智德。灾难危及生命时，舍己者方显道德之高；人我利益不可共存时，为人者才称奉献之士。在抗震救灾过程中，有的人为了那份沉甸甸的责任，放弃了救援自己亲眷的机会；有的人为了让别人获得生的机会，放弃了自己对生命的眷恋。从教师到医生，从军人到干部，从志愿者到普通人，无数人为了他人的生命、财产而甘愿抛开自己的生命和利益，救助别人奋不顾身、为了别人舍生忘死，这样的例子不胜枚举，这样的精神万古流芳。

孔子说，仁者爱人。这是对生命的最好诠释。生命的意识不是一种知识，知识太遥远，生命的意识不是智慧，智慧过于冷静，生命的意识甚至不能说是情识，情识太超脱，生命是现实的情境，生命是大相无形的存在，生命是每时每刻的流动，消弭于无形，超逸于琐细，形影相随，百思无解，不能把握，只能领受，不能分解，只能参与，不能离弃，只能守候，只有在淬然的爆发中，你才能在一刹那领受她的真谛。

在大地震的那一刻，大地失稳，日月晦光，神鬼无灵，机制脱控，生命却在这一瞬间表达了她的全部意义和价值。这一瞬间，没有文明，财富化为灰烬，没有理性，信息一片空白，没有尊严，精神来不及苏醒，没有智慧，冲击压碎了经验，唯一的意识，唯一的尊严，唯一的人性就是生命，生命就是唯一的一切！

此时没有宗教的临终关怀，太苍白，没有意识形态的说教，太寡情，没有私情独有，太渺小，没有情感的宣泄，太软弱，没有眼泪，来不及悲伤，感动留给后时，理性留给历史，没有思索，没有踌躇，没有放弃，没有绝望，无须顾后瞻前，只有此时此地，伟大变得如此平凡，崇高处处可见，所有生命融合成大生命，只有直觉的心灵和心灵的直觉是照亮黑暗的光明，这一瞬间我们达到最高的理解和智慧，超过了历史上最伟大的思考：生命就是混沌，生命是无，是无限，是一刹那间的爆发与静止！

只有生命的直觉才能领受的生命，生命就是自己的意义，人们始终在寻觅理解生命与理性之间的桥梁，但一直不能给生命一个确切的定义，任何最先进和可以预期的技术手段和分解分析理论都只能表象地描述生命，而不能真正地回答生命是什么这样的问题，生命的真谛与工具理性之间似乎人天相隔，生命不是一个概念，生命也不能成为一个范畴、一个范式或模式，纯粹理性对此无能为力，对生命的理解，对生命－理性的超越，是一种智的直觉，现代人用一个符号"爱"来代替对生命的理解和感受，但中国传统文化的一个特殊的理念——仁，阐释了爱与理性的统一。

生命的理性就是大爱，大爱就是仁爱，仁爱是爱的理性，大爱没有分析、比较、计算，没有目的、计划、措施，没有相异、相对、相同、相等，仁爱也不同于私爱的盲目和冲动，仁爱是个人与社会的同一，个个不同而又人人相同，个人性同时实现为社会性。大爱是无报无求的奉献，仁爱是领心会意的尊严，仁爱是守候的信念，仁爱是中庸不渝的情操，仁爱是理解的宽容，是无为而无不为的哲学；仁爱是智的直觉，是人性的修炼，是历史的感悟，是文化的觉醒，但无言能说，无人能喻，只有在生命真谛呈现的一瞬间，我们才能领会她的全部意义和价值。

只有在生命真谛呈现的一瞬间，我们才能领会她的全部意义和价值。在生命真谛爆发的那一刻，大仁突显为生命的大勇，"仁者必有勇"，这是生命的勇敢，使弱者强大，使庸者崇高。这就是中国文化千年不失的龙脉。生命的真义以千百倍震波的振撼，从崇山到平原，从陆地到海洋，越过边界，透过藩篱，只要有心灵存在的地方，就会有唤起，就会有回应，就会有支持。总动员被启动，无意识成为自觉，自愿胜于命令，爱心成为理性，组织与自组织，机制与非机制，是混沌，也是秩序，没有语言能描述这一切强烈的变化过程，没有词汇能表达这种刹那的超越。中国文化以自身的特质表征了生命的意义和价值，实现了生命的最真切的现实性。

我们往往误解了爱与理性的关系，轻视了古老的中国理性。当理性成为竞争的武器和思想的铁笼时，真爱只能退守心灵的最后孤寂的阵地，我们日渐遗忘了我们传统中理性与爱的同一，我们不能解读天命与生命的内在一致，我们陌生了仁的现实性与日常性。

仁是高远的，也是现实的；仁是普遍的，也是具体的；仁是实践的，也是努力的；仁是浅近的，也是艰难的。仁就在生活中，但无法指明什么具体是仁，或许只有普世的母爱能比喻这种包容的宽怀和无悔的忠诚。只有生命真义的唤起，我们才获得恩受一生的福粮；只有当我们领悟我们文化的超越性时，我们才能真正地融会西方文化，同时传承我们自己的文化。孟子说，仁义礼智四端，"苟以充之，足以安天下；苟不充之，不足以事父母"。仁爱之心在大灾难前被激发、被觉醒，我们当自觉扩而充之，使其由涓涓细流汇合而为江湖大海，如此，我们每一个人的仁爱之心就将铸就煌煌中华大生命！

汶川大地震让我们感知到了灾难的无情和生命的宝贵，汶川大地震也让我们领会到了生命本真的爱与仁爱。灾难不能因为时间的流逝而成为纯粹的记忆，而应该让灾难中觉醒起来的生命意识成为日常和永恒。所以，让生命教育成为我们的全民教育，此其时也！

三、以生命的名义
——汶川地震灾区心理援助和生命辅导感悟
汪丽华

突如其来的 5·12 汶川大地震震动着每个人的心。我们古老而坚韧的民族，在经历刹那的惊惧后，立刻挺起了不屈的脊梁！举国关注，全民动员。温总理在第一时间飞往灾区；子弟兵集结，救援队集结，志愿者集结，救灾物资集结，13 亿颗爱心集结……向着同一个方向进发！

作为浙江省赴广元支教团的一名心理援助队员，我承载着学院领导和 1589 名师生对灾区人民的深情，于 6 月 6 日来到了四川，来到了我们浙江省对接的城市——广元市。在灾区支教的 1 个月里，我看到的、听到的、感受到的人和事，都会让我想到两个词：一个是生命，一个是信念！

生命究竟是什么？生命的意义又是什么？我将一个月的经历和感受与大家分享，希望能和大家一起来感悟生命的真谛。

（一）浙江省支教团

为进一步做好支持四川广元灾区教育工作，应广元市要求，浙江省教育厅组建了第一支赴广元支教团，共有队员 83 名，下设心理援助、教学辅导、校舍建设三支小分队。支教团的团长是浙江大学心理咨询专家马建青教授。出征 1 个月后在广元市重逢马老师的时候，马老师瘦了，嗓子哑了，听说还病了一场。不难想象，一个团长的责任和压力！何况马老师又是个非常用心用情工作的人。

心理援助分队共有队员 47 名，大多是浙江省各高校的心理学工作者。心理援助分队又分成了 6 个支队，分赴广元市的四县三区，即青川县、苍溪县、剑阁县、旺苍县、元坝区、朝天区和利州区。我所在支队为苍溪分队，共10 人。

6 月 6 日出征时，我们苍溪支教分队的队员相互间并不熟悉，可回来时大家成了真正的战友。我们分队的队长是浙江大学心理系的心理咨询专家徐青老师，他在心理咨询界享有极高的声誉。他说 5·12 地震发生后他就知道一定会去四川，因为这是他的工作！徐老师放下了专家和学者的身份，放下了一切的优厚待遇，带领我们将足迹遍及了苍溪县 39 个乡镇的 101 所学校。我们苍溪支教分队里，有年龄 55 岁的韩大哥，他曾为了祖国，为了边疆，为了高原，默默地在雪域西藏阿里援边 16 年。地震发生后，韩大哥又义无反顾报名去了灾区。分队里，有 45 岁的汪汪姐。汪汪姐的老家在四川绵竹，此次地震中受损严重。支教工作完成后她去绵竹老家过暑假，一为看看亲人，二为周围的父老乡亲们做些自己力所能及的事情。分队里，还有一直想去重灾区青川却被分配到了轻灾区苍溪的弱女孩慧慧。刚开始，她很失落，因为没能去成青川。渐渐地，她发现轻灾区一样需要心理援助者，弱小的她竟然爆发出巨大的能量！分队里，有半夜还在思考团队工作方案的智多星阿健；有充满工作激情、永不知疲倦的丹丹；有新婚不久的铃铛；有热恋中的小梅；还有总是一语中的、充满睿智的小年轻浩浩。

我们远离家乡，远离亲人和朋友，只为了一个共同的心愿：为灾区人民做点什么。

（二）地震伤了人们的心

因为我没有亲身经历地震，即便是我曾泪流满面地看过无数的痛心画面，当我踏上灾区的土地时，竟然没有丝毫害怕的感觉。我看到了无数的帐篷，看到了随处可见的裂缝和危房，看到了倒塌的校舍和学生宿舍。我心痛，但我没有害怕的感觉。在苍溪县城，我入住房间墙上的时钟是停止的。第一次、第二次瞥见时钟，发现时间不对时，只想着山区的旅店条件是差了点，连时钟都是不准确的。直到第三次看时钟的时候，才猛然发现时钟停在一个举国上下无法忘却的时刻！不是因为我勇敢，而是因为我没有经历，心，才没有余悸。

然而，地震震毁了灾区人民的家园，震垮了灾区人民的安全感，更震伤了灾区人民的心。

6月7日我们一行10人去苍溪县教育局报到的当天，就分头奔赴10个督导站点，了解师生们的现状和需求。震后的恐慌心理几乎纠缠着每一个人。

校长们说：学校将于8月1日复课，目前复课最大的困难是师生的恐慌情绪，家长不愿意把孩子送回学校。好多师生都还住在帐篷里，余震对人的影响太大了！

老师们说：坐在家里的床上、沙发上或凳子上，总觉得它们都在晃动。尝试在家中午睡，可经常做恶梦，梦见门窗晃动，梦见自己怎样也醒不过来。我班里有50个学生，如果地震来了，我能够保证他们的安全吗？教室在四楼，我来得及带领他们迅速逃跑吗？假如有一个学生没有逃出来，那么我永远也无法原谅自己……

学生们说：余震让人感到很烦，大家神经崩得很紧。希望能赶快复课，又担心教学楼不安全。寝室楼那条裂缝太吓人了，六楼可以看到七楼，可以数天上的星星。

家长们说：等滨江路上帐篷里所有的人回家住了，我们才回家。

我们很庆幸，5·12地震没有夺走苍溪县教育系统一个教师和一个学生的生命，人们震后的普遍心理是紧张、恐慌。那么在重灾区，在生和死面前，人们又是经历了怎样的撕心裂肺的痛？

位于北川县城边一个小山坳里的北川中学，5·12地震发生后，两栋五层教学楼垮塌，全校有1200多名师生遇难。还没来得及绽放的花朵就此凋零,这是怎样的一种伤痛? 我无法用言语表述。我们来读读北川中学高三(8)班王熙兰同学 5 月 16 日的日记,那些血泪的文字里是北川人永远的噩梦与伤痛!

北川,我情愿永远不曾爱您至深

地震后每个人都极其脆弱,谁没有痛失亲人,谁没有痛失家园,只是每个人用不同的方式面对罢了。悲伤是无止境的,可是活着的人用不同的方式去活吧。用一个笑脸掩藏山高海深的痛,需要勇气;用一件别样的签名衣服留念,需要面对无数悲伤的脸;写下一句真诚的话,执着地留下自己的名字。其实,我们的心早就伤痕累累,早就鲜血淋漓。可是我们仍要相互鼓励,不要悲伤,不要哭泣,北川不要永远沉浸在悲伤中,北川不要懦弱的人!

我无法让自己保持平静。每一个字,每一句话,每一片树叶,每一块砖头,都可能让心中波涛汹涌,让泪水决堤而出,让黎明失去曙光,让阳光晦涩无光。一个人没有经历生与死的考验,永远不知道生命有多宝贵;一个人没有看到毁灭的家园,永远无法理解那种痛可以撕心裂肺。

我抓不住,也逃不掉北川的气息。无数个不眠之夜,在黑暗中走过每个小巷、每条街道,那是我熟悉的地方,有我的亲人、朋友、同学;我走过每一个商店,那里曾经有我喜欢的洋娃娃和漂亮的发带。我走过那里,可是眼前怎么那么黑呢? 我走得筋疲力尽,走得痛不欲生,走得绝望......

每次从梦中惊醒,泪流满面。我无法思考这到底是不是梦。每次睁眼、闭眼,出现在眼前的都是坍塌的房屋,危垂的生命,痛苦的呻吟,悲伤的哭泣......我逃不掉悲伤的降临。家没了,人也没了。可是我活着,苟且地活着,面对无数需要救助的人,我完好无损却无能为力。

听着废墟里的求救声,我只能用颤抖的声音告诉他们别怕,救援马上就到。我甚至连给他们一口水喝的能力都没有。突然觉得自己很没有用,很可耻,只求能逃开他们的声音,我不要也不敢去听一个受难者的声音,我怕我会瞬间崩溃。

悲伤一重又一重,曾经林立的高楼不在了,曾经繁华的街道不在了,曾经苍翠的青山不在了,曾经鸟语花香的村庄不在了,曾经笑逐颜开的人们也不在了,都不在了......

每个人在灾难面前是伟大的，也是自私的，我救不了你，我就只有逃避。真的，这么多天，我不敢去回忆自己到底是怎样活过来的。太多的人死了，就在我的身边，我的怀里，我的眼前。鲜血成了廉价，到处都是，血腥味充斥着整个天地。支离破碎的尸体到处都是，我走过他们，就像走过开满血色红莲的山岗，我抽搐着挤出一个笑容告诉人们，要坚强！

地震像一把利刃，刺穿了整个生命，呼吸尚在，鲜血不停。我停不下，生命的脚步太匆忙。爱，太沉重，太无奈，我无法承担。

北川，我情愿永远不曾认识您；我情愿永远不曾爱您至深；我情愿自己是一个无情的人……可我知道，北川，您还活着，您活在我的血液里，您长在我的骨头里。可北川，我要怎样来面对您？

白天不让我痛，不让我悲伤，那把黑夜留给我自己，可以吗？求求你们，把黑夜留给我自己！

5月19日，遭受重创的北川中学高三学生在四川省绵阳市长虹集团培训中心正式复课。北川中学刘亚春校长说：我们幸存的师生会更加坚强地活下去，我们要记住帮助我们的人，我们怀着感恩的心，要做对社会有用的人。刘亚春校长，在地震中失去了妻子，失去了孩子。

英雄李科的故事，大家听说过吧。李科是汶川映秀电厂年轻的电气工程师，他的妻子在地震中遇难了。地震发生时，他正在四楼开工作会议，当他和同事跑到一楼时，一起被深深地埋在了倒塌的楼板下，很多预制板压住了他的腿，没有办法施救。到第四天的时候，救援官兵在废墟下打开了一条长达7米的狭窄通道。然而，他的腿却被乱石死死压着，外面的人员穷尽办法也无法施救。伤口在流血，时间在流逝，救援依然束手无策。他要求外面的人给他一把刀，他决定自己砍断自己的腿以保全生命。救援人员担心出现意外没有答应。坚毅的他咆哮着说："那就给我一颗子弹，让我结束自己吧！"就这样，在那个狭小的空间里，李科用自己的手，一刀一刀地砍断了自己的腿，直到腿断彻底了才被拖了出来。他出来不久，那个通道就因为塌方而封闭了。

在无情的自然灾难来临的时候，生命是如此的脆弱，生命又是何等的坚强！当问他是什么让他如此勇敢的时候，他的回答却是那样朴实：我的娃已经没有了妈妈，我不能再让他没有爸爸，我可以失去一条腿，但是我不能失去生命。他说，连自己都不相信，人的潜力和能量竟然如此巨大！

汶川大地震，不仅聚焦了全球目光，也成为了中国军队罕见的大集结的号声。几天之间，10 万战士从天而降、越岭而来、驱车而至，直入灾区，与灾难展开了搏斗。面对毁灭性的特大地震灾害，解放军、武警部队从来都是救灾抢险的主力。

空军 452 医院骨伤科 99 床的 Davy 是个摄影师。5 月 12 日下午两点，他带着一对新人进入银厂沟景区拍摄外景。地震中这对新人死了；他的助理留下最后一句话"Davy，我今天要死了"，就再也没有睁开眼睛；他的化妆师在他怀里一点点冷却、僵硬。山还在摇，地还在动，石头还在不断地向山下滚落，眼前是天昏地暗，他不再去躲避那些砸下来的石头，也没有任何求生的愿望。那一刻他只想和他们一起死去。

他在雨中坐了一夜，却发现自己还活着。天亮后，他做出了一个决定：活下去！他开始往外爬，但是很艰难，他的断腿很痛，经历了一夜重创后的身体和心灵都很虚弱，但是他知道只有靠自己的毅力和坚韧才能够走出山沟，才有生的希望。

他用双手撑在地上一点点地向身后挪动。饿了，扯地上的青草或树叶嚼着充饥；渴了，就吸吮长发上流下的雨水。一路上，他要小心翼翼地搬动那条断腿，要不断地绕过滚落的石块，还要艰难地上下石阶。300 多米的路程，他竟然"走"了 8 个多小时。而在这段不长的路上，他碰到了那么多死去的人，让他如此近地去体会生命与死亡，体会幸与不幸。14 日晚上，当他近乎绝望的时候，解放军出现了！他说自己就像是地狱里的人看见了生的希望！当时，眼泪就哗哗哗地流了下来。当我们面对灾难束手无策的时候，当人们往外逃命的时候，我们的子弟兵，我们的亲人解放军却在向前冲！解放军战士，很多和我们在座的同学们同龄，都是 80 后的独生子女。

在抗震救灾斗争中，白衣战士救死扶伤的精神同样得到了淋漓尽致的体现。在余震频频、险象环生的病房里，在大雨滂沱、残垣断壁边，在星夜兼程、跋山涉水的山间小路上，在伤者昏迷、亲人凄惨的悲伤气氛中，从年轻美丽的护士到白发苍苍的医学大家，他们都将自己的生死置之度外，争分夺秒，抢救生命，与死神决斗。白衣战士以巨大的勇气和感天动地的力量，诠释了救死扶伤的职业信仰。

（三）当地救灾

地震无情地发生了，苍溪县广大的师生们是如何应对的呢？

1. 三川镇中的陶校长

地震发生当天的中午，陶校长就感觉有些不对劲，午休时睡不着觉，就在校园里转悠，他说预感到可能会有些事情发生。下午 2：25 左右，他就感到地面有些震动了，当时就预感地震要来了！于是，他站到学校操场中间，冲着每个班级喊，要他们赶紧下来。他说当时最担心的就是他的 600 多个学生能否平安地撤离。结果只用了 2 分钟时间，学生就全部撤离到了操场。陶校长描述这个过程的时候，好像自己就像是一个将军，在指挥一场战役。不过，他又突然说道，当我把这些事情都做完的时候，就瘫坐在地上。在网上曾看到报道"史上最牛的校长"，我们赞誉三川镇中的陶校长为"史上最机警的校长"。

2. 石灶小学的黎校长

地震发生时，黎校长在办公室工作，没有午休。他冲到操场，对着教学楼上的学生吼，让学生赶快跑！教学楼里共 12 个班，却只有 1 个楼梯通道。他不能上楼，只能眼睁睁地望着，吼着！等学生都下到操场，他才回到教学楼，一个教室接一个教室地察看还没有学生在，当确认所有的教室里没有一个学生时，他才松了口气！他说：我是校长，我不能乱！

3. 田菜小学的左校长

5·12 地震发生时，左校长正在从成都回广元的路上。地动山摇时，他急切地拨打学校其他领导的电话，可没有一个电话能连通，他又急切地拨打苍溪县城妻子孩子的电话，可一样无法接通。他摸了摸口袋，发现身份证在！他想若是"震亡"了，至少还能确认身份。5·12 以后，虽然学生提前放假了，可学校还居住着很多的教师和家属，学校成了危房。学校 4 个领导同时24 小时值班，睡在学校操场的帐篷里，每天睡眠不足 4 小时。左校长说，他家在县城，5·12以来两次去县教育局办事，都没有回家看看妻儿，心理非常内疚。地震同样带给家人恐惧，可作为丈夫，作为父亲，我却没有为他们分担焦虑和恐慌，没有陪伴在他们身边，我真是很内疚。

4.高坡小学的高老师

高老师说5·12那天正好是他值班，震前所有的学生都在教室午睡。2点20的时候他突然看到窗户在晃动，当时还以为外面刮大风，但是强烈的晃动让他马上意识到发生地震了。他急忙冲到操场，喊叫各大教室的老师组织学生撤离。当时电已经停了，学校的广播无法使用，只能拼命用嗓子喊。一千多名学生很快撤到操场上，尖叫声充满了整个学校。当时天气很热，操场上不时有学生晕倒，高老师不断组织老师拿矿泉水，抢救晕倒的学生。处理好这些后，他说自己人都瘫掉了，一股脑儿躺在了地上。而远处，看到自己的老婆、儿子和另外一个女老师三人抱着哭成一团。

我问他当时怎么能这么镇定处理，难道不怕吗？他说当然怕，当时楼房像纸做的一样，左右晃动，山、地都在晃，整个世界都在动，就像是世界末日来临一样。但当时只想着如何及时撤离学生，其他的都顾不上想了。躺在地上的时候，感觉自己跟快死了一样。地震后，高老师整整8天没有讲话。

5.三川镇幼儿园的老师

在我给三川镇老师做震后情绪管理辅导时，有位50多岁的女老师引起了我的注意。她的一只手臂用石膏固定着，基本上不能动，但是整个过程她都非常认真。在情绪表达的时候，我走到她的面前坐下来，和她聊起地震当天的情形。她说那天在家午睡，感觉房子在晃动，屋顶上的瓦片稀里哗啦往下落，她的第一反应是地震了。想着赶紧把幼儿园午睡的孩子们从屋里抱出来，走出家时，在楼梯上摔了一跤，爬起来继续往幼儿园跑去。她当时想的就是一定要把孩子们转移到安全的地方，孩子们太小了，不能让他们受伤。她和另外两位老师把100多个孩子全部从寝室抱到操场。等孩子们都被家长接回家的时候，她才感到右手臂钻心的痛，医生诊断右臂骨折。

这样的校长，这样的老师，在我们1个月的支教生活中，比比皆是。平凡的教师们在灾难面前不顾个人安危，为孩子们撑起一片生命的蓝天！在这场可怕的大灾难中，我们感觉到，有一种东西，一种平凡日子里感觉不明显的、灵魂深处却刻骨铭心的东西，在我们心中顽强地、蓬勃地生长着、展露着。那就是师爱！沉甸甸的师爱，就像学校里屹立着的迎风招展的红旗，在大灾中巍然挺立！

地震后我们的孩子呢？

6.元坝镇小的一瓶水

5·12地震发生后，元坝镇小的学生在全体老师的关怀下全部撤到一个安全的坝上。可是那天天气很热，又因为突然的转移，什么也没有准备，每个班只分到一瓶或两瓶矿泉水。教导主任所带的班只有一瓶矿泉水，她对班上学生说，我们不知道以后几天会怎样，我们全班现在只有一瓶矿泉水。一瓶矿泉水，在全班52个孩子中传递，一圈喝下来，还有大半瓶！

7.滨江帐篷里的孩子们

我在工作的空隙里，认识了住在滨江路帐篷里的几个孩子。他们是顽皮的彭娃子、自信的贝贝、勇敢的宝宝、坚强的迎迎。他们告诉我长大要干什么。彭娃子要当运动员，他现在是学校年级段的乒乓球冠军，知道很多乒乓球名将；迎迎要当白衣天使；宝宝要当飞行员；贝贝要当舞蹈家。他们说自己的理想时，几乎是不加思索，说得很干脆，很坚定。

8.东溪镇的孩子们

在按计划完成东溪督导片区所有学校的教师辅导和培训后，我们拜托东溪小学的教导主任何老师组织一些住在镇上的小学生，开展了一场由大大小小年龄不等的学生组成的团体心理辅导。

孩子们在"美好的明天"团体活动中，是这样描绘自己的明天的："地震过后，我们在废墟上重建美好家园，希望明天天更蓝，花更美，草更绿，我们更快乐！"

孩子们在"无言堆塔"团体活动中，在半小时内小组成员不说话的情况下，用废报纸堆成了一座座非常有意义的塔。有一组将自己的塔取名为"爱心塔"，塔上挂满了爱心，每颗爱心上都写着希望：汶川加油！中国加油！一方有难，八方支援！有一组的塔取名为"同舟共济塔"，塔上有一艘船，写着：同舟共济，共渡难关！还有一组的塔取名为"奥运塔"，上面写着：为奥运加油，为中国喝彩！

9. 五龙镇的孩子们

在完成五龙督导片区学校教师的辅导和培训后，我们也请五龙小学的雷教导主任组织学生开展学生团体心理辅导，前来的学生 1–6 年级都有，还有很多陪同的家长。

每场团辅中，成员都很容易感受到快乐。孩子们会把自己介绍成快乐的小兔，活蹦乱跳的小猴，温柔的狮子，强健的马，威猛的老虎，耍赖皮的小猴，聪明的小老鼠，机灵的小山羊……经历 5·12 地震，孩子们眼中的明天依然美好！孩子们更加懂得困难面前不放弃，要坚持不懈地努力，要团结互助，发挥每个人的智慧、勇气和爱，共同创造美好明天。

团辅结束后，许多孩子都在校园里搬砖块。低年级的一块一块搬，高年级的一摞一摞搬，每个孩子的脸上和眼里都坚定地写着：校园重建，我出力！

10. 如期高考

在这样的背景下，苍溪县在汶川大地震后率先如期高考，充分展示了苍溪县广大师生的勇气，对稳定人们的震后心理做出了表率。如期高考充分展示了一个贫困县广大师生的自信，虽然苍溪县是广元市最穷的县，但苍溪县的教育水平却是广元市最好的！

苍溪县一个中学教师的工资待遇是：一个新工作的教师月收入不到 500 元；一个校长的月收入为 1000 元；教师家里能拥有电脑的是少数。

苍溪县的教学条件：东溪小学五年级的教室有 80 张桌椅；几乎所有的学校都没有多媒体教室；信息技术课只停留在教学计划上；一所学校通常只有 1–2 台电脑能上网。

就算是这样，苍溪县的师生们还想着如何为重灾区的青川做点什么。

11. 双田小学的朱老师

朱老师谈到了他的很多遗憾。在 5·12 地震发生后，他很想为受灾的人们做些事。他与几位同事买了一车的矿泉水、方便面，准备去广元市的重灾区青川，可县教育局和其他相关部门不同意，说要去必须有组织地去，一切都准备好了可最终还是没有去成，他深感遗憾。他和一个同事开了 120 多公里山路，于某一个清晨的 6：00 到达了广元市，他们想为灾区献血，可那天只采集 O 型血，他和同事都是 A 型血，结果血没献成，再次深感遗憾。我们安慰他说，我们的想法和你的想法是一样的，就是想为受灾的人们做点什么。我们来了，我们很欣慰。但愿我们的欣慰可以弥补你的遗憾。

12. 石门小学的王老师："普通的老师归来的英雄"

石门小学的王树益老师是以人武部组织的民兵身份前往青川的。5·12 大地震之后，前往青川的道路被落下的泥石挡住，急需清理道路障碍，保持道路通畅。在征集志愿者的时候，王老师主动报名参加了。他讲了很多很多，我印象最深的是以下这些：

最大的期望：王老师说，在很陡峭的、松散的山崖上要保持道路通畅是很难的，工作环境相当恶劣。刚开始去清理道路的时候很怕，因为每天有很多余震发生，山上的石头随时都会掉下来。我们一行 10 人，谁都不知道这次出去，是否能一起回来。于是，每次出发前，能 10 个人一起回来成了最大的期望，活着真好！

一只小狗的故事：在清理工作中，有一次看到的情景让人无法忘怀。有只小狗一直蹲在一栋倒塌的房子前，不愿离开。倒掉的房子是小狗主人的家。主人一家 4 口，地震后，全家只有一个小女孩活了下来。可小狗在废墟边守着，一直不离开，等待着。王老师谈起这些感慨万分：他说这就是为什么即便那么艰难，人们仍然在废墟上不愿离开，要重建家园。

"儿子不怕，我有什么好怕的"：王老师报名志愿者的事情一开始没有和家人说。因为谁都知道，青川之路随时有生命危险，他不想让家人担心。后来，报名清路的事情被母亲知道了，这位一直住在帐篷里的母亲，当晚就搬回家里住了。妈妈说"儿子不怕，我有什么好怕的"。

"你们待遇好"：王老师说，道路上不时会碰到去青川搭板房的车队，碰到了彼此会打个招呼，搭板房的人对我们说"你们待遇好"。当时我无法理解这句话，因为一日三餐，除了吃方便面，还是方便面，把这辈子要吃的方便面都给吃了。一样冒着生命危险，一样吃方便面，一样都是干活，为什么说我们的待遇好呢？后来才知道，所谓的待遇好是指死后的待遇。如果出了意外，我们是部队的待遇，而搭板房的，则是普通工人的待遇。

先写好遗书：我问王老师，如果是现在，你还会去青川清路吗？他说：肯定会去！不过去之前一定要先写好遗书。接下来的日子，有机会我还要去青川的，参加重建。王老师说得斩钉截铁，那语气让每个在场的人沉默。

王老师说这些的时候，我能感受到他眼睛里有很多的东西在涌现。

（四）我的收获

地震，将所有的人连结。

在苍溪支教的一个月，认识了太多太多的校长、老师和学生，他们是那么真实，那么平凡，可他们又是那么执着、那么坚定。我珍惜在苍溪的分分秒秒，尽我所能地辅导着校长、老师和学生，尽我所能地培训着当地的心理健康教育师资，我只有一个信念：将我们全院师生的爱传递！

传递了知识、传递了理念，传递了在座每位教练员和运动员的顽强和信心！我本以为我是承载着大家的深情去奉献的，可回来的时候，却发现我的行李箱更厚重了。厚重，是因为它装满了灾区人民给予我的感谢、感动和撼动，我也因为此行而拥有了更多的勇气和坚定！

我们在苍溪，很多老乡会说：你们不远千里，冒着生命危险来帮助我们，让我们感动。然而，更多的是灾区的人和事在感动着我们，激励着我们。与其说我是去支教的，去提供心理援助的，还不如说我是去受洗礼的。

7月3日返回杭州的那天，在成都双流机场，支教团发给每个队员一份调查表，其中有一个问题是：你在灾区遇到的最大困难是什么？我的回答是：没有困难。只要我们齐心协力，只要我们怀着同一个信念，任何困难都是可以克服的！

温总理在四川慰问灾区帐篷里的高三学生的时候，给同学们写下了"多难兴邦"四个字。地震给四川灾区人民带来深重的苦难，地震毁灭了大山深处千万个家园，夺走了几万人的生命，伤残了无数人的身体和心灵。然而，灾区人民用朴实无华的语言表达了他们的心声：穷不失志，富不忘志！

大灾大难中的朴实从容与坚定不屈，正是兴旺我们明天生活的精神支柱。

生命究竟是什么？生命的意义又是什么？

四、特殊生命个体的生命叙事与生命教育的实践化

——浙江传媒学院"残翼飞翔"暑期社会实践团队的实践与反思

汪丽华　何仁富

2015 年暑假，利用暑期社会实践的机会，汪丽华、何仁富两位老师创建、组织、指导并带领了"残翼·飞翔——汶川地震七年灾后残障青年的生命成长历程访谈"社会实践团队。实践团队由 2 位老师和 17 位同学组成，分两个小分队，前后近 20 天，行程数千公里，先后到上海、四川绵竹市、什邡县、北川县、都江堰市等地，参观了绵竹汉旺镇和北川老县城两个最典型的地震遗址博物馆，采访了七位汶川地震的截肢青少年，他们是："无腿舞者"廖智（绵竹人）、"钢琴女孩"魏云露（什邡人）、"无腿蛙王"代国宏（北川人）、"水中精灵"张春梅（汶川人）、"新可乐男孩"杨彬（北川人）、"中国好人"黄莉（都江堰人）、"自强母亲"杨兰（汶川人）。收集了一百多个 G 的视频、图片、声音、文字等素材，整理发表了七篇有深度的采访报道，制作了图文册和四十余分钟的人物专题片。

实践团队立足于了解生命、理解生命、感悟生命、提升生命，希望通过采访在汶川地震中成为残疾人的七位平凡而独特的个体生命，了解他们 7 年来的独特生命故事，彰显生命的美丽、善良、坚强、美好……实现以生命影响生命、以生命感动生命、以生命引领生命的生命教育。

1. 生命教育要寻找非常的生命故事，以激发平常的生命状态

汶川大地震，不仅让灾区近十万民众失去了生命和家园，也让数以万计的整全生命失去了肉体生命的完整性——地震发生后，不少从废墟里抢救出来的生命，必须经过手术截肢等才能保住性命。于是，汶川地震后，一个特殊的生命群体产生了：因为地震受伤而不得不截肢的残障人士。灾后初期，这些被迫截肢的残障人士在政府和社会慈善机构的帮助下，都得到了很好的治疗、照顾甚至康复训练。但是，他们的生命样态毕竟完全改变了，他们的个人生活还得靠自己完全重新开始。

如今，七年过去了！

七年，刚来到这个世界报到的孩子该上小学了；小学毕业生则该上大学了。

七年，刚进入婚姻中的夫妇可能开始遭受"七年之痒"的磨炼了；而经历磨难后记忆中的欢乐痛苦也基本烟消云散了。

但是，七年，对于那些在5·12地震中受伤而不得不截肢以保全生命的独特个体生命来说，则是一个慢慢从社会关注与帮助的聚焦点，转变为不再被聚焦而不得不重归日常化生活的七年；同时，也是他们折断翅膀而成为残翼，并重新以残翼学会飞翔的七年！

七年过去了，5·12地震中受伤而截肢的成百上千的"新残疾人"群体，他们大多早已不再是媒体聚焦的对象，也不再是社会关注的中心。七年来，他们经历了哪些鲜为人知的人生历程？他们是如何带着不完整的躯体以及经历创伤的心灵演绎自己的全新人生的？他们到底是如何走过这七年的磨炼的？他们现在的生活状态如何？他们对生命、人生的理解与感悟如何？

对这些问题进行了解，并不只是出于对这些特殊生命的好奇，更重要的是，一方面我们不应该忘记这个庞大而独特的生命群体，并以为他们就像"没事"一样地自在地生活着；另一方面，也是要借此对照，让我们这些"正常""健全"的生命个体能够自我觉察我们面对现实世界的生活态度与生命立场——因为，他人的生命故事，尤其是独特生命个体的生命故事，是我们接受生命教育的最好资源；因为，七年的时光，他们中的每一位人，无论是过着普通人的生活，还是经过挫折与逆境的考验后再次创造了生命的奇迹、超越了自己的人生，都是值得我们敬佩与学习的。

挖掘独特的生命故事，传播积极的生命能量，学习平凡的生命典范。这便是本实践项目的根本主旨。

2.最好的生命教育教材是真实的生命本身，而不是关于生命的知识

本实践项目的生命教育性质和生命教育理念决定了，本实践项目的根本意义就在于生命教育的实现。具体来说，这种生命教育的实现包括几个层面：

首先，通过对这些逆境中再超越的生命故事的挖掘，可以在一般意义上为我们这个时代和社会树立起一群值得我们学习的平凡的生命典范。在当下浮躁与功利的社会氛围中，很多人错误地理解自己生命的价值，他们不珍惜

身边的美好与关爱，不去正视、领悟生命的意义，往往轻言放弃，重创之后一蹶不振甚至轻生。这些负能量在人与人之间相互影响、传递，以至于人们往往只有在天灾人祸发生后，才会叹息世事的无常与生命的脆弱，才会对于"生命"这一词的意义有一点点不一样的看法，但是随着时间的流逝却又很快忘却。而这些平凡的典范生命的生命故事，作为当下存在的生命现象、生活常态，必将对我们产生实实在在、真真切切的生命冲击。

其次，作为传媒学院的学子，我们有义务传播生命正能量，而这些受访者的生命故事恰恰给我们提供了这样的传播内容。本实践项目采访以黄莉、代国宏、廖智等为代表的七位灾后残障青年，希望通过他们七位在震后七年的生命历程成长的活生生的当下生命经历，了解他们在面对灾难所造成的身体上的残缺时，是如何克服生活上的障碍，如何走出地震所带来的阴影，如何重新建立起对生活的信心，以及如何让自己的生命重现辉煌的；希望将这些身残志坚的青年们在这七年来所经历的磨练以及他们的坚持、信念与成功，通过访谈的形式分享给大众。通过这些生命故事的传播与分享，传播生命正能量，给予大家心灵上的碰撞与感悟，让大家的生命得到成长与升华，让人们更加重视自己的生命意义，实现以生命影响生命的生命教育目标。

再次，本实践项目最直接的生命教育受益者，是我们团队的全体成员。作为实践项目的实施者，我们与这些生命典范面对面，不仅听他们讲述自己七年来的生命历程，而且最近距离地观察他们的现实生活状态，感受他们的生命状态，与他们同笑、同哭、同欢乐，这样直接的生命连接与碰撞，让我们每一个人的生命都受到最大的震撼和教育。

3. 生命教育需要开拓新课堂，走向生命聆听真实的生命故事

采访中，我们每一位师生无时无刻不深受感动。最让我们感动的，是每一位受访对象，他们现在的生活都安排得非常紧凑，但在同意我们的采访请求后，他们都是那么用心地记在心上。采访中，总是尽自己的最大努力去真实而全面地呈现自己这七年艰辛曲折而灿烂的人生历程，呈现他们当下的现实生活状态。同时我们也感受到，经历了生命中巨大丧失的他们，在经历了强烈的生死体悟获得新生后，内心里最坚定的信念，是对生命无限的热爱与敬畏，是对命运和他人、社会的感恩，并以此信念作为精神支撑，重新扬起

生命的船帆，拓展生命的高度、宽度与深度，做公益，创佳绩，让自己成为了爱的使者！

"无腿蛙王"代国宏：男，四川省北川县人，现服役于四川省体委残疾游泳队，任队长职务。四川地震让他失去双腿，曾经的他有一段时间不敢面对这一现实，但是内心的强大最终战胜了命运的残酷，经过不懈地坚持与努力，代国宏一举夺得了2010年全国残疾人游泳锦标赛百米蛙泳的冠军。他用自己的双臂不仅游出了一条崭新的人生之路，自己也变得越来越开朗和乐观，而且也想像一个正常人一样去追寻属于自己的幸福。今年12月，台湾公益团体全球快乐列车协会和周大观文教基金会将在台北为他举行盛大的订婚仪式，以彰显他超越困境的卓越人生。

"钢琴女孩"魏云露：女，四川省什邡县洛水镇人，现为成都某大学大二学生。7年前汶川地震发生时，还只是初一学生的她，在大灾难的发生瞬间，作为班长，第一反应是组织班级全体同学从三楼教室有序撤离，而走在最后的她，却被坍塌的教学楼压在了废墟下。在家人及救援人员的帮助下，魏云露的生命保住了，却失去了左小腿，这对于一个热爱钢琴艺术的女孩子来说，不能不说是对未来人生的重重的一击。但魏云露在忍受无数次医疗手术的同时，穿上假肢，坚强的站起来了，积极乐观的生活，用自己夏花般灿烂的阳光生命影响周围的同学。如今，她已是一位在校大学生了。

"水中精灵"张春梅：女，四川汶川县映秀镇人，现为四川省残疾人游泳队队员。在2008年的汶川地震中，当年只有11岁的张春梅，在映秀小学的废墟下被埋了整整68个小时后才被救出。虽然保住了生命，但她的双腿却未能保住。在全国残疾人游泳锦标赛中，张春梅参加SB6级100米蛙泳、S7级100米仰泳和50米自由泳项目，并取得优秀成绩。

"无腿舞者"廖智：女，四川省绵竹市汉旺镇舞蹈老师，现为某假肢公司代言人并且从事慈善。廖智在5·12地震中失去双腿和女儿，经救助康复后，克服困难，参与演出"鼓舞"，取得重大社会反响，之后又在家乡筹备了义演，用所得善款为家乡灾民捐款捐衣，回报社会，传递爱心。2013年4月雅安地震后，她奔赴抢险救灾一线当志愿者，戴着假肢送粮、送衣、送发电机、搭帐篷。

"新可乐男孩"杨彬：男，四川省北川贯岭乡人，现通过自主创业成为三家店的老板。5·12汶川特大地震时，18岁的杨彬还是北川七一职业中学的高三学生。当时他被压在只有一尺多高的空间里长达78个小时，获救后双腿截肢。因下手术台后一句"我要喝冰镇可乐"，而被网友亲切地称为"可乐男孩"。恢复后杨彬完成了自己的学业，也曾加入四川省残疾人网球队并在四川省残运会上拿到一枚铜牌，如今他通过自主创业当上了三家店的老板。"我以后还得成家立业，还得这个生儿育女，我要过上正常人的生活必须得努力；我要给我妻子一个很好很幸福的未来，我必须也得努力；我要让我家人过上幸福的生活，我更得努力。"

"中国好人"黄莉：女，四川省成都人，现为都江堰市"心启程"残疾人爱心服务站理事长。汶川特大地震导致她双腿高位截肢，左手截肢，脊髓损伤。她所建立的四川黄莉生命热线、黄莉爱心工作坊帮助许多残疾人重拾信心，让他们的生活充满阳光。此外，她曾荣获第三届四川省道德模范、四川依然美丽金熊猫奖、广州市杰出志愿者等荣誉称号，入选"中国好人榜"。

"自强母亲"杨兰：女，四川省都江堰人，现跟朋友合伙开了旅游店和一家奶茶店。在汶川特大地震中，杨兰为救一孕妇致双大腿高位截肢，丈夫因救战友英勇献身，只留下三岁的女儿与自己相依为命。但现在她不仅找到了自己的人生新方向，还重新建立了一个和睦的家庭，再育一儿子，一家幸福美满。

4. 生命教育实践，在聆听生命叙事中接受教育

这次社会实践所访谈的每一位生命典范，他们的生命故事都是如此动人，如此感人。他们以他们自身的生命状态、生命信念、生命体悟，感动着我们、影响着我们、引领着我们、教育着我们。

学生感悟分享：

……在前往四川之前，从未亲密接触过地震的亲历者，更多的是从电视或网络上得知他们的经历，很难想象一个经历了生死考验的人是什么样的形象。在前往四川的漫长旅途中，我一遍又一遍地在脑海中构建我想象中的他们。可当我初次见到他们时，才发现一个有血有肉的人是很难想象出来的，他们身上所蕴含着的坦然与豁达，似乎与地震的阴影没有一丝联系。但是他

们的笑容中，我也看到了那些经历对他们生命旅程的影响。我记得国宏哥平静地告诉我们，他是他们班级中伤的最重的两个人中的一个，他说这句话时，脸上始终是一种超脱的平静，仿佛命运的不公从未降临到他身上。肖申克用二十年从冤屈中领悟到救赎的真谛，是彻底肯定生活中的不公、荒诞。但国宏哥只用了七年，或许连七年都不用就完成了对生命的救赎，开启了全新的生命旅程。

　　……这七天让我通过这些生命深深地了解到，有时候经历痛苦和磨难的生命反而能得到完美的蜕变和成长，释放更加夺目的奇光异彩。现在不乏一些人总是忽略身边的美好与关爱，不去正视、领悟生命的意义；也有人遭遇挫折就轻言放弃，重创之后一蹶不振甚至轻生。是这 4 位生命的典范让我对于自己生命的意义与价值有了重新的认识并且在生活中学会"好好活"，让自己的生命过得更有意义。更重要的是，通过他们的故事让我对于自己目前的生活更加感恩与知足。其实，"生命"是需要一个很漫长努力的过程才能赋予其价值与意义。所以我们应该重视自己的生命，不能轻言放弃任何一件你正在做或者是你想要去实现的事情。更要尊重生命，珍惜生命，敬畏生命；珍惜现在的亲情、友情、爱情；积极热爱我们现在生活，好好活，让自己的生命过得更有意义。

　　……六天以来，给我带来最大震撼、留下最深刻印象的不是他们的经历，而是他们脸上从未消逝的笑容。不经历风雨，怎么见彩虹。然而却不是所有人都能挺过风雨的摧残和打击的。可是从他们身上，我不仅看见了生命的顽强，也看见了乐观的力量。从他们的生命故事中我体会到，有时候，经历过痛苦和磨难，生命反而能得到完美的蜕变和成长，释放更加夺目的奇光异彩。正如我们小队的名字一样："残翼－飞翔"——也许命运中偶然的暴风雨会折断我们的翅膀，但生命有可能因此得到成长，只要我们怀着对生命的乐观与热忱坚持下去，终有一天我们会发现：残翼也能飞翔。

　　……相信很多人都跟我有一样的想法，就是残疾人跟我们太远了。就算我们路上看到残疾人乞讨什么的也不会有过多的怜悯之心，甚至还会像看到怪物一样去躲避他们。我们经常看到一些慈善协会关爱残疾人。可在我参加这个实践之前，我都是抱着关我什么事的态度。不过经过这次的暑期社会实践，我明白了，他们作为弱势群体是需要我们去关爱的，他们并不是与我们毫无相关的。例如黄莉阿姨说的，她之前健全的时候看到残疾人与我们的想法也不会差太多，但当自己变成残疾人后，那种渴望被关爱，被认同的感受就强烈了许多。所以她现在就在致力于做慈善活动以及各种可以传递我们的爱的活动。的确，我们应该去关爱他人，特别是残疾人士，他们更需要我们的关爱。

……暑期实践的生活略有艰苦，我们在实践的过程中都是两三个人挤在一张床上面，每天都要早早的起床，然后搭几个小时的公交车到达我们的目的地。在联系一些我们想要采访的人当中不免有很多人拒绝，他们害怕回忆其当年地震时的情景，这恰恰证明了地震是多么的可怕，但是我们毕竟还是要前进。第一天去拍地震遗址的时候，天空下起的蒙蒙细雨，这对拍摄造成了不小的影响，但是我们迎难而上，打着伞，踏着雨，缓缓前行，拍摄下一路的遗址，我感觉到我们拍摄的不仅仅是遗址，更是当年在地震中活下来的人们的坚强。就像那从裂缝中长出的小草，生命中无不透露着坚韧与对生命的渴望。

……采访，吃饭，整理，总结，休息，成为了我们的主线，我们采访，整理，目的是让这次实践更完美，能够把成果分享出去，让更多的人感受到来自黄莉，杨兰，杨彬等被采访者身上的力量，将生命的意义传递出去！社会需要这些正能量的传播！所以我们真的感觉到这次活动的意义重大！

……七年弹指间，透过他们的故事，我懂得了一个道理：人生中，没有什么不能够失去，同样的，也没有什么必须得到，从而赢得心灵的宁静。

礼乐体验与生命触动

—— "绍兴幸福人生" 的儒学生命教育实践探索

题记："绍兴幸福人生"是由绍兴企业家自发组织开展的免费民间教育活动，其主旨是通过传统文化的学习与实践，让我们获得和谐的生命、和谐的家庭，进而构建和谐的社会。何仁富、汪丽华两位参加幸福人生的学习后，感受到其无比强烈的生命教育意义，后又多次作为义工参加此项活动的服务及课程解读。今整理我们所见所闻，成此篇独特的生命教育实践报告，以展示民间和社会的生命教育行动的一个侧面。

生命教育是全民终身教育。事实上，在目前中国，除了广大的学校在开展生命教育外，很多民间机构，也以传统文化为基本载体，推动社会生命教育的发展。"绍兴幸福人生"就是这样一个生命教育平台。作为这个平台的学员和长期义工，我对"绍兴幸福人生"所开展的生命教育做了一些梳理与概括，以管窥中国社会生命教育事业的发展，同时也可以和我们在校内开展的生命文化育人及生命教育实践做一些对比和结合。

一、一个给人温暖的家

"绍兴幸福人生"作为一个民间课程，已经成为绍兴的一张文化名牌。

说它是一个学校，它不具备作为学校的一些基本资质和条件，可是它又每个月都有来自全国各地的上百位的学员在这里学习。

说它是个慈善公益组织，它不具备慈善公益组织所要求的一些资质和条件，可是它又每月都会组织上百人到若干敬老院去为老人服务，而且，它所开出的所有课程都是全部免费的，不仅学习全部免费，在这里学习的学员吃住也是全部免费的。

"绍兴幸福人生"自称只是一个"课程",甚至直接就叫做"绍兴幸福人生课程"。但是,参加过"绍兴幸福人生"的人们的第一个感觉是,它是一个"家",而且是一个温暖的家。在这个"家"里,每个人都是家人,人们也以"家人"自称。

在其2014年才开通的"绍兴幸福人生"网站中,是这样自我介绍的:

绍兴"幸福人生"公益活动(简称"绍兴幸福人生")是为响应党中央与绍兴市委的号召,为满足百姓的美德欲求与自我教育的良好愿望,在政府相关部门支持下,由民间爱心人士自发举办的致力于弘扬中华统文化、提升市民道德素质的系列公益活动。

绍兴"幸福人生"在"弘扬中华文化,做有道德的人"这一主题指导下,以"和谐家庭·幸福人生"为根本宗旨,以《弟子规》《孝经》等中华传统经典为精神支撑,以中华优秀传统美德教育为思想内涵,开设"幸福人生"讲座、女德讲座、原始点医学讲座、企业家论坛以及经典读诵班、义工化性班、暑期亲子班等系列讲座与班级,采用视频教学、老师专家授课、敬老院道德实践、新老学员互动分享、志愿者力行、企业现场改善、举办义工传统文化婚礼、和谐社区示范园建设等丰富多彩的形式,以良好的活动秩序,互动共鸣的热烈气氛,"尊道贵德、知行合一"的实践效果,曾使数千市民在重新认识传统文化、学习传统美德中深受教育、启迪和熏陶,也使不少思想困惑、精神萎靡、甚至准备违法犯罪者迷途知返、幡然醒悟、精神振奋、理想高扬。

几年来,一个个生动感人的事例告诉我们,绍兴"幸福人生"是谁参加谁受益,早参加早受益,坏人会变好,好人变更好的公益活动,它不仅提升人民的中华传统文化修养,也以大家喜闻乐见的形式把社会主义核心价值,把中华优秀传统美德深入到人民日常生活中,深入到每个人心中,有力地促进了人的身心和谐、家庭和谐与社会和谐,为实现中国梦的美好蓝图增添了浓墨重彩的一笔。

本公益活动的讲课老师们及工作人员全部是志愿者,不收取任何报酬,不接收任何礼品馈赠。参加学员也不需要支付课程、资料、食宿费用，全部开支均由爱心企业和人士捐赠。

"绍兴幸福人生"创办于2010年。"第1期绍兴幸福人生公益讲座"从2010年2月20（庚寅年正月初七日）开始举办，人数80人，封闭方式，为期3天整。从第4期开始，举办时间调整为4天整。参加人数不断增加，最多达到250人。目前人数控制在180人左右。从第4期开始，增加去敬老院爱心服务实践力行环节，把学员分5-6个组，同时去5-6个敬老院为老年人服务，按摩、洗漱、理发、剃须、表演。目前已与6个敬老院建立起长期义务服务关系，这些敬老院成为了幸福人生的实践基地。截止2014年3月份，幸福人生公益活动已经举办了35期。

五年来，"绍兴幸福人生"从最初几个月一期，发展到现在每月多种课程并行；从最初只有"幸福人生"一种课程，发展到现在，已经有"幸福人生""女德""原始点医学""经典诵读"等多种课程；从最初临时租借宾馆的流浪式开课，发展到现在，已经有了自己长期租用的"万缘山庄"作为自己固定的"家"；从最初只是绍兴特别是柯桥附近的少部分人参与，发展到现在，已经是全国10多个省市都有成员参与学习和做义工；从最初完全靠学员的口碑传颂推荐学员参加学习和做义工，发展到现在，开办了自己的网站……"绍兴幸福人生"已经由一个婴儿长大为一个成人。

说"绍兴幸福人生"是一个"家"，是因为，它给人家的亲切、家的自然、家的温暖。在这个"家"里，每一个人，不管是学员还是义工，彼此脸上都充满了微笑，见面都会鞠躬，彼此都没有利害纠葛。每一个遇到困难的成员，都会得到其他家人的关爱。在这里做义工的人们，不仅真诚地"全心全意为人民服务"，而且还为所有来学习的学员们提供可口的饭菜，干净舒适的住处，极为周到细致的服务。学员来到这里，就像回到自己的家！

说"绍兴幸福人生"是一个"家"，是因为，它不仅给在这里学习的人和服务的人以家的温暖和家的亲切，而且还因为，它给所有来这里的人营造了一个足以安身立命的精神家园。人们在这里学习《弟子规》《孝经》《论语》等中华传统经典，接受传统智慧的熏陶；人们在这里按照儒家传统的礼乐方式生活,相互友善、和乐;人们在这里相互分享自己生命成长的故事,特别分享自己过去生命的过错和通过学习改过的心得。

二、以儒家思想为核心的课程内容

"绍兴幸福人生"的课程,一般是每期连续五天四夜。周三中午报到,下午开始上课。每天早上、上午、下午和晚上都分别安排有相应的课程。周日下午3点左右结束。

课程安排包括早操、读经、观看视频课程、电影课、音乐课、力行、学员分享等内容。

"早操"为健身气功"八段锦"。每天早上起床后集合,在辅导老师带领下做早操。

"读经"主要是诵读《弟子规》和《孝经》。每天早上早操结束后,学员分组排队进入教室,轮流诵读《弟子规》和《孝经》。

"视频课程"是"绍兴幸福人生"课程的主题内容。视频课程所使用的视频是经过精心挑选的。视频课程的选择主要是中国儒家教育所重视的相关内容,包括仁、孝、礼、义、智等相关主题。一般来说,每期课程的主题大致相同,基本的设计和顺序也大致相同。所有视频课程都具有一个共同特点,讲者不以理论取胜,而是以自己的生命体悟、生命感受、生命改变,来印证传统文化的作用力和生命力。因此,视频课程大多是言教和身教的结合,而不只是讲道理。主要包括:

(1)国家领导人最新的关于重视学习中国传统文化的讲话视频。一般比较短。开学典礼上会首先播放。主要是为整个课程学习树立一个标杆,确立一种信念和精神。

(2)家和万事兴。以对儒家传统注重的五伦关系的分析为着力点,强调家庭成员中的相互敬爱的重要性和具体方法,体现课程的核心主题和目标"和谐家庭"。

(3)百善孝为先。以对善德的理解、体会为切入点,从经典和现实两个方面分享孝道对于个人生命、家庭关系、社会发展的重大意义,体现课程的核心主题和目标"幸福人生"。

（4）伤身伤德伤命的根本症状。以现实生活中的众多事例为切入点，分析和探讨违背五伦八德所导致的伤害自己身体、生命的恶果，从反面事例进行正面教育。

（5）新世纪健康饮食。以人们日常饮食为切入点，从医学、环保、生理、伦理、心理、性理等多个维度分析不健康饮食的严重后果，倡导以素食为主的健康饮食观念。

（6）礼在人际关系中的运用。分析和展示礼在人际关系中的实际运用，强调恭敬待人、以礼待人的重要性和现实意义。

（7）常礼举要。学习日常生活不同方面的礼的要求和规定。

（8）我被十三所学校开除。以一个初中都未读完却被十三所学校开除的"坏小子"最后通过学习传统文化而成为一个好青年和专职义工的个人生命经历，展示人性向善的本性和"人是可以教好的"这样一种传统文化的教育魅力。

（9）用爱心陪伴孩子。以一个小学教师的经验和体会，展现在青少年教育中如何尊重人性，如何呈现爱心，如何陪伴孩子，是对儒家教育理念、教育理想的集中呈现。

（10）做孩子一生的贵人。以妈妈教育孩子的经历展现家庭教育的重要性，同时探讨现代家庭教育的缺失和面临的问题。

（11）齐家治国女德为要。探讨女性、女人在家庭教育、孩子成长、家族兴衰方面的重要角色地位，强调女人自己的生命成长和德性成长对于自己和家人、家族、社会的重要性。

（12）我怎样做亿万富翁的太太。以一位只有小学文化却成为亿万富翁的太太的视角和经历，阐释自己作为媳妇、妻子、母亲、女儿不同角色，在学习传统文化前后的变化，展现传统文化影响下的德性成长。

（13）力行弟子规经验分享。以一位企业家的视野，展示自己如何将《弟子规》的精神用于拯救自己的生命，用于管理自己的企业。

"电影课"是通过观看电影激发人的善心。一般是安排一个晚上观看《暖春》。

"音乐课"是通过音乐教化人。一般是一个晚上，由靳雅佳老师讲解"移风易俗莫善于乐"。

"力行"是一个半天的实践课程,力行弟子规。组织全体学员,分别到多个敬老院,为老人理发、洗脚、修指甲、按摩、表演节目、送水果礼物等等。

"学员分享"是通过学员分享自己的学习心得、生命体会,达到"以生命影响生命"、"以生命感化生命"的生命教育目的。学员分享有三种形式,一是每天晚上学习结束后,以小组为单位,在辅导员老师带领下,在寝室里分享;二是上课期间安排恰当时机,特别是力行结束后的上课时间,学员自愿上台在大会分享;三是最后一天下午闭幕式期间,由各小组推荐,组委会选择几位学员在大会分享。

应该说,整个"绍兴幸福人生"课程的安排,不管是内容的选择,顺序的安排,还是形式的多样化,都体现了儒家关于人性、人格、人伦、人道、礼乐以及生命教育的重要思想和观念,比如对孝道的重视,对家庭的重视,对人性善的强调,对教育的重视等等;同时,将这样一些核心思想内容通过一个个鲜活的生命事例呈现出来,达到"润物细无声"的教化效果。

三、以儒家礼乐为核心的教学安排

"绍兴幸福人生"课程安排和教学环节,特别注重儒家的礼乐教化精神。"礼"和"乐"不仅作为专门的课程被纳入教学中,更重要的是,贯穿于整个学习期间的各个环节。

就"礼"而言,从学员报到开始,礼就在每一个学员面前被直接呈现出来,每一个学员到达报到地点时,在宾馆门口便有一排穿戴着传统服装的义工向您深深鞠躬,同时伴随"欢迎老师"的亲切问候。初来的学员往往会被这"突如其来"的恭敬的礼所震撼,感觉到很不习惯。

不仅在学员报到之初被"礼"所包围,在整个学习生活期间,礼无处不在。

早上辅导员到学员住房门外叫醒学员时,是躬身行礼,轻声敲门,并致以问候:"老师,昨天晚上休息的好吗?请起床了,……时间到……地方集合做早操。"当学员陆续从寝室到达场地时,他们会发现,义工们,特别是各组的辅导员义工已经整齐排队迎候他们。而且,不管前来的是一个学员还是一批学员,他们都会享受到所有在场义工老师的整齐鞠躬和问候:"老师,早上好！"

平时在路上，遇见义工，也会给您亲切的微笑和谦卑的鞠躬。下课后，在教室门外，在餐厅门前，都会有排列整齐的义工向路过的学员鞠躬问候："老师，用餐愉快！"取餐时，随着整齐的排队前行，义工会鞠躬将餐盘送到每一个人手中。

当然，礼的运用更重要的是在课堂上。除了有一堂特别的《礼在人际关系中的运用》的课程外，上课的每一天和每一个环节都充满着礼的运用。主要的礼有如下一些：

（一）开课礼，主要包括：

（1）升国旗、奏国歌。

（2）国家领导人授课讲话。（视频）

（3）主持人介绍幸福人生课程性质、目标、主旨等。

（4）宣读大会温馨提示。

（5）介绍所有辅导员义工。

（6）习礼：教学员行礼。

（二）上课礼，主要包括：

（1）主持人请大家"轻身起立"。

（2）端身正意，向大成至圣先师孔老夫子行三鞠躬礼。

（3）向父母问好。（一鞠躬）

（4）向老师问好。（一鞠躬）

（5）礼毕，谢谢。轻身就坐。（主持人给学员一鞠躬，学员还礼）

（三）下课礼，主要包括：

（1）主持人请大家"轻身起立"。

（2）端身正意，向大成至圣先师孔老夫子行三鞠躬礼。

（3）向父母致谢。（一鞠躬）

（4）向老师致谢。（一鞠躬）

（5）恭诵感恩词。内容是："感谢父母养育之恩，感谢老师辛勤教导，感谢国家培养护佑，感谢同学关心帮助，感谢农夫辛勤劳作，感谢大众信任支持。"

（6）礼毕，谢谢。恭祝大家用餐愉快！（主持人给学员一鞠躬，学员还礼）

（7）轻身就坐。然后依据分组，逐次放行离开教室。

（四）晚间课程结束礼，主要包括：

（1）主持人请大家"轻身起立"。

（2）共同恭颂"感恩与祈盼"。内容如下："感恩与祈盼：让我们以至诚的心，感恩祖先的福荫，国家的护佑；感谢父母的哺育，老师的教诲；感谢社会的支持，大众的帮助。让我们共同祈盼：师长、老师，身心安康；父母、亲人及所有的人，消灾免难，四季吉祥；班级各位同仁，及全球各族同胞，德日进，过日少，身心安乐！普愿：天下和顺，日月清明；灾厉不起，兵戈无用；崇德兴仁，务修礼让；家和人乐，各得其所！"

（3）端身正意，向大成至圣先师孔老夫子行三鞠躬礼。

（4）向父母致谢。（一鞠躬）

（5）向老师致谢。（一鞠躬）

（6）礼毕，谢谢。恭祝夜梦吉祥！（主持人给学员一鞠躬，学员还礼）

（7）轻身就坐。然后依据分组，逐次放行离开教室。

（五）闭幕礼，主要包括：

（1）播放该期幸福人生集锦。（视频或者图片花絮）

（2）义工表演手语舞《跪羊图》。

（3）该期幸福人生总结。

（4）所有各组别义工集体上台向全体学员行三鞠躬礼。

（5）行结束礼：

（5-1）主持人请大家"轻身起立"。

（5-2）端身正意，向大成至圣先师孔老夫子行三鞠躬礼。

（5-3）向父母致谢。（一鞠躬）

（5-4）向老师致谢。（一鞠躬）

（5-5）恭诵感恩词。（一鞠躬）

（5-6）礼毕，谢谢。恭祝一路平安！（主持人给学员一鞠躬，学员还礼）

（5-7）轻身就坐。依次放行离开教室。

（6）恭送学员老师礼物。（由会务组织者在教室门口依次给即将离别的学员每人发放礼物，包括合影照片、弟子规及其他相关书籍、光碟，甚至还有一个象征圆满平安的洗的干干净净的苹果。）

（7）恭送学员老师返家。（各组别义工老师提前手举写有中国传统智慧语句的牌子——大多数《论语》中孔子的话语——站在学员们离开的沿途两边，见有人路过离开，即行鞠躬礼，并亲切问候"一路平安"！）

所有在幸福人生学习的学员在几天的学习和生活中，随时都生活在礼的熏陶当中。很多学员一开始不习惯鞠躬，觉得鞠躬不自在。但是，随着学习的深入，自己慢慢也被礼所感染，见面不鞠躬，反而不自在了。这便是礼的教化作用。

绍兴幸福人生不仅善用"礼"教，而且也善用"乐"教。

《移风易俗莫善于乐》是绍兴幸福人生课程每期必有的一堂乐教课。该课程是靳雅佳老师在企业家道德论坛现场授课的视频。该课程一方面基于《礼记·乐记》的思想，将音乐分为"善乐"和"恶乐"。"善乐"是能启发人的善心、善行（孝心、爱心、感恩心、恭敬心）的音乐；"恶乐"是靡靡之音，让人产生欲望、使人躁动、颓废、憔悴。在此基础上，强调德音雅乐对于人性熏陶的积极意义。课程最主要的内容是教师歌唱所选定的"善乐"，同时以生命故事、生命叙事来呈现对歌词内容的理解。所选歌曲，侧重歌颂家庭和谐、社会和谐、身心安乐的主题。重要歌曲包括:《生命之河》《感恩一切》《小草》《我和我的祖国》《好一个乖宝宝》《丈夫你辛苦了》《妻子你辛苦了》《婆婆也是妈》《孝敬父母》《父亲》《母亲》《跪羊图》《爱的真谛》《儿行千里》等等。这堂音乐课所达到的感人效果，超过一般人的想象，让人印象深刻，深受教育。

幸福人生课程的乐教不仅体现在专门的音乐课上，更体现在课堂内外随时的音乐浸润。课前课后，教室里都播放着热爱生命、孝亲敬人的"善乐"。其中有三首歌是按照课程节奏安排在课件中反复播放或者专门运用的。

在课程的前两天，课间反复播放的是《感恩一切》，同时利用课间休息时间，义工或者主持人教授大家歌曲的手语动作，大家一边听歌、一边唱歌、一边舞歌，在身心投入的状态，自然而然强化了内在心性的感恩意识。

《感恩一切》这首歌，旋律优美，曲调流畅。第一段歌词表现的是我们要感恩大自然赋予我们的一切，水、花朵、白云、阳光都要感恩。第二段歌词表现的是我们要感恩一切人，感恩父母，感恩老师，感恩帮助我们的人，更要感恩伤害我们的人，因为他磨炼了我们的心志；感恩欺骗我们的人，因为他增长了我们的智慧；感恩抛弃我们的人，因为他教我们学会自立。歌词如下："感恩每一滴水珠，它把我来滋养；感恩每一枝花朵，它带给我芬芳；感恩每一朵白云，编织我的梦想；感恩每一缕阳光，托起我的希望。感恩哪感恩，感恩的心儿多么虔诚；感恩哪感恩，感恩的歌儿用心吟唱。感恩亲爱的父母，给予了我生命；感恩敬爱的老师，教会了我成长；感恩帮助过我的人，使我感受善良；感恩伤害过我的人，让我学会坚强。感恩哪感恩，感恩的心儿多么虔诚；感恩哪感恩，感恩的歌儿用心吟唱。"

《生命之河》是在《移风易俗莫善于乐》的音乐课后课间主要播放的歌曲。这首歌歌词简单而深刻，旋律优美易学，配以手语动作，让大家对生命有了更深切的理解和感悟。歌词如下："生命的河，喜乐的河，缓缓流过我的心窝；生命的河，喜乐的河，缓缓流过我的心窝。我要唱那一首歌，唱一首天上的歌；天上的乌云，心里的忧伤，全都洒落。啊，天上的乌云，心里的忧伤，全都洒落。"对生命的喜乐的肯定，对应的恰恰是儒家对人性善的理解；对乌云、忧伤的洒落，恰恰对应儒家的修养工夫；而生命之"河"的意象，恰恰对应着儒家对人伦、人文生命的理解。所以，讲者借着对这首歌的解读，同时在进行着具有儒学底蕴和特色的生命教育。

《跪羊图》这首歌则是绍兴幸福人生义工在最后的闭幕式上呈献给全体学员的保留节目，它的出现将几天学习的成果推向了高峰。《跪羊图》是一首佛教歌曲，教化世人知感恩行孝道，由台湾知名音乐家李子恒创作。歌曲在网上广为传唱，反响很大，有的网友第一次听到时就不由得流下眼泪。歌曲曲调清新，童音澄澈，女声清脆，加之男声和唱，令人内心宁静，同时又有至诚至真的感动缓缓流动。加之视频配以感人的图片，更加强化了这种感受。在每期课程学习期间，义工会利用晚上的间歇抓紧排练这首歌的手语舞。在最后一天下午的闭幕式上，义工们在台上为所有学员表演这首歌的手语舞蹈。由于经过几天的学习，大家的情感和心性已经得到强化和升华，因此对歌的感受和理解也更加充分，因此很快就将每个人的情感调动了起来。而在歌曲表演的最后，表演者以下跪的方式来表达歌曲的"给双亲一声感恩您"的主题，更是将全场气氛和情感推到最高峰，大多数在场人员都会忍不住用泪水来表达自己的情感、洗涤自己的心灵。

《跪羊图》这首歌的歌词有"唱"和"念"的区分，为了避免宗教因素，主持者特意将其中两句带有佛教色彩的歌词改为儒家内容。歌词如下：

唱：古圣先贤孝为宗，万善之门孝为基；礼敬尊亲如圣贤（原词为"活佛"），成就生命大意义。父母恩德重如山，知恩报恩不忘本；做人饮水要思源，才不愧对父母恩。

念：天地重孝孝当先，一个孝字全家安；孝是人道第一步，孝顺子弟必明贤。

唱：小羊跪哺，闭目吮母液；感念母恩，受乳恭身体；膝落地，姿态如敬礼；小羊儿，天性有道理。

念：尽心竭力孝父母，孝亲亲责莫回言；诸事不顺因不孝，怎知孝能感动天。

唱：人间孝道及时莫迟疑，一朝羽丰反哺莫遗弃；父身病，是为子劳成疾；母心忧，是忧儿未成器；多少浮云游子梦，奔波前程远乡里；父母倚窗扉，苦盼子女的消息；多少风霜的累积，双亲容颜已渐老；莫到忏悔时，未能报答父母恩。

念：福禄皆由孝字得，孝顺父母如敬天。处世为有孝力大，孝能感动地和天。积德行善也是孝，孝顺家风代代传（原词是"孝仗佛力超九天"）。

唱：多少浮云游子梦，奔波前程远乡里；父母倚窗扉，苦盼子女的消息；多少风霜的累积，双亲容颜已渐老；莫到忏悔时，未能报答父母恩。为人子女，饮水要思源；圆满生命，尽孝无愧意。儿女心，无论在何地，给双亲一声感恩您，给双亲一声感恩您。

四、以儒家教化为核心的情境设计

儒家教化在教学方式上，特别强调身教重于言教，强调教育者"以身作则"，以榜样的力量来影响受教育者。用生命教育的话语说，便是以生命影响生命。另一方面，儒家教化也特别强调环境、情境对人的影响，强调通过环境、情境的设计，达到"润物细无声"的教化效果。绍兴幸福人生在这方面深得儒家教育智慧，并在实践中将这一点发挥到了极致。

就环境而言，即使在最初条件极为艰苦的情况下，即使是在临时租用山庄或者宾馆，绍兴幸福人生也极为重视环境的教化作用的设计。这种设计主要体现在：在教室正前方挂孔子像，在教室两侧及后墙，挂各种源于儒家经典的做人修为的标语。这样的教室环境设计，是绍兴幸福人生一直延续的传统。

2013 年，绍兴幸福人生长期租用了一家规模较小的山庄，有了自己真正的"家"，这种环境设计更被运用到这个山庄的各个角落。2013 年 11 月 21 日，绍兴幸福人生孔子像正式落成，让这个温暖的家有了更为神圣的意义。

而在身教方面，绍兴幸福人生则是做到了极致。在绍兴幸福人生的生命教育教学体系中，身教主要体现在两个方面，一方面是视频课程的选择，趋向于选择讲者以自己生命的体悟和改变来印证自己所讲授内容的视频课程，因此，学员在听课时不会觉得抽象枯燥，也不会觉得隔离无关，所以能够达到较好的教学效果。另一方面，也是绍兴幸福人生身教最为成功的一个方面，是其义工团队的以身作则和榜样示范。

绍兴幸福人生课程，每期都有来自全国各地的近 200 位学员参加学习，有时更多。

整个学习期间，学员的学习、用餐、休息，都是由义工团队负责的。义工分为四个团队：

一是直接负责学员学习的"辅导员团队"。该团队由文化层次较高、具有较好的组织能力的义工组成。学员按照"男女有别"分别分组，一般每组成员 10 人左右，每个学员小组配有一位同性别辅导员。学员小组的命名完全依照儒家基本德性，根据人数多少，按照孝、悌、忠、信、礼、义、廉、耻、仁、爱、和、平、温、良、恭、俭、让的顺序依次编组。辅导员全权负责学员的学习安排和引导。早上要到寝室叫早，然后到操场迎接学员，然后一起做早操，然后带队到教室读经、上课、用餐。在学员坐在座位上听课期间，辅导员都是站在教室的边沿，一是观察学员学习状况，对相关状况随时做出应急处理，一是给学员以实在的影响。晚上下课后，辅导员还要组织自己小组成员开展小组成员的生命分享。辅导员还要负责课间休息时的水果、开水等的准备。

二是负责学员休息环境的"房务组团队"。该团队主要负责学员上课期间，整理学员房间内务，打扫卫生，保证学员可以在条件许可下的最干净、最理想的状态下休息和生活。同时，房务组义工还负责在学员下课后，向去用餐或者休息的学员行礼问候。

三是负责学员和员工用餐的"厨房组团队"。该团队负责一日三餐的准备，包括买菜、做菜做饭、分餐、洗刷餐具等等。

四是负责拍摄记录学员和义工学习和工作的"宣传组团队"。该团队往往只有一两个人，负责整个学习期间的标语、照片拍摄、花絮制作等等。

各个义工团队有自己的组长，整个义工团队在组委会的组织下，精心准备，认真服务，任劳任怨，将"仁爱""智慧""无私"等生命品质做了身体力行的阐释。学员在学习期间不仅学到了课程中的内容，更体会到了义工的无微不至的关怀关爱，也从义工老师身上看到了人性的善良和人与人的温暖。这种教化是"此时无声胜有声"的。

绍兴幸福人生对教化情境的重视，还体现在他们对各个细节的认真态度上。比如，为每位学员准备了胸牌，上面印有自己的姓名、组别、寝室号、组长姓名；为学习结束回家的学员每人准备一个苹果；准备必备的常用药品；准备茶叶、菊花、姜糖水等；甚至为听课过程中犯困的学员提供风油精，为听课过程中感动流泪的学员递上纸巾……这些细节都可以达到教化的效果。

在给学员的"温馨提示"中，组织者还就各方面需要注意的事项给予了详细亲切的解释、说明和提醒。比如：

（一）报到、入住须知

（1）为了更好地为大家服务，我们对参会老师进行了分组，每组设有一名辅导员，您在会议期间遇到的一切学习和生活问题都可以找辅导员咨询解决。

（2）因参会学员人数较多，我们每个房间安排多位老师同住，建议大家推荐一位寝室长配合辅导员的工作，负责提醒起床、就寝及每天配带胸卡、资料袋、水杯和按时集合；我们每个房间都只有一张房卡，所以请持有房卡的老师在您不能及时回房时，请与您的室友联系。

（3）在会议期间，请大家勿忘佩戴胸卡，胸卡上填写着您的姓名、组别、房间号、辅导员姓名与电话，以便于您需要时查看。在会议结束前，我们会提醒您将胸卡交给辅导员，以便再次使用，卡芯您可以留作纪念。

（4）为了保障大家的健康,对于有特殊病史的老师（如有高血压、心脏病、过敏病等），请将您的健康状况提前告知本组辅导员，以便在应急时我们能够提供及时救助；我们特备了一些常用药品，会议期间如有感冒、发烧或其他不适请随时与辅导员联系，及时就诊。

（5）吹风机、指甲刀、针线包等各类公用物品，可在辅导员处领用，并请在使用后及时归还以方便其他人使用。

（6）以上给诸位老师带来的不便恳请大家原谅。

（二）作息提醒

（1）清晨6：00由辅导员到各个房间提醒各位老师起床，请大家洗漱后在6：25分前带上资料袋到学院蓝球场集合晨练，您的辅导员老师会在那里举牌列队等您。

（2）晨练结束后，由辅导员举牌列队有序进入会场进行晨读。晨读结束后再列队进入餐厅早餐。早餐后7：50分在餐厅按组列队集合,排队进入会场。

（3）早上、中午、晚上上课集合入场时间，除寝室长提醒外，我们辅导员老师也会及时敲门提醒，请大家安心休息，听到提示后，请到餐厅在辅导员的引领下集合列队入场。

（4）各位老师平时都有各自的作息时间，恳请大家在这四天的学习生活中，按会议安排的作息时间起床、就餐、休息以及准时到达会场。中医养生理论提到，晚上9：00以后是身体修复、滋养五脏六腑的最佳时段，建议大家晚上 10∶00 准时熄灯睡觉，随顺大自然的规律，养成良好的作息习惯，您一定会身心愉悦，第二天会有更好的精力投入学习。

（三）就餐须知

（1）本次讲座期间餐厅为诸位老师准备的是新鲜美味的健康素食，请大家放心品尝。为了方便大家用餐，我们在餐厅设有自助餐台，每组老师都有固定的就餐区域，并且在整个会议期间保持不变，请诸位老师随辅导员的引领依次就座，排队打餐。

（2）俗话说"食不言、寝不语"，用餐时请大家尽量不要说话。"一粥一饭当思来之不易，半丝半缕恒念物力维艰"。请诸位老师就餐时按需取用，随时添加，避免浪费。

（四）会场须知

（1）为了大家更好地学习，会场内我们每天会安排轮换座位，请诸位老师每天按时集合，在辅导员的引领下有序进退场，并在每次离开会场时带好自己的学习用品。

（2）为了保证您和他人能专注听课，建议大家不带手机进入会场，如必须携带手机时，请在开课前将手机置于关闭或震动状态，以确保您能静下心来学习。就座和起身时请尽量避免座位发出碰撞声。（这一点在最近的幸福人生课堂改变了，学员报到便将手机交到辅导员手里保管，整个上课期间不能使用手机。组委会提供电话使用。）

（3）为了您和他人的健康和学习效果，听课期间请勿吸烟、吐痰、吃零食或随意走动。实在想吸烟的老师，课后请到会场外面通道处吸烟。

（4）为了诸位老师的营养需要，上午和下午课间休息时，我们特意为大家准备了水果和点心，敬请大家享用，但恳请诸位老师不要带入会场食用。

（5）听课现场请不要录音、拍照、摄像。由于会务组人力有限，我们无法提供课件拷贝、光盘刻录等服务工作，恳请各位老师给予谅解和支持！

（五）其他事项

（1）会议期间我们安排全体学员、老师和全体工作人员合影留念，请诸位老师随时关注辅导员的通知和引领。

（2）本次讲座学习安排紧张有序，原则上讲座期间请各位老师不要请假，待学习结束后再去处理其他事情，如访亲、会友、旅游，购物等，如有特殊情况请和辅导员说明情况。

（3）讲座旨在响应党和国家领导人的号召弘扬中华文化、共建和谐社会，教学内容以儒家伦理道德教育为主，结合现代企业和家庭，深入探讨如何经营幸福美满的人生。请大家不要携带和发放与本次会议无关的宣传资料（包括书籍、光盘、电子文档等）。

（4）讲座期间杜绝一切传销、传播宗教及利用本次会议收集商业信息、网罗人脉等和本次会议主题无关的行为。有宗教信仰的朋友，我们尊重您的个人信仰，在学习期间，恳请您在教学场所、宿舍避免与宗教有关的议论和行为，以免给其他老师造成不必要的误会。我们深信有您的理解和支持，我们一定能够共同营造和谐温馨的学习氛围。

（5）相信我们在工作中还有很多考虑不周或服务不到的地方，还请诸位老师多多原谅，同时真诚的欢迎您给我们提出宝贵的意见或建议，以便于我们不断改进、完善，更快地成长。您的支持与鼓励是我们前进的动力，让我们共同为中华传统文化的弘扬和中华民族的伟大复兴贡献更多的力量！

正是这些细节上的细心安排，情境上的真情设计，义工团队的榜样示范，才使得"绍兴幸福人生"公益课程得以逐步壮大并获得越来越多的人的认可、支持，也使得参加幸福人生课程学习的学员们人人受益、家家受用。

五、走向全人生命教育的幸福人生

从2010年2月第一期"绍兴幸福人生"开课，到目前为止，"绍兴幸福人生"已经走过了整整四个年头。经过众多爱心人士的不懈努力、探索、改进、提升，几经坎坷、几易场地，"绍兴幸福人生"已经不再只是一个单一的公益课程，而是一个以"绍兴幸福人生"为品牌的"系列公益活动"。其目前包含的内容，其丰富程度几乎囊括整个人的一生——从胎教开始，一直到生命终止前的临终关怀，已经发展为以儒家心性学为基础的"全人生命教育"。

"绍兴幸福人生"目前的主要活动包括：

（1）"幸福人生讲座"。这是典型的、最初意义上的"绍兴幸福人生"课程。目前是每个月一期，每期五天四夜，从周三中午开始，到周日下午结束。

（2）幸福人生"亲子班"。这是绍兴幸福人生公益讲座的姊妹篇，举办时间主要在每年暑期的两个月。父母与孩子一起学习，一起受教育。父母学习怎样做父母，孩子学习怎样做孩子。父母学习怎样尽慈道，孩子学习怎样尽孝道。

（3）原始点医学健康公益讲座（普及班）。这是以原始点医学为主要内容的身体健康公益课程。第1期于2012年10月17日举办，人数30多人，封闭方式，为期3天整。以后参加活动人数及时间不断增加，学员人数多时达到200多人，时间调整为5-6天，每月一期。目前录取人数控制在100人左右。到2014年3月止，原始点医学健康公益讲座（普及班）已成功举办了11期。

（4）原始点医学健康公益讲座（强化班）。强化班（或提升班）是在普及班的基础上开设的。第1期原始点医学健康公益讲座（强化班）于2013年7月24日—8月1日举办。每期至少5个月，每月学习10天(最初为8天)，含理论、手法、案例、实践、师资培训等内容。人数控制在20人左右。强调实战，一丝不苟。人人理论、手法都要通过考试，过关后，才算结业。到2014年3月止，已经举办了7期。

（5）幸福人生"女德"班。这是专门针对女性的幸福人生强化课程。2013年8月7日，第1期绍兴幸福人生"女德班"开始举办，为期6天整，人数控制在100人左右。每月一期。学期结束后，短信分组跟踪调查学习。到2014年3月止，已举办了6期活动。众多女子受益良多。

（6）"义工化性预备班"。是专为义工举办的以诵读王凤仪《化性谈》为主要内容的特别训练课程。2014年2月17-23日，开始举办第1期"义工化性预备班"，人数20人左右，为期5天，半封闭方式，连续读诵30-100遍以上《化性谈》。效果良好。从第2期开始，时间调整为10天，全封闭方式，每月至少一期，诵读《化性谈》160遍以上，终身不忘。

（7）经典诵读班。是以诵读儒家主要经典为内容的读书强化班。为达到终身不忘、终身受益的目的，所诵读的经典，每部至少诵读 50-100 遍。2014 年 3 月 19-29 日，第 1 期绍兴经典诵读"论语班"开始举办。为期 10 天，10-20 人左右，半封闭式。诵读《论语》43 遍。效果良好。

（8）长期义工"了凡班"。是为长期在绍兴幸福人生做义工的义工们所举办的特别训练班。2014 年 2 月 21 日，举办第 1 期长期义工"了凡班"。诵读《了凡四训》至 100 遍时，开始认真观看学习最新讲座《了凡生意经》视频。该班旨在让每位学员明了"命自我作，福自我求"的人生道理，了悟人生真谛，改造自身命运，从而树立起奉献社会、了凡成圣的积极、健康的人生观、价值观。

绍兴幸福人生目前还在策划进一步的公益教育活动，近、远期规划有：

（1）幸福人生"子学班"。"子学班"为"女德班"的姊妹班。计划于 2014 后半年开始举办，以补男子德育的缺失。

（2）"力行近乎仁"公益论坛——中国传统文化与公益现场改善。企业是市场的细胞，怎样使企业充满活力，怎样走一条绿色、低碳、环保、和谐的企业之路，是每位有识之士共同关心的问题。为此，绍兴幸福人生特开办企业家论坛。计划于 2014 年 4 月 16-20 日，举办第 1 期"力行近乎仁"企业家公益论坛——中国传统文化与精益现场改善。活动由多家企业共同承办。界时将由有实战、实践经验的企业家、企业精益管理专家、世界 500 家成功企业高管亲临现场，现场讲课指导。

（3）幸福人生大学生集训营。为了解决高校毕业生的德、能状况不能满足企业需要的现实问题，绍兴幸福人生联合多家企业，将于 2014 年 6 月 20 日联合举办"绍兴幸福人生第 1 期大学生集训营"。计划招收 100 名大专以上毕业生，集训为期 3 个月。

课程内容分为 3 个阶段：第 1 阶段为"共同价值观"的构建阶段，主要进行"幸福人生""女德""子学""原始点""化性谈""经典读诵"等课程学习，确立敬天爱人、奉献社会、服务大众的共同价值观；第 2 阶段为"拓展训练"阶段，主要进行体能、智能、德能、团队合作等方面的训练；第 3 阶段为"师徒相授"阶段，以双向选择为主，根据每位学生的专长及兴趣倾向，以"师徒相授""言传身教""口耳相传"的方式，由各企业各部门有实战经验的高管、精英、专家、师傅等亲自"手把手"教授企业管理等职业技能。

3个月的集训结束后，毕业生随即充实到全国各地与我们有共同价值观的企业。活动计划每年举办3期。通过一期期的大学生集训营培训活动，来达到逐步转变企业价值观、改善企业经营现状的目的。

（4）幸福人生大学生感恩班。目前正与上海慈慧基金会协商合作，对该会资助的近1600名贫困大学生进行中国传统文化教育，培养他们的感恩心与社会责任心。

（5）绍兴幸福人生"福田"服装企业与"爱心"酵素企业。两个企业目前已经启动。创办目的：以王凤仪老先生思想及"道义流通"为指导，努力探索出一种中华传统文化与现代企业相结合的"储金立业"现代大同企业制度。它有如下几个特点：企业＝家＝学校＝生活；企业家＝君＝亲＝师；管理：家长制。人治为主，法治为辅。分配：分工不同，工资相同；工资很低，福利很高。总经理与生产一线工人工资一样，都是1200元。一个现金卡，一个福报卡，现金相同，福报不同。

（6）绍兴幸福人生贮金立业和谐社区示范园。近日已经启动绍兴幸福人生贮金立业和谐社区示范园建设，旨在开创并形成一个以中国传统文化教育、生态农业、中医养生、贮金立业企业及道义流通商业的有机统一为手段，以安老怀少为目的的和谐社区示范园。

绍兴幸福人生的这样一种发展模式，是现代民间儒学落实的一种全新模式，是一种广义的全人生命教育。这种全人生命教育在于，将儒学的基本精神落实到生命成长和生活存在的每一个方面。它将人看做一个整体存在，是关乎每一个个个体生命身、心、灵全人生命健康的教育；它将人看作一个成长过程，是关乎每一个人从幼儿到青年到成年到老年以至死亡的生命安顿的教育；它将人看作关系中的存在，是关乎作为个体的人、家庭中的人、组织中的人、社会中的人的生命整合的教育；它将人看作有价值引领的存在，是关乎人的诚意正心修身齐家乃至平天下的生命价值的教育；它将人看作真实的人，是关乎人的生存方式、生活体验、生产发展、生命意义的全人生命教育。

后 记

整理完这部书稿，好像是给自己卸下了一个包袱。

从 2006 年开始思考生命教育，至今已经十年。十年间，中国大陆的生命教育事业已经进入蓬勃发展的状态，我们有幸成为这一蓬勃发展事业的参与者和推动者，实在是上天对我们的垂爱。

我们对生命教育事业的努力，一开始便是在"思"与"行"的双脚并行中展开的。

就"思"而言，一方面，基于我们的哲学背景和对生命哲学、道德哲学的关注，促使我们去思考生命本身、思考生命学、思考生命教育自身的哲学性问题；另一方面，基于我们自己的学问转向和对生命的体验，以及我们对"华人生命教育"的理解，我们不断将自己当下研究的学理运用到生命教育的思考与教学中，开展基于优秀传统文化的现代转换的"儒学生命教育"思考。

就"行"而言，一方面，积极的思考本身，就是一种理论上的实践，在这种理论实践中，我们不断尝试提出一些新的概念、新的思路、新的理念、新的论证；另一方面，我们积极在必修课中融入生命教育、开设生命教育类的选修课，在生命教育教学实践中，探索出一条"生命文化育人"的大学生命教育实践路径。一方面，我们在校内的学生心理咨询、心理健康教育中尝试融入生命教育的理念和生命辅导，成功帮助不少处于生命困顿中的学生；另一方面，我们又积极参与社会实践，通过灾后生命辅导、生命教育社会实践、生命教育讲座、生命教育义工等活动，在社会生活的不同方面落实生命教育理念和生命教育行动。

十年来，我们在"思"与"行"两方面，对于生命教育略有体悟、略有思考，也略有成绩。如今呈献给大家的这部书稿，便是我们在生命教育"思"与"行"方面的一些收获。

十年来，对于推进我们的生命教育的思考和实践，有不少前辈和同辈给予我们很多帮助、支持和鼓励，特别是有"两岸生命教育之母"之称的台湾的纪洁芳教授、已故的生死哲学专家郑晓江教授、著名哲学家欧阳康教授、情感教育专家朱小曼教授、台湾周大观文教基金会创始人"周爸爸"等前辈的鼓励和支持，是我们不断思考与行动的巨大动力。在呈现我们的思考与行动成果时，我们对这些前辈充满感激！

一个十年已经过去，下一个十年我们能做点什么呢？下一个十年，我们的"思"与"行"又将如何开展呢？我们自己也在期待中……

2016 年 2 月 5 日（农历腊月二十八日）

于海南白沙木棉湖